U0653156

高等职业教育电子商务专业系列教材

电子商务
理论与实践

《电子商务理论与实践》教材编委会
主　任　黎建国
副主任　杨　涵　王　英
主　编　杨　涵　傅　冬　刘巧芝　徐海霞

南京大学出版社

微信扫码
申请课件等资源

图书在版编目(CIP)数据

电子商务理论与实践/杨涵等主编.—南京:南
京大学出版社,2021.5
ISBN 978 - 7 - 305 - 24132 - 1

Ⅰ.①电… Ⅱ.①杨… Ⅲ.①电子商务－高等职业教
育－教材 Ⅳ.①F713.36

中国版本图书馆 CIP 数据核字(2020)第 265599 号

出版发行 南京大学出版社
社 址 南京市汉口路 22 号 邮 编 210093
出 版 人 金鑫荣

书 名 电子商务理论与实践
主 编 杨 涵 傅 冬 刘巧芝 徐海霞
责任编辑 武 坦 编辑热线 025 - 83592315
照 排 南京开卷文化传媒有限公司
印 刷 南京人民印刷厂有限责任公司
开 本 787×1092 1/16 印张 16.75 字数 407 千
版 次 2021 年 5 月第 1 版 2021 年 5 月第 1 次印刷
ISBN 978 - 7 - 305 - 24132 - 1
定 价 42.00 元

网 址:http://www.njupco.com
官方微博:http://weibo.com/njupco
微信服务号:njuyuexue
销售咨询热线:025 - 83594756

前　言

　　无论你身在何处,你都与世界相连,哪怕你孤身一人,网络也和你在一起。世界已经进入互联网时代,伴随着5G的应用,电子商务将是21世纪全球经济增长最快的领域之一,这将给社会、经济和各国人民的生活带来根本性的变革。世界将变得越来越精彩,电子商务也将更加蓬勃发展。影响创新创业的因素很多,其中最核心的因素是人,随着电子商务的发展,企业需要大量的电子商务技能型人才。从某种程度上讲,推动电子商务的发展就是要坚持以人为本,提高国民的教育水平。为了推动电子商务专业人才的培养,石河子市创业服务中心、新疆石河子职业技术学院、石河子市众维科创企业管理服务有限公司等联合起来,走政校企合作、产学研协同育人道路,组织编写了这本《电子商务理论与实践》教材。教材各部分编写人员分工如下:杨涵编写第四、第八章,傅冬编写第三、第六、第九章,刘巧芝编写第一、第二章,徐海霞编写第五、第七章。本教材坚持理论与实践相结合,让学生们在学中做、做中学,切实提高学生的实践动手能力。

　　本书作为职业院校和社会培训的电子商务职业技能训练教材,以理论与实践相结合的形式来讲授实务,帮助学生在实际的交互操作中掌握电子商务的应用模式、网络营销推广、网络支付、安全和物流等相关知识。在内容上力求做到与企业电子商务实际应用的最新技术及商业模式保持同步,全面提高学生电子商务的知识和技能水平。

　　教材编写过程中参阅和借鉴了一些专家学者的理论研究成果,并引用了一些教材、文献资料以及创业者的案例(见参考文献),得到了教学同行的支持和帮助,在此一并表示感谢!

　　在本书编写中,难免会有疏漏和错误,恳请广大读者批评指正!

编者

2020 年 10 月

目　录

第一章 电子商务概述

学习目标

（一）知识要求

- 了解电子商务的内涵，理解并掌握电子商务的概念和分类。
- 了解电子商务的产生和发展过程。
- 理解并掌握电子商务的功能和特点。
- 了解电子商务的发展趋势。

（二）能力要求

- 能够结合实际进行电子商务应用分类，并描述不同类别电子商务的特点。
- 能够分析电子商务的特点及优势，探讨其未来发展趋势。

案例导入

格力董明珠和小米雷军对赌十亿

2013 年 12 月 12 日，在第十四届中国经济年度人物颁奖盛典上，小米 CEO 雷军与格力董事长董明珠对赌，若五年之内，小米营业额击败格力的话，董总输一块。董明珠当场回应道：要赌不是一块，我跟你赌 10 个亿。

董明珠认为：小米没有供应链和工厂，超过格力是不可能的。如果全世界的工厂都关掉了，你们互联网企业卖什么？

雷军则表示：资本市场对小米的估值是 450 亿美元，完胜格力的 800 亿人民币。小米是中国创造，格力是中国制造，有着时代的差距。

董明珠是制造业的人，制造业相信技术；雷军考虑的是消费者的驱动，可能更相信情感、社区、消费者。

到了 2017 年，董明珠的格力已经开始做智能手机、互联网家电；雷军的小米有了自己的松果处理器。这个赌局是往中间走的，小米最终还是会走到董明珠技术那条路上去，作为制造业出身的格力也会更多地融合互联网思维。

因此，这个赌局是没有输赢的。

思考与讨论：你认为传统行业与电子商务应该是一个什么关系？

1.1　电子商务的内涵

一、对电子商务的不同理解

电子商务是一个不断发展的概念，到目前为止也没有一个完全统一的、正式的定义，历年来很多国家、组织、企业都各自给出了其对电子商务的界定和理解。

定义一：《中国电子商务蓝皮书：2001》认为：电子商务指通过 Internet 完成的商务交易。交易的内容可分为商品交易和服务交易。交易是指货币和商品的易位。交易要有信息流、资金流和物流的支持。

定义二：加拿大电子商务协会给电子商务的定义是：电子商务是通过数字通信进行商品和服务的买卖以及资金的转账，还包括公司间和公司内利用 E-mail、电子数据交换 EDI、文件传输、传真、电视会议、远程计算机联网所能实现的全部功能（如市场营销、金融结算、销售以及商务谈判）。

定义三：美国政府在其《全球电子商务纲要》中比较笼统地指出：电子商务是指通过 Internet 进行的各项商务活动，包括广告、交易、支付、服务等活动，全球电子商务将会涉及全球各个国家和地区。

定义四：欧洲经济委员会对电子商务的定义：电子商务是各参与方之间以电子方式而不是以物理交换或直接物理接触方式完成任何形式的业务交易。这里的电子方式包括 EDI、电子支付手段、电子订货系统、电子邮件、传真、网络、电子公告系统、条码、图像处理、智能卡等。

定义五：世界贸易组织（World Trade Organization，WTO）认为：电子商务是通过电子方式进行货物和服务的生产、销售、买卖和传递。

定义六：IBM 提出了一个电子商务的定义公式，即"电子商务＝Web＋IT"。它所强调的是在网络计算环境下的商业化应用，是把买方、卖方、厂商及其合作伙伴在互联网（Internet）、企业内部网（Intranet）和企业外部网（Extranet）结合起来的应用。

即使对电子商务在各国或不同的领域还有着许多不同的定义和理解，但其关键依然是：借助电子设备和网络技术进行的商业模式，即"电子"＋"商务"。"电子"代表信息和网络技术，是方法，是手段；"商务"代表着商业的本质，是各种商业活动的总和。

二、广义和狭义的电子商务

狭义的电子商务（Electronic Commerce，EC），是指通过使用互联网等电子工具（包括电报、电话、广播、电视、传真、计算机、计算机网络、移动通信等）在全球范围内进行的商务贸易活动，是以计算机网络为基础所进行的各种商务活动，包括商品和服务的提供者、广告商、消费者、中介商等有关各方行为的总和。

大众一般理解的电子商务都是指狭义的电子商务,本书介绍的电子商务也指的是狭义的电子商务,电子商务专业学习和研究的对象也主要是狭义的电子商务。

广义的电子商务(Electronic Business,EB),是指通过电子手段进行的商业事务活动。涵盖了公司内部、供应商、客户和合作伙伴之间的所有商业活动,利用电子手段共享信息,实现企业间业务流程的电子化,配合企业内部的电子化生产管理系统,提高企业的生产、库存、流通和资金等各个环节的效率。

现在,广义的电子商务已经进一步扩大到公共事务等非商业领域,包括电子政务、信息公开、公共学习、知识共享等,所有利用互联网等信息技术手段开展的活动都可以被包含在广义的电子商务概念里。

1.2　电子商务的发展历程

自 1991 年我国正式引入 EDI 电子商务以来,电子商务从无到有,几经起伏,不断发展壮大。引入之初,电子商务一直不被传统领域所认可,认为是炒作、不成气候、不适合我国国情等。经过近 30 年的发展,电子商务已经走入千家万户,逐步被传统经济所接受。了解我国电子商务的发展历程,有助于人们更深刻地认识电子商务,把握电子商务发展规律,推动电子商务更广泛地普及应用。结合产业生命周期理论,综合考虑电子商务交易额、网络购物用户规模、网络零售交易额、在社会消费品零售中所占总额比例等因素,可以把我国的电子商务发展历程分为四个阶段:萌芽引入阶段、波动培育阶段、激烈竞争阶段、稳定发展阶段。

一、萌芽引入阶段(1991—1999 年)

(一) 最早的电子商务

我国最早的电子商务是 EDI(电子数据交换)。EDI 是全球贸易、计算机技术、通信技术快速发展的必然产物。在传统的国际贸易中,通常由银行进行担保,以各种纸面单证作为凭据,而 20 世纪 80 年代全球贸易的活跃,带来了各种贸易单证、文件数量的激增,这就产生了对凭证传递和处理速度的迫切需求。计算机性能飞速提升,体积逐步缩小,成本快速降低,通信能力显著提高,为 EDI 的应用奠定了坚实的技术支撑。EDI 出现之后,在工业发达国家和地区得到广泛应用,提高了企业的生产率和竞争能力。

我国政府部门积极督促推动 EDI 应用,国家“八五”科技攻关计划投资 500 万元支持 EDI。中国电子信息产业集团的成员单位率先应用 EDI,陆续建设了一大批试点示范项目,如海关开发了 EDI 通关系统,税务总局建设了以电子报税和出口退税为主要功能的 EDI 系统,商检局应用了签证办理和报验申请的 EDI 应用系统等。以中国海关为例,早在 1995 年 1 月,就成功地研制了 EDI 海关系统。短时间内,海关 EDI 系统用户已达 400 多家,EDI 海关系统日平均处理的普通货物报关单达 6 000 余份,占全国总数的 15%;快递

EDI 海关系统处理的快递物品占全国的 80% 以上。海关 EDI 系统的应用,起到了推动与示范的作用。

随着互联网商业化应用的不断拓展、深化,EDI 已经逐渐淡出了人们的视野,但它在我国电子商务发展过程中,却是最重要的根基,起到启蒙作用。

(二) 我国第一批网民

1997 年 11 月,中国互联网络信息中心(CNNIC)发布了第一次《中国互联网络发展状况统计报告》。二十多年来,这个报告一直是我国最权威的互联网应用数据报告。根据 CNNIC 首份报告,截至 1997 年 10 月 31 日,我国共有上网计算机 29.9 万台,上网用户数 62 万,国际出口带宽 25.408 M。正是这 62 万人燃起了我国互联网的星星之火,向周围人普及了互联网知识,激起了更多人的上网兴趣。

(三) 我国最早的电子商务公司

1997 年,中国最早的两家电子商务公司——中国商品交易中心和中国化工网——分别上线。两家公司都是基于 B2B 领域,不同之处在于:① 中国化工信息网专注于信息,而中国商品交易则强调交易;② 中国化工网专注于化工领域,中国商品交易中心是全品类的网站;③ 中国化工网是中国化工信息中心原班人马拓展新业务,中国商品交易中心是全新成立的股份制公司。

继中国商品交易中心和中国化工网上线后,第二批 B2B 网站陆续上线。其中包括美商网、中国制造网和阿里巴巴。

1998 年 2 月,由焦点科技运营的中国制造网(英文版)在南京上线,中国制造网专注于服务全球贸易领域,为中国供应商和全球采购商提供交易信息的发布、搜索、管理服务。2009 年 11 月,焦点科技在深交所挂牌上市。

美商网(www.meetchina.com)是国内较早从事电子商务的 B2B 企业,也是首家面向全球市场的 B2B 电子商务网站,但目前网站已无法打开。

1999 年初春,马云从北京回到家乡杭州,在城郊湖畔花园的家里创办了阿里巴巴电子商务网站。注册资本是 50 万元,当时总共 18 个人,包括马云和他的太太,每人月薪 500 元。开业时马云对全体员工发表了激动人心的演讲:我们要办的是一家 B2B 的电子商务公司,我们的目标有三个:第一,我们要建立一家生存 80 年的公司;第二,我们要建设一家为中国中小企业服务的电子商务公司;第三,我们要建成世界上最大的电子商务公司,要进入全球网站排名前十位。马云后来回忆说,他做电子商务,从那一天起就铁了心。他做对的事情是,阿里巴巴网站设在了民营企业最为活跃的浙江省,这里以及沿海的江苏、广东一带有数以十万计的、以外贸为生的中小型制造工厂,阿里巴巴为它们提供了一个免费的信息发布平台。而当时,"中国制造"刚刚发力,没有外贸经验和客户资源的众多中小工厂根本找不到合适的营销渠道,阿里巴巴几乎成了它们唯一的选择。连马云自己也没有料到的是,阿里巴巴上线不到半年,就引起美国《福布斯》杂志关注。根据在线监测显示,这家不知名的中国网站竟是当时全球最活跃的电子商务网站。《福布斯》派出记者来到杭州,2000 年 7 月,这家权威的财经杂志第一次选用中国企业家作为封面人物,身材瘦削的马云穿着一件超大的蓝花格子衬衫，卷着袖子握着拳，一脸阳光地朝世界欢笑。阿里巴巴被评为全球最佳 B2B 站点，名列综合类第一名。《福布斯》介绍说："阿里巴巴自 1999 年 3 月 10 日成立以来，已汇聚了全球 25 万商人会员。每天新增会员数达到 1 400 人，新增供求信息超过 2 000 条，是全球领先的网上交易市场和商人社区。"1999 年 10 月，阿里巴巴获得了高盛、富达投资等投资机构的 500 万美元"天使基金"。

（四）一批电子商务零售网站开通运营

1999 年，8848 等一批 B2C 网站正式开通，网上购物从概念进入实际应用阶段。这些网站怀有激情地踏入了互联网和电子商务领域，可谓是电子商务概念的尝试者和应用的创新者，是中国互联网领域第一批敢于"吃螃蟹的人"。中国电子商务发展由此迎来一波小高潮。

8848 是我国电子商务发展史中一座具有里程碑意义的网站。8848 创始人是王俊涛，网站于 1999 年 3 月 18 日开始试运行，并在当年融资 260 万美元。8848 主要在线销售软件、计算机图书、硬件、消费类电子产品，是我国早期最有影响力的 B2C 网站。在短短的两年里，8848 克服电子商务发展初期的重重困难，创新性地探索了我国 B2C 电子商务模式，培育了我国最早一批网购实践者。

几乎就在马云回到杭州创业的同时，4 个来自不同行业的好朋友聚在上海的鹭鹭餐厅也打算投身电子商务。沈南鹏是德意志银行亚太区的总裁，梁建章是甲骨文中国区的咨询总监，季琦创办过上海协成科技公司，范敏是上海旅行社总经理和新亚酒店管理公司副总经理。他们当时提出了三个创业方向：网上书店、建材超市和网上机票及酒店服务。经过一番面红耳赤的争吵后，都是旅游迷的他们选中了第三个方案。1999 年 6 月，瞄准旅游业的携程网诞生了，它后来成为中国最大的在线旅游服务商。

1999 年 8 月，邵亦波和谭海音创办国内首家 C2C 电子商务平台——易趣网。两位创始人都是上海人，是美国哈佛商学院的校友。公司宗旨是帮助任何人在任何地点实现任何交易，为卖家提供了一个网上创业、实现自我价值的舞台，也为买家提供了丰富的、物美价廉的商品资源。成立之初，为了提高用户体验，易趣网在全国首创 24 小时无间断电话热线服务。

当当网成立于 1999 年 11 月，李国庆和俞渝夫妻二人联手创业。李国庆有 10 多年的图书出版工作经验，俞渝在美国有十余年的金融和融资方面的学习和工作经历。二人受亚马逊商业模型的启发，成立了当当网。当当网成立之初，发出只卖图书的口号，目标是成为中国最大的图书资讯集成商和供应商。

（五）第一个网上银行服务开通

1999 年 9 月，招商银行率先在国内全面启动"一网通"网上银行服务，建立了以网上企业银行、网上个人银行、网上支付、网上证券及网上商城为核心的网络银行服务体系，并经中国人民银行批准首家开展网上个人银行业务，成为国内首先实现全国联通"网上银行"的商业银行。

在萌芽引入阶段，电子商务的全新概念开始引入，但新经济的前景还只是处于想象阶段,真正的互联网应用市场还没有形成雏形,电子商务环境远未成熟。网络零售刚刚起步,对大多数人来说,还没有体验到网络购物的便捷和乐趣。而在企业电子商务方面,大多数人还停留在概念阶段,甚至简单地认为,电子商务就是无纸化办公。

二、波动培育阶段(2000—2009 年)

(一)8848 的兴衰

2000 年国际互联网泡沫破灭。不到一年时间,美国纳斯达克综合指数从 2000 年 2 月最高的 5 000 多点暴跌到 1 000 多点,亚马逊公司股价跌去 2/3。日本软银集团创始人孙正义在过去几年里投资了全球 150 家互联网公司,软银所持上市互联网公司股份曾经占全球股市市值的 8%,孙正义一度超过比尔·盖茨成为全球首富,而此刻他的资产已经缩水 95%。

在此背景下,我国的电子商务也进入寒冬期。2000 年,我国做电子商务的网站有上千家,大部分没有盈利能力,多半属于炒作概念或处于观望状态。少数网站虽然吸引到了充足的风险投资,但是这些网站没有可行的商业模式,缺乏自身"造血"功能,完全依赖外来风险投资度日。只有极少数网站开展了实质性的电子商务业务,比如知名度较高的8848、中国商品交易中心等,即使是这些网站,也仍然没有真正实现盈利。因此,人们对互联网失去了耐心和信心,加上媒体的悲观论调,绝大多数人对互联网的期望从波峰跌到波谷。伴随着纳斯达克指数泡沫的破灭,更多的投资者撤资或者保持观望状态。针对互联网的投资骤然减少,导致一些公司无以为继,相继倒闭。

8848 是我国第一家 B2C 电子商务网站,也是当年商业领域最璀璨的一颗新星。正如它的名字一样,在那个时候,达到了其他电子商务企业无法企及的高峰。然而,仅仅几年过后,8848 就像一颗流星,划出一道亮光之后,渐渐消失在人们的视野中。8848 尽管陨落了,但是它成长中的教训,值得众多电子商务创业公司汲取。

1999 年 5 月 18 日,连邦软件将其电子商务事业部独立出来,单独成立公司,取名北京珠穆朗玛电子商务有限责任公司,域名为 www.8848.net。8848 取自世界第一高峰,品牌寓意着永争第一的雄心壮志。

8848 首先在网上销售图书和软件。由于选择产品得当,8848 的电子商务业务快速成长。1999 年 8 月,微软授权 8848.net 网站为微软全线产品的网上授权零售店,8848 获得产品先机,更是如虎添翼。8848 快速扩张,仅用 6 个月就从只销售软件和图书两种商品,增加到 15 个大类商品。用了 10 个月时间,8848 销售额就从 30 多万人民币增长到 4 亿美元。到 1999 年年底,8848.net 网上超市开通送货业务的城市达到 450 个,媒介称"8848 成为中国覆盖城市最多的零售企业"。在随后的运营中,8848 继续攻城略地,取得了很多骄人的成绩。8848 成立之初,获得了一系列光环和奖项。1999 年 11 月,Intel 公司总裁贝瑞特访华,称 8848 是"中国电子商务领头羊"。2000 年 1 月,8848 被中国互联网大赛评为中国优秀网站工业与商业类第一名。2000 年 2 月,美国《时代周刊》称 8848 是"中国最热门的电子商务站点"。2000 年 7 月,8848 被《福布斯》杂志列入中国前十大网站。2001

年,CNNIC 调查显示,8848 是中国工业和商业类网站被用户访问最多的网站。截至 2001 年,8848 公司先后融资约 6 000 万美元。

快速膨胀的 8848 将新目标转向登陆纳斯达克。几轮融资过后,8848 由内资控股企业转变成外资控股企业。就在 8848 即将上市之际,全球股市的互联网泡沫开始破灭。而后进入的投资人实际掌握了 8848 的决策权,一些投资人认为当时金融环境不好,上市不能带来高额回报,他们不希望 8848 马上上市。因此,8848 上市时间一推再推,直至最后机会丧失殆尽。

2001 年 11 月,8848 的 B2C 业务全部被拆分出来,投入新成立的合资公司 MY8848。2011 年 12 月,由于 MY8848 拖欠供货商多笔货款而败诉,公司所有固定资产遭到法院查封或是拍卖,MY8848 网站由此中断,绝大部分员工被裁减,因为资不抵债,MY8848 宣布破产。2003 年 9 月,8848 转型,将目标客户定位为中小企业,为中小企业提供电子商务解决方案,包括网上开店、开发购物搜索引擎等。2005 年 5 月,8848 提供的插件由于涉嫌破坏公平竞争秩序被起诉,并以败诉而收场。随后和 MY8848 情况相同,8848 公司裁员,最后倒闭。

(二)"非典"带来新机遇

互联网泡沫导致的电子商务寒冬,因为"非典"这一偶然事件,寒冬逐渐回暖,我国电子商务得到恢复,并迎来新的发展。

2003 年,包括我国在内的 29 个国家和地区发现"非典"(医学名称为严重急性呼吸综合征,简称 SARS)案例,并迅速形成流行态势。由于"非典"病毒的近距离、接触式传染的特征,迫使人们在"非典"期间尽可能远离商场、超市、办公大楼等公共场所,给人们的生活、工作带来了很大障碍。而互联网具有不受时空限制,不用人员接触的特征,人们足不出户通过互联网就可以工作、生活、学习。电子商务利用互联网进行信息查询、交易,不仅方便、快捷,而且避免了人员接触,节约了成本。电子商务在"非典"这一特殊时期显露出得天独厚的优势。一场"非典"变故,让电子商务的概念自发地进入老百姓的日常生活之中。

广东是"非典"的重发区,2003 春季广交会遭遇重创,大批国际采购商取消中国行程,广交会成交额锐减。组委会紧急开通网上洽谈平台,没想到网络交易平台门庭若市,开幕当日的访问量就达到了 368 万次,客商增加量是原来的 5 倍。据统计,截至 2003 年 4 月 27 日,广交会各网站的访问量累计总数达 5 090 万次,比上届同期增长 50.95%。其中境外访问量累计数为 2 589 万次。在 2003 年广交会全部 44.2 亿美元出口成交中,网上就占据了 13 亿美元。

"非典"时期,诞生了在中国电子商务发展史上比较重要的两家网络零售公司,即京东和淘宝。

京东最早从事传统销售业务。1998 年 6 月 18 日,刘强东在中关村创业,成立京东公司。京东公司最初采取开设实体店的方式代理和经销光盘、数码等大类产品,公司发展很快。1999 年的京东只有六七个员工,一间几平方米的店面,月营业额从几万到近 100 万元,1999 年度总营业额达到 600 多万元。2001 年 6 月,京东已经成为光磁产品领域最具影响力的代理商。2003 年京东的实体门店达到 12 家。"非典"期间,京东在几十天里一笔生意也没有成交,然而房租、人工成本却每日都在发生,即将面临破产倒闭的困境。背水一战的刘强东想到了互联网,希望通过网络减少库存。于是,他组织员工到各大网站论坛发帖,利用 QQ 进行口碑营销。没想到生意从网上源源不断地涌来,京东转危为安。"非典"过后,虽然京东的实体店陆续恢复营业,但是刘强东已经发现了网络营销的巨大发展空间。于是,他不顾周围同事的反对和质疑,毅然决定关闭全部实体店,彻底转型做电子商务。2004 年 1 月,京东涉足电子商务领域,网站正式上线运营。自此,京东商城业务连续 7 年实现营收增长超 200%。

阿里巴巴起家于电子商务的 B2B 模式,但是靠收取会员费的 B2B 模式发展缓慢,并且在当时的市场环境下,真正实现企业间的在线交易非常困难。2002 年,全球最大的网络零售商 eBay(易贝)进军中国,引起了马云的关注。"非典"的来临,更是让善于把握商机的马云意识到网络零售市场的巨大商机。2003 年 4 月,阿里巴巴开始进行研发,不到三个月时间,阿里巴巴正式宣布定位于 C2C 模式的淘宝网上线。

为了防范"非典",很多年轻人尝试网络购物这种新鲜事物。网络购物网站迎来大规模的用户和订单,一些网站的交易额直线上升。2003 年 3 月份,易趣网日均交易额为 170 万元人民币,4 月份为 230 万元人民币,5 月份为 250 万元人民币。3 月份易趣网活跃的购买者日均达 3 万人,4 月份就达到 4 万人。上海一些 B2C 网站在 2003 年 4 月份的数据足以说明这种快速增长:联华 OK 网站订单量一周的增长速度为 120%,华联超市 5828 电话购物每天增长 100 多笔,易购 365 电子商务销售额月度增长 70%。网络购物热同样推动传统卖家转战网络市场。

(三)易趣与淘宝之争

易趣与淘宝之争是电子商务发展史中第一次最激烈的同业竞争。eBay 创立于 1995 年 9 月,创始人为奥米迪亚(Omidyar),网站成立的初衷是用来满足个人商品交易,商品也仅仅局限于糖果盒和玩具。eBay 渐渐受到网民的欢迎,逐步商业化运作,成长为全球最大的拍卖网站。eBay 在美国打开局面后,就抓住时机启动国际化战略,先后布局德国、法国、澳大利亚等发达国家,并先后进军韩国、新加坡、马来西亚、菲律宾和印度等国家。eBay 全球化战略取得成功,很快成为全球最大的商品在线交易市场。2003 年,eBay 交易额达到 238 亿美元,净收入 22 亿美元。

eBay 进军中国后,其本土化战略一直不顺,而它又非常看好中国高速增长的网络购物市场。于是,2002 年 3 月,eBay 以 3 000 万美元的价格,购入易趣网 33% 股份;2003 年 6 月,eBay 以 1.5 亿美元收购易趣剩余 67% 股份,国内最大 C2C 企业由此被外资全盘并购。合并后的 eBay 易趣在无强敌的情况下,一举占据了我国 80% 的 C2C 市场份额。

面对 eBay 易趣这个强大对手,淘宝创新地提出免费战略,免除了商家的开店费、交易费,而在 eBay 上开店,却需要缴纳 2% 的交易服务费和登录费。淘宝借免费战略迅速获得大量商家和用户的拥戴。2003 年年底,淘宝在半年时间里一共吸收了大约 30 万注册会员,其中包含了一部分从易趣搬家过来的会员。淘宝乘胜追击,仅用两年时间,市场份额就一举超过实施收费策略的易趣。随后淘宝保持快速增长态势,直到占领我国 80% 的市场份额。

淘宝免费策略是重大创新,后来免费被列为互联网思维之一。淘宝开创了平台"经济基础服务＋增值服务""免费服务＋收费服务"相结合商业模式的先河。淘宝平台也不是全部免费,基础服务一般免费,而增值服务收费。基础服务只包括最基本的服务项目,增值服务则满足用户更广泛、更深层次的需求。例如,平台提供简单的搜索服务,对于卖家而言,既可以搜索到其他卖家的信息,自己的信息也会被搜索到,这就是基础服务,但是,如果卖家希望在搜索结果中排名靠前,则需要向平台支付竞价排名服务费,竞价排名服务就是增值服务。

平台通过提供免费的基础服务,吸引价格敏感度高的用户使用平台。当平台吸引了足够多的人气和流量之后,再推出收费的增值业务。平台通过提供免费的基础服务,建立起庞大的用户群和访问量,而通过提供有偿的增值服务获得收入,维持平台的可持续发展。平台提供这两种差别服务和收费模式,使得不同用户都获得增值效用,同时平台通过合理定价收费,自身也获得了发展,最终实现多赢。

（四）电子商务迎来发展小高潮

自 2004 年至 2007 年,物流、支付、信用、政策法规等电子商务支撑环境获得实质性改善,电子商务再次繁荣,取得了一系列的突破性进展:电子商务交易额持续增长,网络购物人数飞速上升,一些 B2B 企业开始盈利,B2C 企业表现为蓄势待发,C2C 企业竞争格局基本稳定,传统企业对电子商务的认识逐步深入,中小企业信息化和农村信息化开始起步。这期间,阿里巴巴、中国化工网和携程网分别上市。

截至 2007 年 12 月,我国网民人数已达到 2.1 亿,互联网普及率再度提高 16％,已超过亚洲的平均普及率水平 13.7％,离世界平均普及率水平 20.0％仅有一步之遥。2007 年我国电子商务交易额为 21 700 亿元人民币,其中以 B2B 为主,网络零售(包括 B2C 和 C2C)所占比例不足 10％,网络购物人数达 4 640 万。

2007 年的电子商务投资规模出现爆发式增长,电子商务投资案例数量比 2006 年增长 333.3％,达到 26 个,投资金额为 1.88 亿美元,较去年增长 268.6％。电子商务领域吸引投资的主要原因是:投资商认可电子商务市场发展具有无限潜力,电子商务模式的不断创新带来了新的商机,还有就是阿里巴巴上市所带来的投资示范效应。

B2C 市场与 B2B 市场结构不同,市场份额仍然比较分散,当当和卓越仍处于领先地位。计世资讯调查发现,截至 2006 年年底,B2C 市场内两大巨头当当、卓越共占市场份额合计 28％,大部分市场份额仍被中小 B2C 企业和专业领域 B2C 企业所分割。而且,随着 B2C 的利润率逐步下滑和竞争的激烈,综合性 B2C 将面临更多的市场融合和兼并。B2C 综合类网站学习亚马逊商业模式,追求长尾效应,网站越做越大,经营商品种类越分越细,细分的产品类型也越来越多,用以留住更多的客户,提高客单价。由于受到仓储和物流等环节的限制,图书一直以来都是 B2C 网站销售最好的商品。但是,2006 年,更多的商品种类陆续投入网民的眼帘,如服装、电器、数码产品等。卓越网突破起家时专注于图书音像的单一产品领域,已经把商品种类拓展到十几个大类。当当网更是将经营品种扩张到百万种,包括图书、音像、家居、化妆品、数码、饰品、箱包、户外休闲等商品。

C2C 成为当时我国网络购物市场(包括 B2C 和 C2C)的主流商业模式。2007 年我国电子商务 C2C 交易额为 581 亿元,比 2006 年的 230 亿元交易额增长 152.6%。短短几年,我国 C2C 电子商务从无到有,从 2001 年的 C2C 交易额 4 亿元,增长到 2007 年的 581 亿元,显示出我国 C2C 市场的巨大发展潜力。《2006 年中国网络购物研究报告》显示,当年我国网络购物总体交易额为 312 亿元,较上年增长 38.1%,其中 C2C 网络购物总体交易额为 230 亿元,占 73.7%,远远超过 B2C,而且这种差距有继续扩大的趋势。与此同时,网络购物用户数高速增长,根据艾瑞调查,2001 年 C2C 电子商务用户数仅为 250 万,2005 达到 2 245 万。2001—2005 年,我国 C2C 电子商务市场用户规模的年均复合增长率达到 73.1%。在淘宝网、eBay 易趣、拍拍网三足鼎立的 C2C 市场格局中,淘宝网市场龙头老大地位加强。截至 2006 年年底,淘宝网注册用户数已超过 3 000 万人,用户人均网购消费 563 元。2007 年淘宝网成交额达到 433 亿元,比 2006 年的 169 亿元增长 156.2%;淘宝网的市场份额继续增长,已经占全部 C2C 市场交易额的 74.5%,比 2006 年的 65.2% 的市场份额又提升了将近 10%。

(五) 危机就是机会

在 2008 年和 2009 年这两年,人们谈论最多的词汇非"金融危机"莫属。金融危机对我国经济影响很大,电子商务也感受到丝丝寒意,似乎又要入冬,但我国电子商务成功地利用金融危机带来的种种机会,多角度突围,发展势头比以往更加强劲。从总体来看,我国的电子商务成功地抵御了金融危机的不利影响,增加投入、细化服务、开拓营销模式,通过创新,取得了一个又一个来之不易的累累硕果:电子商务年度交易额连续突破新高,我国网购市场取得突破性进展;基础设施、电子支付等电子商务环境逐步改善;中小企业信息化稳步推进;农村信息化进程加快;电子商务服务市场在创新中发展;移动商务布局初见成效;新技术不断推动电子商务模式和应用创新。

B2B 服务商深入挖掘中小企业市场,向中西部地区普及电子商务,在运作模式和营销战略上不断创新。根据中国 B2B 研究中心发布的《1997—2009:中国电子商务十二年调查报告》显示,在电子商务服务企业的行业分布中,排在前十名的依次为:纺织服装、数码家电、钢铁机械、化工医药、建筑建材、农林、五金、包装印刷、食品糖酒、礼品饰品,其中纺织服装和数码家电行业所占比重最大,分别为 14.3% 和 10.4%。

网络零售取得突破进展。2009 年我国网络购物交易额近 0.25 万亿元,同比增速高达 93.7%,远远高于社会消费品零售总额 15.5% 的增长速度。网购交易额占社会零售总额的比重达到 2%,比 2008 年提高了 0.8 个百分点。2009 年应用网络购物的网民占网民总数的 28.1%,达到 1.08 亿人,年增长 45.8%,增速远远超过当年网民的增长速度。

2009 年 B2C 成为电子商务最受资本青睐的投资领域。京东商城 2009 年年初获得今日资本、雄牛资本等风险投资 2 100 万美元联合注资;12 月又有传言称,将获得老虎基金的第三轮首笔风险投资。自 2004 年创立至 2009 年,京东商城保持跨越式发展,年销售额分别达到 1 000 万元、3 000 万元、8 000 万元、3.6 亿元、13.2 亿元,2009 年年底销售额突破 40 亿,年均复合增长率达到 340%。

C2C 交易额仍然保持高速增长,2008 年、2009 年交易额分别为 1 162.33 亿元、2 483.5 亿元,年增长速度分别为 100.01% 和 93.7%。C2C 服务商进一步探索商业模式,网商规模壮大、网货更加繁荣、网规逐步完善,淘宝继续垄断市场并且首次实现收支平衡。从店铺数量来看,根据易观数据,截至 2009 年第 2 季度末,我国 C2C 网络零售市场在线店铺规模已经达到 270 万个,保持高速增长之势。根据艾瑞对产品门类的统计数据,家居日用品成为网货龙头,其次是服饰、手机、化妆品和户外运动品。

在波动培育阶段,我国电子商务历经互联网泡沫和金融危机的煎熬洗礼,2008 年我国成为全球网民最多的国家,电子商务交易额突破 3 万亿元。2009 年网购人数突破1亿,10 年来培育、积累了数量可观的网络消费者。鉴于我国网络市场已经初具规模和广阔的市场前景,以及全民高涨的创新创业热情,似乎任何障碍也阻止不了我国电子商务前进的步伐。

三、激烈竞争阶段(2010—2014 年)

波动培育阶段的电子商务企业面对的是辽阔的蓝海,企业主要考虑的是培育消费者、开疆拓土、寻找盈利模式,同业竞争还不是绝大多数企业要考虑的主要问题,但接下来的这个阶段充斥着大量的同业竞争,如千团大战、价格战、补贴大战。

2010 年电子商务交易额突破 4.55 万亿元,以 22％的增速平稳发展。网络购物市场最引人注目,交易额达到 5 091 亿元,年增长 96.70％,实现翻番;网络购物交易额占社会商品零售总额的比例也大幅度提升,达到 3.3％。这一年,备受瞩目的还有销售衬衫的凡客诚品。农村电子商务也不乏亮点,沙集模式引起了社会的广泛关注,农民通过网店生意,走出了一条以信息化带动了工业化发展的新路。

在政策利好、技术进步、市场需求和社会化投资的多重因素驱动下,2011—2013 年电子商务交易额继续高速增长,其中网络购物市场依然火爆,占社会商品零售总额的比例大幅度提升。一批国家级电子商务示范基地启动,传统行业不断尝试电子商务应用,涉农电子商务开始起步,跨境电子商务崛起,移动电子商务崭露头角。这期间,每年的 11 月 11 日成为人们期待的网络购物节;苏宁易购、京东、天猫、库巴等电商巨头发起了"史上最大规模"的电商价格战。

(一)凡客——不平凡的电商过客

2005 年,PPG 服饰开创出了国内网上服装直销模式,产品依靠 OEM 代工,销售依靠呼叫中心,以超低成本对业界发起了颠覆性冲击,其"轻公司"的模式让业界眼前一亮。一刹那,全国几乎到处都是卖衬衣的网站。2007 年陈年的凡客酝酿产生,2009 年取代 PPG 成为行业第一。

凡客诚品以惊人的速度成为国内互联网快时尚第一品牌,甚至改变了我国当代人的消费习惯。凡客最早卖的是 29 元的 T-shirt,49 元的帆布鞋、Polo 衫、bra-T 等,以低价高质快速虏获大众的心。配备全场包邮、24 小时客服、30 天退换货等服务,凡客诚品靠产品和服务打造出了第一波好口碑。

在具体营销策略上,凡客与 PPG 服饰也如出一辙。在早期的《读者》《知音》《南方周末》等平面媒体上打广告,随后价格低廉的互联网广告受到重视,但最值得说的还是凡客诚品所建立的凡客联盟,在国内将 CPS(Cost Per Sales,有效销售额分成)模式发展到了新高度,并使凡客在互联网门户、搜索引擎等战场达到了无处不在的效果。凡客联盟是按照 CPS 的模式计费,网站站长可免费加入联盟,在后台自助获取广告代码,放置到个人网站或博客上推广凡客产品,并根据用户的实际消费情况获得高达 16% 的广告收益分成,随着点击人数增加,比例还能提高,单张订单平均佣金就能达到数十元。

2010 年,凡客确定韩寒、王珞丹作为代言人,开启 B2C 行业形象代言人的先例。"凡客体",这场网络全民狂欢,将互联网品牌广告推向了高潮,也是凡客在品牌宣传上最重要的一役。广告让凡客迅速膨胀,其销售额 2008 年 1 亿元,2009 年 5 亿元,2010 年达到 20 亿元,而 2010 年我国 B2C 市场规模只有 1 040 亿元。陈年喊出了要收购优衣库、LV 的雄心壮志。2010 年管理年会,陈年将下一年原计划 40 亿的销售目标提到 100 亿,然后小步快跑马上 IPO。凡客的几家 VC 也锦上添花,他们号称掌握着中国最强的 TMT 领域的基金,合伙人说有的是资金,这无疑加速了凡客的"大跃进"。

2010 年,顶峰时期的凡客拥有超过 1.3 万名员工,30 多条产品线,产品涉及服装、家电、数码、百货等全领域,当年卖出了 3 000 多万件服装,营收同比增长 300%。但随后因经营战略、产品质量、综合电商崛起、资本退热等因素的影响,凡客收缩规模、大幅裁员,2016 年员工仅剩 180 人。

(二)千团大战

团购领域的千团大战,在不足 5 年的时间里,使得团购行业完成了从自由竞争到三家寡头垄断的相对稳定的市场格局,资本的力量、模式的演化、创业公司在迅速发展中的挣扎与决策在 2011 年上演了一出完美的大戏。

团购的概念最早兴起于 2009 年,当时团购网站鼻祖 Groupon 在美国发展势如破竹。Twitter 获得风投到估值 10 亿美元花费了 3 年时间,Facebook 用了 2 年,而 Groupon 只用了一年半,这种超凡的速度自然在各国都吸引到一批模仿者。王兴成为 Groupon 在我国的首批模仿者,2010 年 3 月 4 日美团网上线。3 月到 6 月,国内专门做团购的网站数量突破 400 家,7 月底超过 900 家,9 月底增加到 1 200 余家,服务城市由最初的北京、上海等重点城市转战至全国各地。2011 年 8 月份鼎盛时期的团购网站达到 5 000 家以上,其中,不乏各大门户网站的加入,也有新生的团购网站,如新浪、腾讯、开心网、人人网等平台型互联网公司先后进入到团购领域。团购几乎成为当时互联网公司的标配功能。

为争夺国内的团购市场,各家团购网站开始激烈竞争。拉手、美团、窝窝团、24 卷、满座团、高朋网等当时国内比较知名的团购网站开始了一轮又一轮的融资比赛,广告战、拉锯战、阵地战等铺天盖地的广告融入各大民众的日常生活当中。过低的准入门槛无疑加速了团购行业的发展,但同时也不可避免地造成了这一行业的恶性竞争和迅速洗牌。最初做团购的网站需要大量销售人员去为商户普及团购知识,而不久之后,几乎每个商户都会接待数家或数十家团购网站的销售人员。商户借网站宣传推销自己的位置迅速得到扭转,开始衡量比较与哪一家团购网站合作对自己更为有利,而为了争夺客户,有些团购网站对商户的底线不得不一降再降。而在这种博弈中,双方又必须保证自己的利润空间,于是,消费者成了这场利润争夺中的最终买单者。但对单次消费体验不满意的消费者,很可能从此对团购模式不再买账。由此,行业发展进入瓶颈,风险投资开始转战其他领域,资金链断裂导致的结果不言而喻。

2014 年上半年国内网络团购累计成交额虽然达到 294.3 亿元,创下半年度最好成绩,但团购网站数量已锐减至 176 家,相比于 2011 年 8 月的最高峰时段的 5 058 家,至此团购的存活率仅为 3.5%。其中美团、大众点评、百度糯米占据了 84% 以上的市场份额。

(三)爆发价格战

2012 年 8 月 14 日,刘强东连发两条微博,声称京东大型家电三年内零毛利,所有大家电保证比苏宁、国美连锁店便宜 10% 以上,将派员进驻苏宁、国美店面。随后苏宁和国美纷纷加入电商价格大战,苏宁易购承诺包括家电在内的所有产品价格必然低于京东,若任何网友发现苏宁易购价格高于京东,苏宁都会即时调价,并给予已购买者两倍差价赔付。国美同样表示不回避任何形式的价格战,商品价格将比京东商城低 5%,并且保持线上、线下一个价。随后,当当网、易迅网、一淘网加入混战。

1. 价格战仅仅是营销活动

2012 年 8 月 15 日,根据一淘网数据,6 大电商的大家电商品 11.7 万余件中,仅有 5 000 多件商品价格有所下降,占比约 4.2%。可见,价格战只是一场营销活动。通过营销吸引眼球、打压竞争对手,提升企业市场地位,增加销售额。价格战经过炒作,引起了消费者的广泛关注。网易有道的数据显示,苏宁易购的流量涨幅达到 706%,国美流量涨幅达到 463%,京东涨幅达到 132%。

2. 价格战引来欺诈质疑

一些消费者反映,降价后的商品价格并不真正便宜。一淘网的数据更是发现,在价格战的前夜,京东提高了一些大家电产品的售价,随后再进行降价活动。此外,一些热销商品虽然显示大幅度降价,但是却处于无货状态,引起消费者强烈不满。一些失望和质疑声音悄然而起,价格战俨然成为一场营销骗局。

3. 发改委介入价格战欺诈调查

收到欺诈投诉后,发改委价监局介入电商"价格战"迷局,深入调查价格欺诈行为。调查结果认为,价格战过程中,有些电商的促销宣传行为涉嫌虚构原价、欺诈消费者。调查认为,三大电商在价格战中存在三种问题:一是虚构原价,二是未履行零毛利承诺,三是标明无货,实际上仓库有货等。接到发改委调查意见后,京东公开发表了声明,因未履行承诺向消费者致歉,并表示将进行认真反思整改。

(四)滴滴 VS 快的补贴大战

受 Uber 模式的启发,我国的网络打车起步于 2012 年的秋天。几乎就当程维在北京创办滴滴的同时,吕传伟在杭州创办了快的打车。2013 年 4 月,快的打车获得阿里巴巴、经纬创投 1 000 万美元 A 轮融资,并与支付宝打通,成为全国唯一一家可以通过在线支付打车费用的打车 App。因支付便捷,快的明显超出所有竞争对手一个身位。

"我最好的盟友,是敌人的敌人。"30岁的程维深谙竞争的法则,他很快找到了腾讯。就在阿里入股快的的同一个月,腾讯注资滴滴1 500万美元,9月滴滴接入微信与手机QQ,也实现了移动支付。2014年1月,滴滴再次得到腾讯领投的一亿美元投资。

资金充足的程维想出了一个补贴的点子:如果乘客和出租车司机使用滴滴打车,可以得到几元乃至十几元的补贴。这一想法,立即得到了马化腾的支持,双方约定,补贴成本由滴滴和微信共同承担。在补贴政策推出的第一个星期里,滴滴居然发出了一亿多元的补贴,出行订单量暴涨50倍,原有的40台服务器根本撑不住了。程维连夜致电马化腾,腾讯调集一支精锐技术团队,一夜间准备了1 000台服务器,并重写服务端架构,程序员连续加班工作七天七夜。

不甘让滴滴一家独火的快的迅速跟进,补贴大战一触即发。程维日后回忆说,补贴让订单量激增,烧钱速度也越来越快,从早期一天几百万到几千万,再到3、4月高峰期时,一天能烧进去1个亿。快的为了应对战事,再次融资1.2亿美元。双方进入拉锯战,快的补贴10元,滴滴补11元;滴滴补贴11元,快的补12元。快的宣称其打车奖励金额永远会比同行高出1元钱。滴滴迅速做出反应,宣布每单补贴额随机,10元到20元不等。

这场白刃战般的补贴大战,一直从2014年1月厮杀到5月,诱发了民众的莫名狂欢。到5月16日,在资本方的调停下,双方同时宣布补贴暂告一段落,硝烟散去,两家共计发出超过20多亿元的补贴,超过700万个出租车司机成了滴滴或快的的用户,我国出租车行业的格局陡然变天。

停止补贴之后,程维又推出了发红包的新打法。经过一年的鏖战,滴滴、快的发放补贴、红包共计近40亿元。率先发动战事的滴滴打车成为最大赢家,其用户数突破1亿,日最高订单量达521万。另外一个获益者是腾讯,它通过补贴极大地提高了自己在移动支付市场的份额,到2014年年底,腾讯在支付市场的占比已大幅逼近支付宝。

滴滴、快的不但重构了出租车行业,更是在两强相杀中,令其他的打车软件——包括进入我国市场的Uber无立足之地。

在激烈竞争阶段,我国电子商务经历了迄今为止竞争最为激烈的时期,竞争范围之广、参与企业之多、投入资本之巨、大战之密集、影响之深远在我国商业史上都是罕见的,很多竞争案例堪称商战经典。从某种意义上讲,剧烈的市场竞争成就了我国电子商务的发展,2014年年底,我国电子商务已经全面超越欧盟、日本等经济体,在部分领域已经比肩美国。

四、稳定发展阶段(2015年至今)

进入2015年,资本推动下的动人心魄的倾力搏杀渐行渐远,握手言和成为这一年的主旋律。2015年被人们称为合并年,2月份网络打车排名第一的滴滴和第二的快的宣布合并;4月份分类信息行业排名第一的赶集网和第二的58同城合并;5月份旅游行业的携程收购艺龙股份;8月份阿里与苏宁互相参股,实现战略合作;10月份美团和大众点评合并,携程与百度合作,携程与去哪儿网合作;12 月份,婚恋交友领域排名第一的世纪佳缘和第三的百合网合并,女性服装电商美丽说和蘑菇街合并。合并可以避免恶性竞争,降低运营成本,提高经营效率,增强企业核心竞争力,提升企业整体价值,行业内领头羊的合并则更加巩固了垄断地位。这一系列合并事件标志着我国电子商务发展进入一个崭新阶段,即相对稳定的发展阶段。

1.3　电子商务的功能及特点

一、电子商务的组成

电子商务的基本组成要素:网络、用户、物流配送、认证中心、银行、商家,如图 1-1 所示。

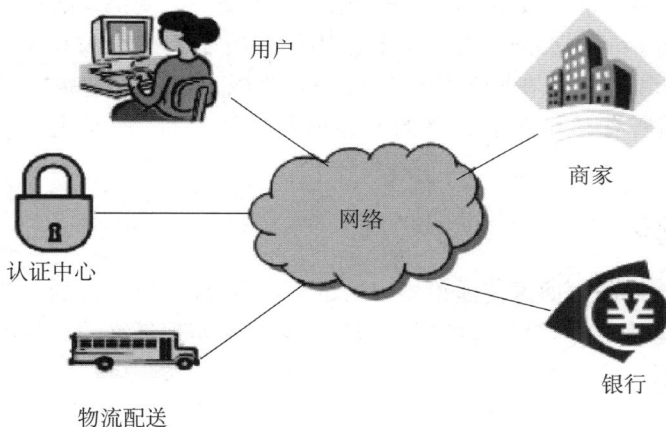

图 1-1　电子商务的组成

(一) 网络

电子商务中涉及的网络具体由 Intranet、Extranet、Internet 三个部分组成,如图 1-2 所示。

● Intranet(企业内联网)是企业内部网络,是为企业内部各部门之间开展商务活动创建的相对独立的网络。

● Extranet(企业外联网)是架构在企业内联网和供应商、合作伙伴、经销商等合作企业内联网之间的通信网络,是由多个企业内联网连接而成的。

● Internet 是电子商务最广泛的层次,是企业与其他所有公司和广大消费者进行公开交流的场所。包括企业内联网之间的连接其实也是通过 Internet 来实现的。

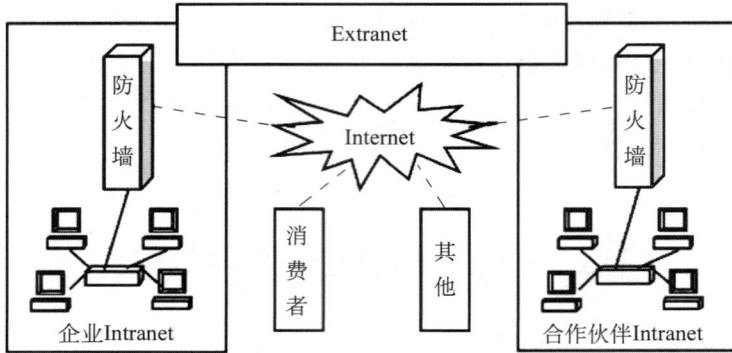

图 1-2 电子商务网络

(二) 认证中心(CA)

电子商务认证中心(Certificate Authority,CA),也称为电子商务认证授权机构,是负责发放和管理数字证书的权威机构,并作为电子商务交易中受信任的第三方,承担公钥体系中公钥的合法性检验的责任。它的主要作用是在电子商务交易中对用户身份的真实性进行验证,保证用户之间在网上传递信息的安全性、真实性、可靠性、完整性和不可抵赖性,并负责管理所有参与网上交易的个体所需的数字证书,是电子商务安全的核心环节。

(三) 物流配送

物流配送是将商品由商家传递给用户的过程,一般包含备货、存储、配送加工、分拣及配货、配装、配送运输、送达服务这些标准流程。它帮助实现最终的商品所有权转移,是电子商务交易的最后一个环节。

(四) 网上银行

网上银行又称网络银行、在线银行或电子银行,它是各银行在互联网中设立的虚拟柜台,利用网络技术,通过互联网向客户提供开户、销户、查询、对账、行内转账、跨行转账、信贷、网上证券、投资理财等传统服务项,使客户足不出户就能够安全、便捷地管理活期和定期存款、支票、信用卡及个人投资等。它是电子商务中资金流实现的重要保障。

(五) 用户

电子商务中的用户主要是指在互联网上购买商品的消费者。

(六) 商家

电子商务中的商家主要是指在互联网上提供商品的企业或者个人。

电子商务的一般交易过程:商家在互联网上发布商品信息,用户在互联网上浏览商品信息,并向商家发出具体的商品购买请求,在认证中心的协调管理下用户支付钱款给商家,商家在企业内联网中完成商品的采购、生产等活动,并通过物流配送将商品转移给用户。

二、电子商务的功能

(一)营销推广

商家可通过自有网站、微信号、微博、搜索引擎、门户网站、电子邮件等各种媒体在Internet上发布自己的商业信息,用户也可借助网上的检索工具迅速地找到所需商品信息。与传统的各类广告相比,网络营销推广的成本最为低廉,而给顾客的信息量却最为丰富。

(二)咨询洽谈

电子商务可借助各种即时通信工具——QQ、微信等,以及非实时的通信工具——电子邮件、微博、论坛等,来进行商务洽谈和事务磋商。网上在线咨询和洽谈能超越面对面洽谈的限制、提供多种方便的异地交谈形式,提升洽谈效率。

(三)网上订购

电子商务可在 Web 页面上进行详细生动、图文并茂、音视频结合的商品介绍,并提供十分友好的商品购买提示信息和相关说明,用户可以非常方便地在商品介绍页面中进行商品订购,订购信息也将采取加密的方式使得用户和商家的商业信息不会泄漏。

(四)网上支付

电子商务要成为一个完整的过程,网上支付是重要的环节。用户和商家之间可通过第三方支付、银联卡、信用卡等多种方式进行在线支付。网上支付可节省大量的中间人员开销并提升交易效率。

(五)电子账户

网上的支付必须由银行、保险公司等金融单位来为用户提供在线金融服务,电子账户管理就是其中最基本的部分,信用卡号或银行账号都是电子账户的标志。电子账户的安全性、可信度都有相应的技术措施来保证,如数字凭证、数字签名、加密等,这些技术手段非常好地保障了电子账户的安全。

(六)在线服务

一些信息商品,如软件、电子读物等,可以直接通过网络传递。还有一些公共服务、生活服务,如水电费缴纳、交通违章处理、纳税等,也可以直接通过网络开展。

(七)意见征询

通过网络能非常方便及时地收集用户的各类反馈意见,这些客户反馈意见不仅能提高售后服务的水平,更使企业获得改进产品、发现市场的商业机会。

(八) 交易管理

电子商务的整个交易过程都是在线进行的,其信息化程度非常高,各个交易环节的数据都能很方便地采集到,并且都能进行实时化的监控管理。电子商务的发展,将会为企业提供一个良好的便于进行交易管理的网络环境,并衍生出多种多样的应用服务系统。

三、电子商务的特点

(一) 普遍性

电子商务作为一种新型的交易方式,将生产企业、流通企业以及消费者和政府带入了一个网络经济、数字化生存的新天地。

(二) 方便性

在电子商务环境中,人们不再受地域的限制,客户能以非常简捷的方式完成过去较为繁杂的商业活动。同时使企业对客户的服务质量得以大大提高。

(三) 整体性

电子商务能够规范事务处理的工作流程,将人工操作和电子信息处理集成为一个不可分割的整体,这样不仅能提高人力和物力的利用率,也可以提高系统运行的严密性。

(四) 安全性

在电子商务中,安全性是一个至关重要的核心问题,它要求网络能提供一种端到端的安全解决方案,如加密机制、签名机制、安全管理、存取控制、防火墙、防病毒保护等,这与传统的商务活动有着很大的不同。

(五) 协调性

商业活动本身是一种协调过程,它需要客户与公司内部、生产商、批发商、零售商间的协调。在电子商务环境中,它更要求银行、配送中心、通信部门、技术服务等多个部门的通力协作,电子商务的全过程往往是一气呵成的。

(六) 集成性

电子商务以计算机网络为主线,对商务活动的各种功能进行了高度的集成,同时也对参加商务活动的商务主体各方进行了高度的集成,高度的集成性使电子商务进一步提高了效率。

第二章　电子商务运作模式

学习目标

（一）知识要求

● 了解 B2B 电子商务模式。

● 了解 B2C 电子商务模式。

● 了解 C2C 电子商务模式。

● 了解其他电子商务模式。

（二）能力要求

● 能够分析不同的电子商务模式的特点。

2.1　B2B 电子商务模式

B2B(Business to Business)是企业间通过网络通信手段进行商品或服务交易的电子商务模式,是电子商务活动中业务量最大的一种交易模式,对提高企业效益等有巨大的效益。

一、B2B 模式的要素

B2B 模式的电子商务包含以下三要素:

（1）买卖。B2B 网站平台为企业提供质优价廉的商品,吸引企业购买的同时促使更多商家的入驻。

（2）合作。与物流公司建立合作关系,为企业的购买行为提供最终保障,这是 B2B 平台硬性条件之一。

（3）服务。物流主要是为企业提供购买服务,从而实现再一次的交易。

二、B2B 模式的类型

（一）垂直模式

面向制造业或面向商业的垂直 B2B(Vertical B2B,Directindustry B2B)。可以分为两

个方向,即上游和下游。生产商或商业零售商可以与上游的供应商之间形成供货关系;生产商与下游的经销商可以形成销货关系。简单地说,这种模式下的 B2B 网站类似于在线商店,这一类网站其实就是企业网站,就是企业直接在网上开设的虚拟商店。通过这样的网站可以大力宣传企业的产品,用更快捷、更全面的手段让更多客户了解自己的产品,促成交易。或者也可以是商家开设的网站,这些商家在自己的网站上宣传自己经营的商品,目的也是用更加直观、便利的方法促进、扩大商业交易,如我国的钢铁网、化工网等。

(二)综合模式

面向中间交易市场的 B2B。这种交易模式是水平 B2B,它是将各个行业中相近的交易过程集中到一个场所,为企业的采购方和供应方提供了一个交易的机会。这一类网站既不是拥有产品的企业,也不是经营商品的商家,它只提供一个平台,在网上将销售商和采购商汇集一起,采购商可以在其网上查到销售商的有关信息和销售商品的有关信息,如阿里巴巴网、慧聪网、敦煌网等。

(三)自建模式

行业龙头企业自建 B2B 模式是大型企业基于自身的信息化建设程度,搭建以自身产品供应链为核心的行业化电子商务平台。行业龙头企业通过自身的电子商务平台,串联起行业整条产业链,供应链上下游企业通过该平台实现资讯、沟通、交易。但此类电子商务平台过于封闭,缺少产业链的深度整合。

(四)关联模式

行业为了提升电子商务交易平台信息的广泛程度和准确性,整合综合 B2B 模式和垂直 B2B 模式而建立起来的跨行业电子商务平台。

三、B2B 流程

以 Dell 公司为例介绍 B2B 流程,如图 2-1 所示。

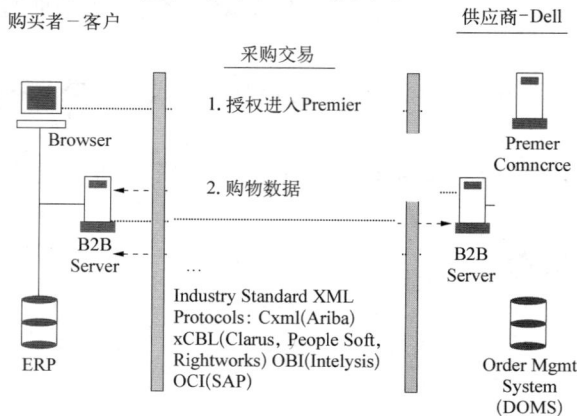

图 2-1　B2B 流程

第一步,商业客户向销售商订货,首先要发出"用户订单",该订单应包括产品名称、数量等一系列有关产品问题。

第二步,销售商收到"用户订单"后,根据"用户订单"的要求向供货商查询产品情况,发出"订单查询"。

第三步,供货商在收到并审核完"订单查询"后,给销售商返回"订单查询"的回答。基本上是有无货物等情况。

第四步,销售商在确认供货商能够满足商业客户"用户订单"要求的情况下,向运输商发出有关货物运输情况的"运输查询"。

第五步,运输商在收到"运输查询"后,给销售商返回"运输查询"的回答,如有无能力完成运输,有关运输的日期、线路、方式等要求。

第六步,在确认运输无问题后,销售商即刻给商业客户的"用户订单"一个满意的回答,同时要给供货商发出"发货通知",并通知运输商运输。

第七步,运输商接到"运输通知"后开始发货。接着商业客户向支付网关发出"付款通知"。支付网关和银行结算票据等。

第八步,支付网关向销售商发出交易成功的"转账通知"。

四、B2B 的发展趋势

全球 B2B 电子商务交易一直占据主导地位,呈现持续高速发展态势,年交易总量占电子商务交易总额的 80%,可见 B2B 的市场是多么的巨大。

(一) B2B 将向更细分方向发展

中小企业由于没有雄厚的资金支持,无实力做全行业的 B2B 行业网站,但是可以介入细分行业的电子商务网站或者区域性电子商务网站。例如,服装服饰类皮鞋、西装、男装、女装等细分网站都有一定的发展前景。一般来说,不管网站所处的行业有多细,只要全国有 300 家以上的企业一起细分产品为公司主导产品,这些细分行业都将有 1~2 家 B2B 网站的生存空间。

(二) B2B 区域网站将兴起

在中国,绝大部分 B2B/B2C 的交易还是集中在同城、同区交易。58 同城、赶集网等分类信息网站能获得风险投资(VC)的追捧也就是发现同城交易的数额巨大这一事实。在中国商业信用体系尚未建立的情况下,在有选择的前提下大部分商家都更愿意选择较近的进货渠道,原因一是有较好的保障信用安全;二是可以更好地节省物流成本,提高利润。因此,可以预见 B2B 区域网站会有较大的发展空间。但是 B2B 区域网站能否兴起还将取决于网站运营商的地缘优势。

(三) B2B 新模式的崛起

在 B2B 电子商务领域中,竞争日益激烈,大批 B2B 网站在激烈的竞争中倒下。伴随着他们的倒下,新生的企业以新的创新模式赢得市场的认可,在竞争激烈的市场环境中具有极强的核心竞争力。其中以中亚硅谷网 B2B＋M 为最具代表特色新模式。M 是MALL(商城)的缩写。B2B＋M 即中亚硅谷网所代表的网上电子商务平台与基于中亚电子博览中心实体商城而有机结合运作的全新商业模式,B2B＋M 既打破了实体商城辐射力的局限,同时有效地弥补了一般 B2B 网站所普遍存在的诚信缺失。

(四)行业 B2B 网站将在更多环节充当行业服务角色

对供应商、采购商的信用、实力评估体系进一步完善,并得到创新,随着行业 B2B 门户网站逐步深入行业,行业企业的信用、实力得到进一步透明化。让采购商有更多机会选择更多最合适的供应商,许多线下服务会深入企业内部,如一对一的培训服务,实地评估、考察工厂、市场调查、人才招聘,行业软件服务等将会获得更多的应用。

阿里巴巴

一、阿里巴巴简介

阿里巴巴 B2B 公司是阿里巴巴集团的旗舰子公司,是全球领先的 B2B 电子商务公司。公司的电子商务业务主要集中于 B2B 的信息流,是电子商务信息服务的平台服务提供商。公司总部设在杭州,并在中国超过 40 个城市设有销售中心,另外在中国台湾、香港,以及欧洲、美国均设有办事处。阿里巴巴每天通过旗下三个网上交易市场连接世界各地的买家和卖家。国际交易市场(www.alibaba.com)集中服务全球的进出口商,为中国出口型生产企业提供"中国供应商"服务,开展在全球市场的业务推广。中国交易市场(www.1688.com)集中服务中国大陆本土的贸易商,是阿里巴巴主要的信息服务平台及主要业务来源。而日本交易市场(www.alibaba.co.jp)通过合资企业经营,主要促进日本外销及内销,也主推"中国供应商"服务,面向产品质量符合出口日本行业标准的中国进出口贸易企业。三个交易市场形成一个拥有来自 240 多个国家和地区的 4 000 万名注册用户的网上社区。

二、阿里巴巴的电子商务模式

(一)经营模式

阿里巴巴是国内甚至全球最大的专门从事 B2B(企业对企业)业务的服务运营商。阿里巴巴的运行模式,概括起来即为注册会员提供贸易平台和资讯收发,使企业和企业通过网络做成生意、达成交易。服务的级别则是按照收费的不同,针对目标企业的类型不同,由高到低、从粗至精阶梯分布。为阿里巴巴下一个定义,其实就是把一种贴着标有阿里巴巴品牌商标的资讯服务,贩卖给各类需要这种服务的中小企业、私营业主。为目标企业提供了传统线下贸易之外的另一种全新的途径——网上贸易。

依托阿里巴巴网站(中、英、日三种版本),拢聚企业会员,整合成一个不断扩张的庞大买卖交互网络,形成一个无限膨胀的网上交易市场,通过向非付费、付费会员提供、出售资讯和更高端服务,赢得越来越多的企业会员注册加盟。阿里巴巴在充分调研企业需求的基础上,将企业登录汇聚的信息整合分类,形成网站独具特色的栏目,使企业用户获得有效的信息和服务。阿里巴巴主要信息服务栏目包括以下几种：

（1）**商业机会**：有27个行业700多个产品分类的商业机会供查阅，通常提供大约50万种供求信息。

（2）**产品展示**：按产品分类陈列展示阿里巴巴会员的各类图文并茂的产品信息库。

（3）**公司全库**：公司网站大全已经汇聚数万家公司网页。用户可以通过搜索寻找贸易伙伴，了解公司详细资讯。会员也可以免费申请自己的公司加入阿里巴巴"公司全库"中，并链接到公司全库的相关类目中方便会员有机会了解公司全貌。

（4）**行业资讯**：按各类行业分类发布最新动态信息，会员还可以分类订阅最新信息，直接通过电子邮件接收。

（5）**价格行情**：按行业提供企业最新报价和市场价格动态信息。

（6）**以商会友**：商人俱乐部。在这里会员交流行业见解，谈天说地。其中咖啡时间为会员每天提供新话题，为会员分析如何做网上营销等话题。

（7）**商业服务**：航运、外币转换、信用调查、保险、税务、贸易代理等咨询和服务。

这些栏目为用户提供了充满现代商业气息、丰富实用的信息，构成了网上交易市场的主体。另外，还分类开设了阿里巴巴化工网、服装网、电子网、商务服务网来进一步地细分客户群体，以实现面向性的精确定位，确保电子商务交易的便捷和执行效率的提高。

（二）盈利模式

基本上依靠各付费会员每年缴纳的年费及广告方面的收益。

阿里巴巴旗下有两个核心服务：

（1）诚信通：针对的是经营国内贸易的中小企业、私营业主。

（2）中国供应商：针对的是经营国际贸易的大中型企业和有实力的小企业、私营业主。除了付费的中国供应商和诚信通会员，阿里巴巴上面还活跃着免费的480万家中国商户和达上千万家的海外商户。

三、阿里巴巴的信用体系

阿里巴巴围绕电子商务交易双方的实际需求，建立了一个多层次的诚信体系，包括阿里巴巴B2B公司的信用体系、淘宝网上的信用评价体系以及提供第三方托管的支付宝信用体系。阿里巴巴集团建立的这种新型的、多层次的互联网信用体系，有效解决了电子商务交易中的诚信问题。本节仅对阿里巴巴B2B公司信用体系进行了分析。

2002年3月，阿里巴巴启动了"诚信通"计划。该计划主要通过第三方认证、证书及荣誉、阿里巴巴活动记录、资信参考人、会员评价等5个方面，来审核申请"诚信通"服务的商家的诚信。同时，通过诚信通指数把上述值量化，供浏览者参考。另外，诸如ISO体系等行业认证也成为诚信通会员重要的参考要素，并且阿里巴巴会用优先排名、向其他客户推荐等方式，来奖励那些诚信记录良好的用户。阿里巴巴不直接介入会员之间的贸易纠纷或者法律事务，通过提供评价体系以及社区的一套投诉和监督系统来约束所有诚信通会员的行为。

四、阿里巴巴的发展规划

未来，阿里巴巴集团将继续致力于建立一个开放、协同、繁荣的电子商务生态系统，帮助买家、卖家、第三方服务商、战略联盟伙伴和被投资公司利用互联网技术在线发展业务。

为了支持生态系统的不断增长,阿里巴巴对专有技术开发和基础设施做了大规模的投入。这使阿里巴巴能够利用平台上产生的海量数据,进一步发展和优化,为平台使用者提供更多、更好的产品及服务。同时,阿里巴巴将继续致力于为广大中小企业提供优质服务、开发新技术、大数据资源的开发利用、农产品电子商务推广等方面的工作。

(资料来源:http://china.alibaba.com/)

案例点评

阿里巴巴以其独有的电子商务模式由小到大、由弱到强,迅速发展成为中国乃至全球电子商务产业的领先者之一。阿里巴巴为我国中小企业赢得了新的发展空间,联合银行提供网络联保贷款服务,解决了中小企业融资困难的问题;推动了物流业、软件业等相关产业的发展,直接或间接地创造了大量就业机会。此外,阿里巴巴还建立了阿里学院,积极培育新型电子商务人才;创新提出"网商""网贷"等概念,规划并构建了一个电子商务生态系统。以客户、用户和合作伙伴为核心的开放思想,体现在阿里巴巴的战略目标中,"打造了电子商务基础设施,培育了开放、协同、繁荣的电子商务生态系统"。

思考题

(1) 你从阿里巴巴的成功中获得了哪些启示?

(2) 阿里巴巴 B2B 公司是如何实践"让天下没有难做的生意"这一核心指导原则的?

2.2　B2C 电子商务模式

B2C(Business to Consumer)是企业对消费者的电子商务模式。这种形式的电子商务一般以网络零售业为主,主要借助于互联网开展在线销售活动,它是人们应用最广泛的电子商务模式之一。一般来说,B2C 电子商务模式包括网上商厦和网上商店两种方式。

一、网上商厦

网上商厦是指提供给具有法人资质的企业在互联网上独立注册开设网上虚拟商店,出售实物或提供服务给消费者的有第三方经营的电子商务平台。网上商厦由中立的第三方负责经营,有工商报备的独立的固定网址,服务提供方与服务对象具备法人资格,卖方在网上商厦开店,提供实物交易和服务。网上商厦平台具有在线支付功能和物流解决方案,对于商品(服务)的描述真实详细。网上商厦平台上的市场经营者必须具备完善与方便的服务功能,并在网站页面上明显标出,包括咨询服务、交易服务、退换货服务、三包服务、赔偿服务等。这类商厦如天猫商城。

二、网上商店

　　网上商店是指具有法人资质的企业或个人在互联网上独立注册网站,开设网上虚拟商店,出售实物或提供服务给消费者。这种模式下的服务提供方具备法人资格,有工商报备的独立的固定网址,服务对象是消费者。经营者在网站上提供实物交易和服务,网上商店具有在线支付功能和物流解决方案,采取定价销售,网上商店的经营者必须能够提供完善与方便的服务,并在网站页面上明显标出,包括咨询服务、退换货服务、三包服务、赔偿服务等,如京东商城。

天猫商城

一、天猫简介及发展历程

　　天猫商城(简称"天猫"),原名天猫商城,是中国最大的 B2C 综合性购物网站,由淘宝网分离而成,由知名品牌的直营旗舰店和授权专卖店组成,现为阿里巴巴集团的子公司之一。天猫同时支持淘宝的各项服务,如支付宝、集分宝支付等。其整合数万家品牌商、生产商,为商家和消费者之间提供一站式解决方案。

　　2011 年 6 月 16 日,原淘宝正式分拆为淘宝集市、天猫商城与一淘搜索。

　　2012 年 1 月 11 日,天猫商城正式宣布更名为"天猫",宣布提供 100% 品质保证的商品和 7 天无理由退货的售后优质服务。

　　2014 年 2 月 19 日,阿里巴巴集团宣布天猫国际正式上线,为国内消费者直供海外原装进口商品。

　　2015 年,天猫"双 11"全球狂欢节交易额超 912 亿元。

　　到 2015 年年底,天猫已经拥有 4 亿多买家、5 万多家商户、7 万多个品牌。其中官方的知名品牌就达上万个,包括索尼、松下、夏普等数百个大牌也在 2011 年进驻天猫平台。此外,新蛋、1 号店、库巴网、走秀网、西街网、麦考林、中粮我买网等各行业独立 B2C 也加入天猫。

　　实际上,天猫商城改名可以说是"早有预谋"。2010 年 11 月,天猫商城"Tmall.com"独立域名上线。2011 年 6 月,淘宝一拆为三:淘宝网、天猫商城、一淘网分别独立运营;9 月,天猫商城开放引入数十家独立 B2C 网站;10 月,天猫商城发布新规,提高进入门槛,尽管遭到波折,但最终仍坚持住了新规核心的原则底线。

二、天猫商城的战略目标

　　天猫商城是阿里巴巴集团打造的一家在行业中处于领先地位的全新的在线 B2C 购物平台网站。天猫商城依托淘宝网优势资源,整合上万家品牌商、生产商,为商家提供电子商务整体解决方案,为消费者打造网购一站式的服务。天猫商城主要提供一个消费者购物的平台和厂家企业在线销售的平台,整合卖方和买方的资源,为消费者打造一个方便、安全、有保障的购物环境。

　　天猫商城力争以淘宝网为主的消费者平台升级为"无处不在"的供需双赢的消费平

台。新平台由阿里巴巴 B2B 和三家"Tao"公司一起完成对不同客户的服务:通过一淘网的购物搜索,淘宝网价廉物美的社区化创新以及天猫商城的精品专业体验给消费者以全新的感受;同时,也能更加专业化地帮助更多企业和创业者开展积极的电子商务服务和营销。

三、天猫商城的商业模式

(一) 市场定位

天猫的定位从名称中就可以略见端倪。天猫总裁张勇在接受采访时表示,取这个名字一方面是因为"天猫"跟 Tmall 发音接近,更重要的原因是随着 B2C 的发展,消费者需要全新的、与阿里巴巴大平台挂钩的代名词,"天猫"将提供一个定位和风格更加清晰的消费平台。猫是性感而有品位的,天猫网购,代表的就是时尚、性感、潮流和品质;猫天生挑剔,挑剔品质,挑剔品牌,挑剔环境,这恰好就是天猫网购要全力打造的品质之城。

天猫的定位已经比较清晰。对内,是阿里巴巴集团在实物消费领域的主战场,承担着 B2C 电子商务发展的重担;对外,天猫将打造成一个多元化、时尚、品质和服务都非常好的虚拟商圈。特别强调的是,它不是一个 Shoppingmall(购物中心)的翻版,更像是商圈,如上海的徐家汇、北京的 CBD。

(二) 目标用户

天猫商城的目标客户是在网络购物中追求较高服务、较好产品质量、能够接受适当高价格的素质优秀的互联网络购物者。这些网络购物者是所有消费者中最优质的资源,他们收入较高,消费能力强,善于接受新事物,对服务的要求高。

(三) 产品与服务

天猫商城的模式是做网络销售平台,卖家可以通过这个平台卖各种商品,这种模式类似于现实生活中的百货大楼,每个商家在这个网络"百货大楼"里面交一定的租金就可以开始卖东西,即主要是提供商家卖东西的平台。天猫商城不直接参与卖任何商品,但是商家在做生意的时候要按照天猫商城的规定,不能违规,违规会受到处罚。如果这个网络"百货大楼"想赚更多的钱,它就会加你租金,你不交他就会把你赶到(淘宝)集市上摆摊。这就是天猫商城,与我们现实生活中的百货大楼类似。

(四) 销售与营销

2009 年 11 月 11 日,天猫(当时称天猫商城)开始在"光棍节"举办促销活动,最早的出发点只是想做一个属于天猫商城的节日,让大家能够记住天猫商城。选择 11 月 11 日,也是一个有点冒险的举动,因为光棍节刚好处于传统零售业十一"黄金周"和圣诞促销季中间。但这时候天气变化正是人们添置冬装的时候,当时想试一试,看网上的促销活动有没有可能成为一个对消费者有吸引力的窗口。结果一发不可收拾,现在"双十一"成为电商消费节的代名词,甚至对非网购人群、线下商城也产生了一定影响力。再到后来京东、易迅以及实体电商苏宁、国美的加入,如今,"双十一"不仅仅成了电商的狂欢,也已经渗透进每个人的生活。

从 2009 年到 2016 年,"双十一"已经从天猫扩散到全电商平台,从国内扩展到全球。11 月 11 日,正逐渐从单一的电商营销日,变成了全球消费者的购物狂欢节,而这种扩展更是带动了整个中国商业的巨大变局。

（五）盈利模式

天猫摒弃了原来的淘宝网对普通的卖家和买家都免费的模式,而是以自己强大的市场份额和注册用户为依托,提供更加符合卖家要求的服务,充分挖掘了注意力经济的价值,从很多环节实行收费的模式,为其未来的盈利奠定了基础(商家入驻天猫的保证金、技术服务费、广告收入、关键词竞价、卖家应用软件收费、API平台收入等)。

天猫建立的是一种新的B2C模式,传统的B2C的盈利模式主要在于压低生产商的价格,进而在采购价与销售价之间赚取差价。新的B2C模式则让生产商直接充当卖方的角色,直接让生产商获取更大的利益,天猫作为一个平台只收取一定的技术服务费。这种模式省去了中间分销环节,使电子商务直接介入到商品从生产到价值变现的流程中来。

（资料来源：https://www.tmall.com/）

案例点评

天猫商城旨在依托淘宝网优势资源,整合上万家品牌商、生产商,为商家提供电子商务整体解决方案,为消费者打造网购一站式的服务,力争将以淘宝网为主的消费者平台升级为"无处不在"的供需双赢的消费平台。通过开放平台等方式吸引更多的企业为商城平台上的卖家和买家提供各种各样的服务,使商城不仅仅是一个买卖的交易平台,还是一个提供生活服务的平台,进而形成一个电子商务网络购物生态圈系统。

思考题

(1) 天猫的发展对中国电子商务的发展产生了哪些影响?

(2) 天猫的成立对阿里巴巴公司有什么重大意义?

苏宁易购

一、苏宁易购简介

苏宁易购是苏宁云商集团股份有限公司(简称苏宁,原名为苏宁电器股份有限公司)旗下的B2C电子商务平台,网站于2010年12月上线,所销售商品范围涵盖家电、消费电子、百货、母婴和图书等品类。2013年随着"云商模式"的提出,苏宁实现了向全品类拓展,逐步延伸至金融服务和虚拟服务等领域。同年9月,随着开放平台的上线,苏宁易购通过吸引第三方卖家入驻,平台百货、超市类等非电器产品也不断丰富。

苏宁随着自身发展战略的不断调整,持续对自身集团架构进行优化。2013年3月,苏宁将发展电子商务提升到战略高度,苏宁易购从独立的电子商务公司整合成为苏宁的电子商务经营总部,并于2014年春节后将线上线下业务进行了整合,成立了大运营总部。2015年8月10日,阿里巴巴集团投资283亿元人民币参与苏宁云商的非公开发行,占发行后总股本的19.99%,成为苏宁云商的第二大股东。

在集团架构持续优化的同时,线上业务实现快速发展。苏宁易购销售额持续保持较快增长,2011—2016年销售收入占苏宁集团总体营业收入比例稳步上升。

二、苏宁易购的运营特色

在实施云商战略后,苏宁用互联网思维对线上电商业务和线下实体门店进行整合,以用户体验为出发点,使消费者在消费过程的各个环节,无论线上线下都能享受到同质化的服务。苏宁已经逐步实现了线上线下商品价格、出样、展示、支付、配送和售后服务等多维度的融合,让消费者能够随时随地享受到苏宁的多种服务,从关注价格高低转为关注自身的消费需求和消费体验。

（一）价格融合

比线下店更具价格优势和便利性,是线上购物更受消费者欢迎的主要原因。这一方面导致了传统渠道的萎缩;另一方面还导致了许多线下店徒有客流,无成交量,因为许多消费者只在线下试穿试用,然后线上下单。

为了应对电商渠道给传统零售业带来的冲击及苏宁内部线上线下的渠道矛盾,从2013年6月起,苏宁开始实施线上线下同价计划,苏宁旗下所有实体店销售的商品将逐步实现与苏宁易购同价,苏宁不再区分线上线下,而是以一个整体的形式面对消费者。为了保证线上线下同价,苏宁借助其后台信息系统,将门店与线上相同商品的价格进行锁定,门店商品的纸质价签也逐步更换为电子价签,并与后台信息系统对接,使线上商品价格和线下店的价格保持统一。如果线上商品价格发生变动,线下商品价格会通过电子价签即时调整,保证线上线下调价零时差。

苏宁的线上线下同价,并不意味着单纯的"低价",而是希望彻底打通实体店和线上平台,让线上线下用户以同样的价格享受同样的商品和服务,促进渠道融合。

（二）渠道融合

分布在全国的千余家实体门店是苏宁传统零售渠道的重要载体,通过逐步对实体门店进行互联网化改造,实现实体门店与苏宁易购的渠道融合。改造方式主要是通过在实体门店内设置易购综合直销区、云体验中心、虚拟货架、二维码墙和本地生活服务区等互联网专区,将线下购物的过程互联网化。

易购综合直销区内设有易购视屏墙,可供消费者访问苏宁易购网上商城及查询店内未出样的产品和评价信息。云体验中心是一个消费者自主体验区,消费者可享受云盘、云相册、云视频、云打印、远程拍照、应用商店、电子书、游戏、手机系统美化、IT帮客和移动客户端等增值服务。虚拟货架由多款电子屏组合而成,可以不受空间限制,为消费者提供商品展示服务。在门店内的每一个商品上都有二维码,消费者可以通过扫码支付,免去以往手工下单、排队支付的麻烦,让购物流程更简单、便捷,后期的物流、售后和客服等,也可以即时跟踪。

同时,苏宁也对门店的运营方式进行互联网化。如增加本地化的营销、对产品进行社交化的传播。苏宁门店营业员利用微博、微信等社交平台发展会员,开展营销。同时,对门店的考核不仅计算店面里发生的销售,还包括门店周边辐射区域里所有线上的销售。在对线上线下的渠道进行融合的同时,苏宁还对售后服务部门进行了整合。消费者无论是在线上还是在线下购物过程中出现问题,无须将货物邮寄回去,而是可以联系最近的苏宁线下店进行解决。

（三）物流融合

在物流融合之前,苏宁根据其线上线下业务建立了两套物流体系。一是以线下实体店为中心的大件物流和骨干物流,其辐射范围在70~80千米之间。苏宁的线下店主要集中在一二线城市,其在三四线城市的配送能力十分有限。二是以苏宁易购为中心的小件商品配送体系,此前主要依赖第三方物流。在实施"云商"战略之后,为了使线上线下能够更好地融合,苏宁对原有的物流体系进行了改造,主要是对线下物流体系进行改造,使其符合电商物流的特征。

在大家电配送方面,苏宁易购共享苏宁电器配送仓储网,直接就近配送。小家电、图书和百货等品类的配送则以原有仓库为中心,设置配送分支进行补齐。另一方面,苏宁在全国加大了仓库、物流站点及配送团队的建设,2015年,苏宁在全国完成57个大型现代化物流基地的布局,建成12个自动化分拨中心,300个城市配送中心和5 000多个社区配送站。

到2015年,苏宁已实现本地仓库出货城市半日达,12个一线城市异地出货全部次日达,并在北、上、广、深等重点城市推行了"一日三送"和"易速达"等特色服务,并在全国1 600家门店设立了自提点。

（四）组织融合

传统企业的组织形式从上到下是金字塔形结构,其优点是分工明确,可以发挥专业优势,但是缺点也很明显,即各职能部门之间缺乏沟通协调机制,运转效力低。而电商企业一般则采取扁平化管理结构,信息流动较为通畅。苏宁在实施"云商"战略后,对管理结构进行了整合,以实现组织的融合。围绕"云商"模式,苏宁将原有的金字塔式组织结构转变为事业部式组织结构。在组织架构上,苏宁将重点构建总部管理层、总部经营层、地区执行层。

在总部管理层面设立连锁开发、市场营销、服务物流、财务信息、行政人事五大管理总部。

在总部经营层面,成立IT总部、运营总部和商品经营总部三大经营总部,涵盖实体产品、内容产品、服务产品三大类的20多个事业部,形成"平台共享＋垂直协同"的经营组合,支撑线上线下O2O全渠道经营和全品类拓展。

在地区执行层面,苏宁进一步优化扁平化管理和本地化自主经营程度。2013年,苏宁把大区、子公司、营运部三级管理缩减为大区、城市终端两级管理,并大幅扩充大区和城市终端数量,增强区域化运营和本地化服务能力,提升运营效率。苏宁将大区数量从44个增至60个,城市终端由100多个增加至200多个。通过数量扩充和组织下沉,苏宁将增强全地域覆盖和精细化运营能力,进一步提升竞争力。

三、苏宁易购的发展规划

苏宁易购基于集团互联网转型战略,在苏宁实体门店、物流、售后服务及信息化支持下,形成了与实体零售渠道全面融合的O2O模式,为线上线下用户提供更佳的购物体验。

2015年,随着苏宁O2O模式转型落地,连锁发展的新趋势已经形成,即在核心商圈开设云店,打造集体验、销售、服务、本地化营销为一体的区域生活服务中心。

未来规划苏宁云商实现全面云店化,在城市社区、农村市场布局苏宁易购服务站,实现互联网、云店广域覆盖下的网络密织延伸,充分发挥本地化优势。相比传统门店,云店服务内容和运营优势也大幅提升。苏宁云店的门店面积平均约为8 000平方米,是传统门店的一倍。公司线上、线下产品、活动及营销产品推广,会员、商品、服务、价格、支付线上线下统一。

此外,云店所有业务单元展示的载体,除电器经营品类外,融合金融、海外购、咖啡、超市、红孩子、美食、物流、售后等苏宁云商所有的商品和服务的新模式。通过"餐饮课堂、游戏体验区、孕妈讲堂、情景样板间"等体验区及"综合服务中心、售后服务中心"等功能区的加强,给消费者提供一站式、全面融合的O2O服务。

2020年,苏宁易购销售规模预计达到3 000亿元,销售网络拓展至中国香港、日本和东南亚等地,技术创新、数据研究等能力位居世界前列,成为中国领先的B2C平台之一。

(资料来源:http://www.suning.com/)

案例点评

苏宁易购是苏宁电器集团的新一代B2C网上商城,形成以自主采购、独立销售、共享物流服务为特点的运营机制,以商品销售和消费者服务为主,同时在实体店面协同上定位于服务店面、辅助店面、虚实互动;为消费者提供产品咨询,服务状态查询互动;并将消费者购物习惯、购物喜好的研究反馈给供应商,提升整个供应链的柔性生产、大规模定制能力;同时通过与更多的第三方支付企业合作,优化网站的设计,加强用户体验,注重售后服务一体化建设,提高用户口碑与回头率。

思考题

(1) 苏宁的成功因素有哪些?

(2) 按照当前的发展模式,你认为苏宁将会遇到什么样的挑战?该如何应对?

京东商城

一、京东简介

京东是中国最大的自营式电商企业,2015年第一季度在中国自营式B2C电商市场的占有率为56.3%。京东集团旗下设有京东商城、京东金融、拍拍网、京东智能、O2O及海外事业部。2014年5月,京东在美国纳斯达克证券交易所正式挂牌上市(股票代码:JD),是中国第一个成功赴美上市的大型综合型电商平台,与腾讯、百度等中国互联网巨头共同跻身全球前十大互联网公司排行榜。2014年,京东市场交易额达到2 602亿元,净收入达到1 150亿元。

京东创始人刘强东担任京东集团CEO。

2014年11月,京东集团宣布大家电"京东帮服务店"正式开业。京东称,未来3年,"京东帮服务店"将在全国区县铺开,达到千余家。

2014年11月20日,在浙江乌镇出席首届世界互联网大会的中共中央政治局委员、国务院副总理马凯介绍,阿里巴巴、腾讯、百度、京东4家企业进入全球互联网公司十强。2016年5月18日,京东正式敲响了6·18的战鼓。

2016年6月8日,《2016年BrandZ全球最具价值品牌百强榜》公布,京东首次进入百强榜,排名第99。

二、京东的商业模式创新

产业定位是指企业在产业链中的位置和充当的角色。京东商城将自己定位为零售业态的网上销售,处于产业链的末端销售环节,其模式的商业逻辑与传统零售业同出一源,通过销售服务,获得进销差额和供应商的返点。

商业模式创新就是对企业的基本经营要素进行变革。京东商城的电子商务模式是对初期亚马逊模式的模拟,并根据国内实际进行了创新,属于改变收入模式的一种创新。刘强东从宏观层面抓住了电子商务行业发展的机遇,准确定义了网上销售 3C 家电的用户需求,深刻解读了用户购买家电产品需要完成的任务或要实现的目标,即顾客看重的不是销售渠道,而是更低的价格以及相应的质量保证。基于此用户价值定义,京东为顾客提供了一整套网上销售的解决方案。

相对于亚马逊的初期网上图书卖场的定位,京东成功将大额商品的销售很好地推广到网上,并取得了不俗的业绩。尤其是利用国美家电、苏宁电器的实体店面作为自己的"体验店",充分解决了顾客的信任问题,是一种非常高明的商业策略;同样的商品,超低的价格,极大地吸引了顾客购买,迅速扩大了市场占有率。

三、京东的优势资源

（一）较为完善的技术支持

京东运营中枢通过 ERP 系统可以掌握每款产品的详细信息,如入库时间、采购员信息、供应商信息、进价、质保期、货架位置、客户的详细信息等。客户在购物时可以随时查询到所订购商品的具体状态。网页信息更新技术采用中间件的方式,从而避免了缓存,使客户能及时得到最新的信息。通过信息管理系统,可以预测到将来 15 天之内每天的销量。

（二）更为低廉的产品价格

京东的产品价格低,通常比市场价低 10%,有些产品的价格会便宜 30%。彩电比苏宁和国美连锁店通常要便宜 10%～20%,一些高端的国外品牌彩电会便宜 1 万元。

（三）相对快捷的物流服务

京东在华北、华东、华南、西南建立了四大物流中心,覆盖了全国各大城市。2009 年 3 月,京东商城成立了自有快递公司,物流配送速度、服务质量得以全面提升。

（四）较为周全的在线服务

京东商城在为顾客提供正品行货、机打发票、售后服务的同时,还推出了"价格保护""延保服务"等举措,最大限度地解决客户的后顾之忧,保护客户的利益。

四、京东存在的问题

（一）商业模式缺乏持续创新

京东商城模式与亚马逊初期相似,对产品的熟悉、对顾客心理的掌控、对网络市场发展的推动,帮助刘强东成功地将 3C 产品引入网上市场,其初期商业模式的创新可圈可点。但是,亚马逊的商业模式创新,已经演化为最激进的改变产业模式创新,正在进行向产业链后方延伸的商业模式创新,为各类商业用户提供如物流和信息技术管理的商务运作支持服务,并向它们开放自身的 20 个全球货物配发中心,同时大力进入云计算领域,成为提供相关平台、软件和服务的领袖。而京东商城在这方面还刚刚起步。

此外,京东除了沿用一直的低价,并未在用户体验、客户关系管理方面有着更为出色的表现,反而成为业界诟病的主角,即便打赢价格战,其商业模式也会制约其发展。京东转向平台建设,可以看到再次向亚马逊学习,面对占据了超强市场地位的天猫,这条路更不好走。因此,专注还是粗放,京东应该早做抉择,更应该花费精力,考虑商业模式的创新,而非通过"口水战"来吸引眼球。

（二）滥用低价品牌稀释

直到 2007 年第一轮融资后,京东才成为一家具有明确商业目标的公司,以销售型营销为主的京东一直对营销缺乏宏观科学的规划。销售额的迅速增长导致服务、营销乏力,造成了京东口碑的混乱,顾客心中的京东是"便宜、便宜、再便宜",只有低价的印象而无其他品牌含量,这对一家电商的领军企业来说是一个严重的缺陷。2010 年,京东虽明确地指出要加强品牌建设,但无所顾忌的价格战、缺货、诚信等因素都在稀释京东本就不强的品牌优势。传统家电巨头长虹、传统家电零售巨头国美最后均被自己发起的"价格战"打入泥潭,说明价格战可以为一时之用,却不可一直而为。正如香港大学杨仕名所说"所有价格战都是对整个行业的伤害,因为顾客心里的参考价格会被降低,市场总值亦会受拖累,当市场利润得不到正常的开展时,厂商更新产品的意愿也受影响,长远来讲发展亦受影响,博弈后剩下的幸存者要重新平衡市场同样需要一番努力。"

（三）追求规模后续乏力

为扩大市场占有率,京东经营品类不断增加,作为网络购物的核心支撑物流建设也随之展开。作为自有物流配送比例占 70% 的京东,其压力可想而知。京东表示,2012 年仓储中心分为三级:一级现有 6 个,2013 年到 7 个;二级现在 20 个,最终要建 80～90 个;三级现在 700～800 个（主要是自提点）,最终要建 3 000～5 000 个。京东计划陆续动工 5 个一级仓储物流中心,面积约 80 万平方米,然而原定于 2010 年 4 月宣布的号称有"8 个鸟巢大小"的上海"亚洲一号"仓库延迟到 2012 年 4 月才动工。上述情况表明,京东在某种程度上出现了规模过大、发展过快的问题。

五、案例总结

全球著名的企业管理大师彼得·德鲁克说,当今企业之间的竞争,不是产品之间的竞争,而是商业模式之间的竞争。电子商务的主要特征之一就是它创造了一种新的商业模式。作为中国电子商务自主平台的领军企业——京东商城,以一己之力在 2012 年搅动了整个电商行业大规模开展促销活动,引发了传统商业巨头进入电商行业的浪潮,体现了其在业界的巨大影响。

商业模式是一个内容非常丰富的概念,必须从多环节、多视角进行全方位的评估。对其商业模式进行研究:于投资者而言,有利于评价京东商城的未来盈利能力;于京东商城而言,可以认识到商业模式中存在的不足和需要改进的方向;于竞争对手而言,可以通过京东模式审视自身模式的优劣;于整个电子商务产业而言,有利于管窥全貌,促进整体健康发展,具有较强的现实意义。

（资料来源:http://www.jd.com/）

✒ **案例点评**

京东商城作为中国最大的自营式电商企业,定位于零售业态的网上销售,设有京东商城、京东金融、拍拍网、京东智能、O2O及海外事业部,其抓住了电子商务行业发展的机遇,进行商业模式创新,以更低的价格、信息管理系统、自主物流系统及相应的质量保证获得顾客信任,极大地吸引了顾客购买,迅速扩大了市场占有率。但与此同时,一味地追求低价,成了限制其商业模式进一步创新的阻碍,未能注重用户体验、客户关系管理,导致后续发展乏力。

思考题

(1) 试分析京东自建物流的原因。

(2) 针对京东面临的困境,试给出促进京东商城发展的建议。

2.3　C2C电子商务模式

C2C(Customer to Customer)指消费者和消费者之间发生的电子交易活动。它是伴随互联网的普及而发展起来的,与B2B、B2C等并存的一种电子商务模式,通常以拍卖、竞价的方式开展商务活动。卖方借助互联网展示目标商品的详细信息,需求方则通过网络了解商品状况并在线报价,卖方再根据所有参与竞价的需求者提交的报价和有关资料决定生意是否成交。据中国电子商务研究中心(100EC.CN)监测数据显示,2015年,中国网络零售市场中B2C市场交易规模占51.6%,C2C市场交易规模占48.4%。

在C2C模式中,电子交易平台供应商扮演着举足轻重的作用。首先,网络的范围如此广阔,如果没有一个知名的、受买卖双方信任的供应商提供平台,将买卖双方聚集在一起,那么双方单靠在网络上漫无目的的搜索是很难发现彼此的,并且也会失去很多的机会。其次,电子交易平台提供商往往还肩负监督和管理的职责,负责对买卖双方的诚信进行监督和管理,负责对交易行为进行监控,最大限度地避免欺诈等行为的发生,保障买卖双方的权益。再次,电子交易平台提供商还能够为买卖双方提供技术支持服务,包括帮助卖方建立个人店铺,发布产品信息,制定定价策略等;帮助买方比较和选择产品以及电子支付等。正是由于有了这样的技术支持,C2C的模式才能够在短时间内迅速为广大普通用户所接受。最后,随着C2C模式的不断成熟发展,电子交易平台供应商还能够为买卖双方提供保险、借贷等金融类服务,更好地为买卖双方服务。因此可以说,在C2C模式中,电子交易平台提供商是至关重要的一个角色,它直接影响这个商务模式存在的前提和基础。

C2C商务平台通过为个人买卖双方提供一个在线交易平台,使卖方可以主动提供商品上网拍卖,而买方可以自行选择商品进行竞价。C2C模式最能够体现互联网的精神和优势,数量巨大、地域不同、时间不一的买方和同样规模的卖方通过一个平台找到合适的对家进行交易,在传统领域要实现这样的大工程几乎是不可想象的。同传统的二手市场相比,它不再受到时间和空间限制,节约了大量的市场沟通成本,其价值是显而易见的。

C2C电子商务不同于传统的消费交易方式。过去,卖方往往具有决定商品价格的绝对权力,而消费者的议价空间非常有限;拍卖网站的出现,则使得消费者也有决定产品价格的权力,并且可以通过消费者相互之间的竞价结果,让价格更有弹性。因此,通过这种网上竞拍,消费者在掌握了议价的主动权后,其获得的实惠自然不用说,打折永远是吸引消费者的制胜良方。

拍卖网站上经常有商品打折,这对于注重实惠的中国消费者来说,无疑能引起他们的关注。有明确目标的消费者,他们会受利益的驱动而频繁光顾 C2C;而那些没有明确目标的消费者会为了享受购物过程中的乐趣而流连于 C2C 网站。如今 C2C 网站上已经存在不少这样的用户。他们并没有明确的消费目标,他们花大量时间在 C2C 网站上游荡只是为了看看有什么新奇的商品,有什么商品特别有价值。对于他们而言,这是一种很特别的休闲方式。因此,从吸引注意力的能力来说,C2C 的确是一种能吸引"眼球"的商务模式。

C2C 电子商务的应用对于扩大交易机会、提高交易效率、降低交易成本、增加 C2C 电子商务网站的竞争力有着不可估量的作用。在 C2C 电子商务的发展中,政府扮演着重要的角色,尤其是在制定制度、法律等方面发挥着不可估量的作用。而第三方物流公司的发展对解决 C2C 电子商务的瓶颈同样具有重要作用。同时,网民的诚信也是制约其发展的重要因素。只要能够做到上述各方面,我国的 C2C 电子商务不仅能够发挥其网络优势,降低交易成本,还可以提高用户的信赖度,杜绝网络诈骗,最终走上快速、健康的发展道路。

淘宝网

一、淘宝网简介

淘宝网由阿里巴巴(中国)网络技术有限公司投资 4.5 亿元创办,于 2003 年 9 月 4 日通过注册审核,属浙江淘宝网络有限公司所有。淘宝网络有限公司虽由阿里巴巴投资,却是独立运作。阿里巴巴董事长兼 CEO 马云出任淘宝 CEO,孙彤宇出任执行总经理。淘宝网最初是由十几名年轻的员工共同建立。成立之后,阿里巴巴在资金、人力、物力等各方面为淘宝提供强大的支持。

淘宝自成立以来就一直坚持免费的政策。这项政策降低了中国网民、网友、网商之间进行个人交易的门槛,是保护网上交易双方利益的措施,也是体现公平竞争规则的现实选择。除此之外,它还为淘宝积聚了人气,帮助淘宝取得了飞速的发展。

淘宝网个人网上交易的多项重要指标都占据了国内第一的位置。截至 2014 年年底,淘宝网拥有注册会员近 5 亿,日活跃用户超 1.2 亿,在线商品数量达到 10 亿,在 C2C 市场中,淘宝网占 95.1% 的市场份额。淘宝网在手机端的发展势头迅猛,据易观发布的 2014 年手机购物报告数据,手机淘宝加上天猫的市场份额达到 85.1%。

二、淘宝网的交易流程

淘宝网是典型的 C2C 电子商务模式,实行用户对用户的交易模式。淘宝网的业务模式分析主要体现在其交易流程上,如图 2-2 所示。

```
┌──────┐   ┌──────┐   ┌──────┐   ┌──────┐
│  01  │→  │  02  │→  │  03  │→  │  04  │→
│搜索& │   │联络卖家│   │出价& │   │收货& │
│浏览宝贝│   │      │   │付款  │   │评价  │
└──────┘   └──────┘   └──────┘   └──────┘
```

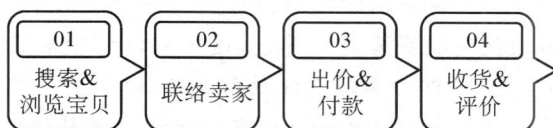

图 2-2　淘宝网的交易流程

淘宝采用会员制,只对注册的会员提供服务,另外淘宝提供第三方支付工具——支付宝,帮助交易双方完成交易,提高网上交易的信用度。此外,淘宝还有实名认证制度,这极大地保证了网上交易的安全。

(一)淘宝的用户权限

淘宝网采用会员制,只对注册会员提供交易服务,对交易的物品称"宝贝"。有类似QQ 的即时交易沟通工具"淘宝旺旺",目的是让交易双方更加方便快捷地进行网上交易。淘宝还提供留言管理、站内信件、淘宝社区等非实时的会员交流、协商方式。淘宝社区作为一个反馈论坛,有专人管理,回应"淘宝人"的发帖,仁者见仁,智者见智,促进了淘宝自律机制的动态发展。其他人进入淘宝网,可以浏览淘宝用户的电子店铺和商品,也可使用淘宝网的搜索工具进行搜索。

(二)淘宝的注册认证机制

用户通过虚拟的会员名、E-mail 进行注册:填写信息—激活账号—注册成功。为了防止恶意注册设定校验码程序,激活程序有两种方法:E-mail 和手机(一个手机号只能激活一个用户账号)。用激活的用户账号登录集买家、卖家管理和交易工具于一体的"我的淘宝"网页,就可以选择购买宝贝了,还可以发布求购信息让卖家找上门来。卖家发布商品,可以根据其信用情况采用"一口价""单件拍卖""荷兰拍"等方式。

(三)淘宝的实名认证

登录淘宝网,在"我的淘宝"点击"实名认证",进入认证申请页面。填写所需资料,并提供在有效期内证件(有效期 3 个月内的证件不予受理)和固定电话登记。未满 18 周岁不可以成为淘宝的认证会员。通过认证的会员不允许修改真实姓名和身份证号码。提交证件有两种方式:电子版本身份证照片;传统模式传真和信件方式。商家认证需提供有效身份证件、公司营业执照、授权委托书(视情况,需要时提交)。必须保证在淘宝上出售的商品与营业执照中经营范围相一致,否则淘宝有权追究责任。

2003 年 12 月,淘宝网与公安部"全国公民身份证号码查询服务中心"合作,将会员认证资料交由该中心进行核对认证,并进行固定电话审核。验证需 3 个工作日,并以站内信件、电子邮件或者电话通知结果。淘宝承诺不会将您的信息泄露给第三方用作商业用途。一旦淘宝发现用户注册资料中主要内容是虚假的,淘宝可以随时终止与该用户的服务协议。

三、淘宝网的盈利模式

(一)即时沟通方面

有效的沟通是淘宝网的一大法宝。中国人做生意是讲感觉的,谈成了朋友也就谈成了生意。在网上做买卖,相互是摸不着的,沟通显得更加重要。商品的外观、价格等都必须通过交流进行必要的了解。许多购物网站、拍卖网站一直是以论坛的方式进行沟通的。买家和卖家并不能及时地就商品买卖进行答复,这给双方都带来了不便。淘宝网通过特有的沟通方式——"淘宝旺旺"这种类似QQ的聊天工具,解决了这一问题。正如淘宝网总经理孙彤宇说的,"淘宝是一个做生意和交朋友的地方""中国人做生意并不仅仅在意钱的多少,他们也很在意感觉。"可以说淘宝网既是"淘宝族"们聊感情的场所,又是谈生意的好地方。

从创办时起,淘宝网就一直对买卖双方都免费。淘宝网从开始就不限制买卖双方互留联系方式,所以后来才会出现属于它自己的即时通信软件——淘宝旺旺,使客户端与用户个人信息紧密结合在一起,极大地提高了交流效率。据统计,截止到2015年7月,淘宝旺旺已仅次于腾讯QQ,成为国内第二大即时通信软件。得民心者得天下,在把握用户方面,显然淘宝网做得很出色。在激烈的竞争条件下,淘宝网已经通过这种即时沟通的方式,把交易透明化、沟通便利化,在买卖双方、上下游企业之间建立了良好的盈利模式。

(二)支付方式方面

安全赢得青睐。安全问题一直是众多消费者质疑网上购物的主要原因。淘宝网的安全支付系统——"支付宝"在这方面获得了淘宝族的认可。VISA验证服务早已正式应用于支付宝在线支付系统,国内外任何一张带有VISA标识的银行卡都可以使用支付宝。直接交易变为中介交易,卖家的个人信用与支付宝的企业信用紧密地捆在了一起,从而使骗子的活动空间几乎被压缩为零。随着支付宝规则的不断改进,现在已经成为国内事实上的网络支付标准,几乎所有的跳蚤论坛都提供有支付宝交易的接口。

从2014年起,支付宝的盛行也形成了淘宝网实现盈利的一个新亮点。支付宝和淘宝的结合形成了淘宝的一个融资机构,基本类似银行,但比银行的操作模式简单。在用户不断交易的过程中,有一个汇进快汇出慢的时间差,同时还有付款和收到货物再支付的时间差,这当中就有一大笔资金和时间可以进行操作了。而且淘宝的交易量是相对稳定的。如果交易量少,可以通过淘宝的优惠提高交易量,以保证资金的常量,那么这笔常量资金就可以进行投资生利了。

可以说,支付宝的诞生不仅仅是淘宝网的一个里程碑,也是中国电子商务的里程碑,它解决了困扰电子商务的最大的障碍——支付。淘宝网首先在技术开发、市场和销售、服务、信誉等这些互不相同但又相互关联的经营活动,构成了一个创造价值的动态过程,为其最终获利打下基础。

(三)技术与物流方面

(1)技术。淘宝网在2003年年底重新构架了网站。此后也在不断做底层优化,一方面开发新的功能;另一方面不断地根据实际情况修改架构。技术稳定的淘宝吸引了大量从eBay易趣逃离的用户,市场部门也适时推出了"蚂蚁搬家"的活动。在价值链的技术这个环节中,淘宝网无疑也为其最终盈利打下了良好基础。

(2)物流。原本快递应该是各个卖家自己去洽谈的,这样做由于规模原因速递价格很高,零散卖家更是一直全额支付。然而,淘宝网创始人马云却想到了以淘宝网的名义把大家联合起来一起跟速递公司谈。面对如此大的蛋糕,哪家速递公司不动心呢?于是,全国速递费用就从当初的15元一下跌到了8元,还免费享受保价服务。和淘宝的主动整合物流相比,易趣的物流只能说是一盘散沙。这块核心市场的缺失注定了易趣用户的流失和迁移。

(资料来源:www.taobao.com)

案例点评

淘宝网作为国内首选的网上购物平台,亚洲最大的购物网站,无论是在技术上、客户数量上还是在交易率上都已经具备了很强的实力,想要撼动它的霸主地位是极其困难的。淘宝网的成功因素可以总结为以下几点:注重用户购物体验,安全的支付体系,免费策略,完善的服务功能和恰当的营销策略。淘宝网最大的优势是它是一支对于国内电子商务行业有着准确的理解、清晰的定位以及创新意识的团队。这一点是淘宝网在竞争中立于不败之地的重要原因。

淘宝网在盈利模式方面把交易透明化、沟通便利化,再加之完善的服务功能和营销策略,稳定的技术和便利的物流,大大提高了淘宝网的核心竞争力,使自己立于不败之地。

思考题

(1)淘宝是如何保证交易的公平性和安全性的?
(2)思考淘宝的竞争优势和不足,探究其未来发展之路。

58同城网

一、58同城网简介

58同城网成立于2005年12月,姚劲波现任企业总裁及CEO。经过10年发展,58同城已发展成为覆盖全领域的生活服务平台。2013年10月31日,58同城正式于纽约交易所挂牌上市。这标志着58同城成功登陆美国资本市场成为一家生活服务领域的上市企业。10年来,依托于人们飞速发展的日常生活需求,58同城秉承着"人人信赖的生活服务平台"的宗旨和"用户第一、主动协作、简单可信、创业精神、学习成长"的核心价值观,孜孜不倦地追求技术的创新以及服务品类的纵深发展,致力于持续为用户提供"本地、免费、真实、高效"的生活服务。

58同城业务覆盖招聘、房产、汽车、金融、二手及本地生活服务等各个领域。在用户服务层面,58同城不仅仅是一个信息交互的平台,更是一站式的生活服务平台。同时也逐步为商家建立了全方位的市场营销解决方案。在本地分类信息和生活服务领域,58同城已经建立了全面与本地商家直接接触的服务网络。截至2016年第一季度,58同城在全国范围内共设立30家分公司,并在465个城市建立网络平台,凸显出58同城本地化、覆盖广、更专业的商业优势,进一步获得了客户和用户的认可,季度活跃本地商户达到1 700万,已认证商户达370万。

二、58同城网的商业模式

(一)战略目标

分类信息网提供面向大众的分类信息服务,满足普通老百姓日常生活的信息需求,拥

• 37 •

有海量个人信息和商家信息,为网民解决日常生活及工作中的各类问题提供了便利实用的途径。商家和个人免费发布信息是它的最大特点,也由此吸引了众多分类信息广告从线下转移至线上。58同城网作为中国最大的分类信息网站,不仅具有上述特点及给用户提供免费的信息发布平台,而且通过自己的网站平台给用户及企业带来更大的收益。

（二）目标用户

58同城网作为中国最大的分类信息网站,又是本地同城交易,目标用户明确,主要是网站所在地的大众用户,并且对用户的计算机技术要求不高,只要会上网,会使用搜索引擎就行,但这个用户又必须有消费的需求。用户还包括对网络广告有需求的企业,这也是网站盈利模式之一。

（三）产品和服务

58同城网作为中国最大的服务性分类信息网站,主要面对个人用户,用户可以在其平台上免费发布自己的信息。同时,需求方也可以及时了解到对自己有用的信息,使自己的需求尽快得以满足。不仅为个人用户提供了资源丰富、信用度高、交互性强的分类信息平台,同时开通了酷车网、团购网,为用户提供更多的服务,并为商家建立了以网站为主体、辅以直投杂志《生活圈》、杂志展架、LED广告屏"社区快告"等多项服务的全方位的市场营销解决方案。

此外,58同城也展开移动互联网战略布局,开通了WAP站,让手机用户可以随时随地使用分类信息。用户可以进入www.58.com首页进行分地区、分类别浏览,也可以按照关键词搜索要找的分类信息,并且直接与信息提供者取得联系。用户也可将分类广告发布到www.58.com,当网民检索或者通过分类目录进行浏览时即可看到发布者的广告。发布者可以留下电话、E-mail、QQ等联系人信息,有需要这类信息的用户可以在短时间内与发布者达成交易。

（四）盈利模式

58同城网的宗旨是"客户满意,是我们的追求"。在58同城网上,大部分信息的发布是免费的。从2005年成立直到2009年,58同城终于实现了成倍的增长,实现了第一次盈利。在此之前,58同城一直在亏损经营。Google的成功经验也很好地证明了这一点:当把用户的利益放在首位时,才会从用户那里得到更大的回馈。58同城的宗旨就体现了这一点,现在其盈利模式主要通过广告收入、用户增值服务付费和建立在产品基础上的商家付费。58同城已经找到了稳定盈利的模式,并获得了更多风险投资者的青睐。

58同城网的收入主要来自三个方向:

（1）广告收入。根据CNNIC统计,现在人们获得信息的途径中,网络占到82.6%,不但超过报纸的57.9%,也超过电视的64.5%。58同城网的广告收入主要来自精准广告方面,其实商家对这类精准广告有着很强的需求,电视和报纸这些传统的广告媒介肯定都不合适,因为受众太广泛,无法传达到目标用户,但58同城网可以提供很好的平台。58同城网是一个服务型的分类信息网站,一直坚持本地化服务和探索,已经先后在465个城市建立了分站,而且按行政区划分,并将所有的行业进行分别归类做成黄页频道,只将本地本行业的商家放在一起推广,在用户有需求时登录相关黄页就能看到。此类广告对于用户来讲更容易接受,因此对企业的吸引力很大,并且企业也愿意在这里投放广告,因为在这里投放广告的效果比广泛投广告效果更好,且可以节省广告费用。

（2）用户增值服务付费。只要成功注册为 58 同城网的用户就可以享受免费发布信息服务的一些基本服务项目。但是,如果要享受一些特殊服务项目,就需要付费。这不仅是 58 同城的盈利模式之一,同时,也是为了更好地为那些想要获得特殊服务的用户服务,因为 58 同城的注册用户很多,不可能每个用户都想要每种服务。

（3）建立在产品基础上的商家付费。在 58 同城上,大部分商家的产品信息发布是免费的,并且是按照发布时间的先后顺序排列的。如果你发布的时间早的话,很可能会被那些比你晚的商家发布的产品信息覆盖掉,如果你不经常在网站上发布自己产品信息,就很难被用户发现。但是如果你经常在此网站上发布,不仅占用时间,而且还占用自己的人力资源。成为 58 同城的赞助商,就可以把产品信息显示在网页的上边。当然这是收费的,但这相对于在电视或报纸上做广告可能要便宜得多。

三、58 同城网的经营模式

58 同城网现在已经发展成为中国最大的服务性分类信息网站。它属于近些年发展流行的所谓的"近联网"的模式。近联网这种商业模式使得整个城市就像一个大社区,城市中的每个人都可以利用网上提供的免费服务,完成就近交易。近联网模式不仅服务个人,还能为所有具有地域性服务特点的中小企业提供信息发布与广告平台,在这方面,近联网具有巨大的优势。这种地域性的交易,很自然地减少和避免了电子交易的风险性问题。

同时,58 同城网的品牌定位是"身边的生活帮手",因此它一直在不断完善自己的"近联网"的经营模式,从而更好地实现自己的品牌定位。58 同城网的免费政策吸引了大量用户登录注册,这也为网站带来了大量的流量,同时也使自己的网站获得了大量的免费推广。

（资料来源：http://su.58.com）

案例点评

58 同城网拥有一批具有开拓创新精神的团队,现在其盈利模式主要通过广告收入、用户增值服务付费和建立在产品基础上的商家付费。58 同城已经找到稳定盈利的模式,并获得更多风险投资的青睐,对个人发布信息是免费的。58 同城及公司 CEO 姚劲波在此前获得了很多的荣誉,公司发展潜力极大。所以作为分类信息网站,58 同城与竞争对手相比,有着自己的经营特色,具有很强的竞争力。

58 同城作为全国最大的服务性分类信息网站,发展"近联网"商业模式,定位于网站所在地的大众用户,为商家和个人发布信息提供免费平台,目标用户明确,其业务覆盖招聘、房产、汽车、金融、二手及本地生活服务等各个领域。主要的盈利模式包括广告收入、用户增值服务付费和建立在产品基础上的商家付费,不断提高其核心竞争力。此外,58 同城网还拥有一批具有开拓创新精神的团队,公司发展潜力巨大。

思考题

（1）分析当前信息分类网站的特点,探究其盈利模式。

（2）为什么 58 同城网能获得风险投资的青睐?

三只松鼠

一、三只松鼠简介

三只松鼠股份有限公司成立于 2012 年,是中国第一家定位于纯互联网食品品牌的企业,也是当前中国销售规模最大的食品电商企业。三只松鼠品牌一经推出,立刻受到了风险投资机构的青睐,先后获得 IDG 的 150 万美金 A 轮天使投资和今日资本的 600 万美元 B 轮投资。2015 年,三只松鼠获得峰瑞资本(FREES FUNDD)3 亿元投资。

三只松鼠是由它的创始人兼 CEO 章燎原先生带领一批来自全国的粉丝组成的创业团队创立而成。章燎原先生在其任职业经理人期间,用 10 年打造出了安徽最知名的农品品牌,一年时间打造出了网络知名坚果品牌。其较强的品牌营销理念以及草根出身的背景,使他能够迅速掌握消费心理,在电商业界素有"电商品牌倡导者"的称号。三只松鼠便是其组建的一个全新的创业团队,这个团队正在逐渐扩大,从最初的 5 名创始成员发展到 700 人的规模,平均年龄在 23 岁,是一支极具生命力和挑战力的年轻团队。

三只松鼠主要是以互联网技术为依托,利用 B2C 平台实行线上销售。凭借这种销售模式,三只松鼠迅速开创了食品产品的快速、新鲜的新型零售模式。这种特有的商业模式缩短了商家与客户的距离,确保让客户享受到新鲜、完美的食品,开创了中国食品利用互联网进行线上销售的先河。三只松鼠以其独特的销售模式,在 2012 年"双十一"当天销售额在淘宝天猫坚果行业跃居第一名,日销售额近 800 万。其发展速度之快创造了中国电子商务历史上的一个奇迹。三只松鼠 2013 年销售额突破 3 亿。

二、三只松鼠的销售模式

三只松鼠将自己定位为森林食品品牌,倡导"慢食快活"的生活方式。首先听到森林这两个字就感觉到大自然畅快的感觉,代表着自由、不受约束、悠然自得的感受;而"慢食快活"更是与很多人内心的渴望不谋而合,三只松鼠提出的生活理念精准地契入了目标顾客的心灵,为了更好地与顾客进行交流,三只松鼠推出了微杂志《慢食快活》,杂志里杜绝一切与销售有关的信息,只是单纯作为与顾客心灵沟通的平台。

在广告的推广力度方面,三只松鼠借力于淘宝平台,成了食品市场领导者。其广告转化率(即通过点击广告进入推广网站的网民形成转化的比例)总和达到了 24.3%,其中淘宝钻石展位的贡献率为 20.3%,淘宝钻淘宝直通车的贡献率为 2.79%,但是站外的贡献率仅有 0.94%。其只做线上直销的销售方式,一定程度上限制了站外广告贡献率的发展提高。值得一提的是,三只松鼠的情感式创意营销——卖萌营销,获得了较大成功。三只松鼠采用品牌虚拟化的代言人,并且是最亲民的卡通虚拟化——三只小松鼠。品牌卡通形象的包裹、吐果壳的垃圾袋、封包夹、擦嘴的湿巾等都和坚果的休闲零食特质相符合。当客服跟顾客沟通的时候,还会演化成宠物和主人的关系,以卖萌的口吻拉近与顾客的距离。不仅如此,三只松鼠的子品牌——松鼠小贱,推出了动漫作品。动漫作品能够吸引儿童及青少年的注意。参照《大力水手》动画的播出使得菠菜的销售量提升,三只松鼠也很好地利用了动漫营销的优势。

三只松鼠的营销方式获得巨大成功,导致其他竞争对手纷纷抄袭,前期营销的优势正在慢慢减弱。据2015年5月份31天的百度指数搜索结果显示，虽然三只松鼠在整体搜索热度中仍然排名第一，但反观搜索热度的整体同比提高率，却在其竞争对手中排名垫底。其主要竞争对手百草味的搜索热度增长率高达90%，其次要竞争对手良品铺子也高达50%，而三只松鼠的增长率仅有20%。这些数据可以在一定程度上反映出三只松鼠的广告营销力度优势正在慢慢减弱，为了继续保持优势地位，急需开发新的品牌营销热点。

三、三只松鼠战略总结

（一）强化品牌营销，保持品牌独特性

随着互联网的普及，网民人数越来越多，上网日益成为消费者日常生活中不可或缺的一部分。网购文化在全社会的兴起，是电商产业发展的大好时机。

三只松鼠要继续利用电商的互联网广告转化优势、信息交流平台，将营销平台分散化，不能仅依靠于天猫淘宝，而要将微信、微博、视频网站等视作重要营销平台，全方位深入扩大品牌的影响范围。

加大动漫营销的投入，吸引儿童青少年，带动儿童青少年的购买欲望，就是将其家长转化为消费顾客。同时儿童青少年也是未来的潜在客户，强化品牌营销有利于企业未来的长远发展。

（二）革新生产技术，拓宽分销渠道

坚果食品市场的进入门槛低，且现阶段不同商家的产品正趋于同质化的发展。在做好产品营销的情况下，三只松鼠要加大产品的研究投入，生产更符合消费者口味的坚果食品。

为了保持产品的新鲜度而放弃拓展线下分销渠道，导致线下市场被其他竞争者抢占，实为有待商榷的做法。其实保持产品新鲜度与增设线下分销渠道并不矛盾，只要加大仓储的布局，尽可能在全国范围内寻找更多优质的原材料产地，完善物流供应链，就可以同时兼顾产品新鲜度和线下分销渠道。线下销售市场不容低估，线下销售市场集合了大批喜欢现挑现买的中老年消费者，他们的闲暇时间充裕，而且不极力追求网购的送货上门的便利。我国正逐步进入老龄化社会，中老年消费群体会继续扩大，所以线下分销渠道的设置十分有必要。

（三）预测消费需求，抢占未来市场

产品适销对路，就能不断扩大市场占有率增加营销额，有利于企业改变经营管理，提高经济效益，有利于企业有计划地开展营销活动，提高企业的经济管理水平。由于休闲食品市场的竞争越来越激烈，市场的变化发展迅速，要求企业提前预测消费者需求。

大数据时代到来，使预测消费者的未来消费需求成为可能。大数据时代的数据分析决定成本控制和投资回报率。三只松鼠通过前期的推广已经获得了大量经验和数据，在接下来的时间里，三只松鼠就需要进一步优化已有的数据资料，提前预测消费者的需求变化，及时推出新产品，安排生产，提前一步抢占市场，进而取得优势。

（四）完善公司部门制度

各个部门都有自己的岗位职责，只有确定各个部门的职责，才能促使企业正常的运行，促使企业正常的发展。建立和完善企业部门制度对于中小企业十分重要。三只松鼠

面对的主要困境就是部门建设的不稳定,一旦有大量的新员工应聘,企业就大幅改动部门的设置,这对于公司的稳定发展来说十分不利。在完善公司的部门制度时,企管部需要扮演重要角色。

(资料来源:http://www.3songshu.com/)

案例点评

三只松鼠能否一如既往地保持和不断提升服务是决定品牌持续竞争力的核心,发货速度、原料采购质量及客服经验仍有待提升。三只松鼠在资本市场上正变得抢手,日后是否因为做大而怠慢了消费者,降低了品质和服务的追求,拉远了与大众的距离?

产品加服务只是品牌的底色,灵魂和内核则是品牌的持续创新能力和发展实现能力。在中国一炮走红的品牌并不鲜见,经典而持久、至今仍在我们的世界中仍能全方位得到我们的尊重和敬仰的品牌少之又少。中国式强大的模仿能力,导致众生一哄而上,再一哄而下,跟踪而至的互联网礼品化坚果品牌已铺天盖地,中国电商普遍只赚吆喝不盈利,三只松鼠,能打破这一窘相吗?营销,需要的不是华丽,而是实质和实效。

三只松鼠想要改变未来,需要更全方位的视野、更专业化的操作和更深植市场的努力,需要与更多的同路人携手努力,进行实质营销、实质管理、实质经营,拓宽视野和格局,改善效率和方法,加倍收获与产出,才能加速成功的实现。

三只松鼠作为当前中国销售规模最大的食品电商企业,定位于纯互联网食品品牌企业,凭借优质的服务、新鲜健康的产品以及广告推广、情感营销等方式深受消费者信任,开创了中国食品利用互联网进行线上销售的先河。

思考题

(1)探究三只松鼠的创新性,说说它从哪些方面吸引了消费者。
(2)对比其竞争对手,三只松鼠还有哪些需要完善的地方?

2.4 其他电子商务模式

一、C2B 模式

C2B(Consumer to Business)即消费者对企业的一种电子商务模式。C2B 从本质上是先有消费者需求产生而后有企业生产,即先有消费者提出需求,然后由生产企业按需求组织生产。通常情况为消费者根据自身需求定制产品和价格,或主动参与产品设计、生产和定价。产品、价格等彰显消费者的个性化需求,生产企业进行定制化生产。C2B 模式充分利用互联网的特点,把分散的消费者及其购买需求聚合起来,形成类似于集团购买的大订单。在采购过程中,以数量优势同厂商进行价格谈判,把价格主导权从厂商转移到消费者自身,以便同厂商进行讨价还价,争取最优惠的折扣。C2B 模式改变了 B2C 模式中用户一对一出价的弱势地位,个体消费者可享受到以批发商价格购买单件商品的实际利益,从而增加了其参与感与成就感。因此,C2B模式是一种逆向商业模式,它有两个重要的核心:一个是个性化定制;另一个是集体议价。

C2B模式通常通过C2B电子商务网站实现。与传统的电子商务网站不相同,在C2B电子商务网的形式下,消费者可以不用辛苦地去寻找商家,而是经过C2B网站把需求信息发布出去,由商家上来报价、竞标,消费者可以选择与性价比最佳的商家成交。C2B电子商务网的开发潜力大,能帮助消费者快速购买到自己称心的商品,主要表现在以下几个方面:

（1）省时。消费者不必为了买一件商品东奔西跑,浪费时间,只需在C2B网站上发布一个需求信息,就会有很多商家上来竞标。

（2）省力。消费者不用再费心思到店里跟商家砍价,只要在C2B网站上发布需求时报一个自己能够承受的价钱,凡是来竞标的商家就是能接受这个价钱的。

（3）省钱。C2B模式网站会帮助消费者寻找很多有实力的商家来围着买家（消费者）竞价钱、比效率,买家可以从中选择性价比高的商家来交易。

当前,多数C2B电子商务网站是以网络团购网站的形式出现的。

聚划算

一、聚划算简介

淘宝聚划算网是阿里巴巴集团旗下的团购网站,淘宝聚划算网是淘宝网的二级域名。该二级域名正式启用时间是2010年9月。

聚划算页面与一般团购网站相似,商品主要由淘宝网的大卖家和品牌商提供。淘宝网聚划算并不负责资金流和物流,用户在聚划算下订单之后,把费用直接支付给商品的卖家,再由商家直接对下单客户负责,淘宝网并不从"聚划算"获得任何费用。

以"品质团购每一天!"为服务口号的聚划算网站,与其他团购网站相比,其优势在于不仅有淘宝网庞大的购物群体,而且还有淘宝网平台的商家支持。陶然说,淘宝网聚划算创建初期没有获利的考虑,并且团购项目只会出自淘宝网的商家。

这家从淘宝独立出来的团购营销平台公司起步时仅有100余人,却在2011年创造了101.8亿元的销售奇迹,几乎占据了中国团购市场过半的份额,就连此前饱受质疑的本地服务团购业务也达到了6.48亿元。

2011年10月20日,阿里巴巴集团宣布,淘宝网旗下的团购平台聚划算以公司化的形式独立运营,成为阿里集团旗下又一家独立子公司。

2013年年初,聚划算公布了2012年聚划算团购数据,全年交易额达到了205.5亿元,是2011年的2.03倍,占据团购行业的半壁江山。共有2 000多万消费者在聚划算上购买过各类商品,平均每天有800万人次访问聚划算,最热闹的一天有537万个下单量;从地域上看,上海、北京和杭州的聚划算交易额位居前三,分别为4.9亿、4.2亿和5.7亿。

二、聚划算的运营模式

（一）合作运营模式运营商资质

（1）团购网站。全国大小团购网站,地方性团购业务运营商。

（2）TP服务商。熟悉淘宝业务流程和规则，提供电子商务服务的TP服务商。

（3）本地生活服务商。与本地生活属性关联的本地服务商，如报业、物流、行业协会、品牌厂商、大型商场超市、大型连锁店、卡券票证服务商、互联网公司、传统传媒等。

（二）合作流程

（1）招商流程，如图2-3所示。

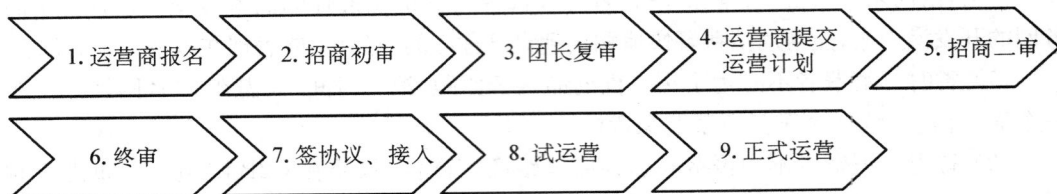

1. 运营商报名 ▶ 2. 招商初审 ▶ 3. 团长复审 ▶ 4. 运营商提交运营计划 ▶ 5. 招商二审

6. 终审 ▶ 7. 签协议、接入 ▶ 8. 试运营 ▶ 9. 正式运营

图2-3　招商流程

（2）接入流程，如图2-4所示。

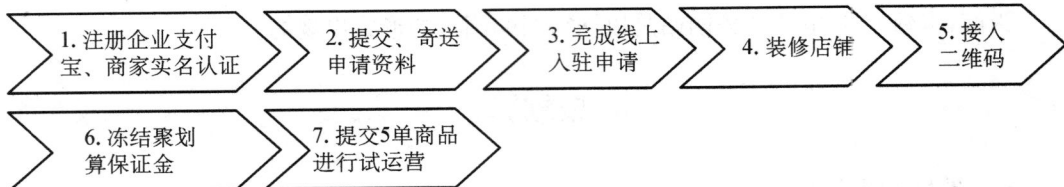

1. 注册企业支付宝、商家实名认证 ▶ 2. 提交、寄送申请资料 ▶ 3. 完成线上入驻申请 ▶ 4. 装修店铺 ▶ 5. 接入二维码

6. 冻结聚划算保证金 ▶ 7. 提交5单商品进行试运营

图2-4　接入流程

（3）消费流程，如图2-5所示。

1. 下单购买 ▶ 2. 输入手机号 ▶ 3. 支付定付款 ▶ 4. 接受二维码 ▶ 5. 进店出示验证

图2-5　消费流程

（三）盈利模式

（1）创造稳定收益。运营商以城市为单位，在天猫或淘宝集市开设店铺，开发本地生活服务优质商家推送至聚划算平台参加活动，通过网上交易赚取稳定利润。

（2）轻松实现常态经营。运营商开发的商品除推送至聚划算外，同时在淘宝本地生活服务上进行常态化经营，打造本地生活线上专业供应商。

（3）打造品牌服务商。稳定的聚划算流量，专业的生活服务TP培育体系，依托大淘宝打造专业的生活服务TP服务商。

三、聚划算的创新模式

（一）本地化团购模式

"物流的速度真快，早上8点多买的，中午就到了。""真的是超值，还送货上门，不错哦"……在不少买家印象中，发货量大的团购产品往往要等。而聚划算本地团近期推出的"当日达"团购，以商场超市类产品为主打，不仅价格更为便宜，而且还在当天送货上门，为买家们省去了逛超市提着大包小包找车位、排长队等一系列琐碎的流程，从购买评价来看，受到用户的普遍欢迎。

（二）聚划算团购新升级

随着手机端版本的不断更新,聚划算的界面也不断优化。

（三）线下团购

淘宝网于 2011 年 2 月 23 日上午在其开放战略宣告会上宣布,此前专注于网络商品团购的"聚划算"重心将调解为线下区域化的团购,正式加入"千团大战",和拉手、美团、满座、高朋等公司直接竞争。

2008 年前,GroupOn 模式的团购网站开始热起来,很快有 1 700 家团购网站出现,淘宝网在当时也推出了一个团购服务,名为"聚划算",和团购网站推广线下生活服务(餐饮、健身、足浴、电影等)为主的办法不同,聚划算只团购网络商品,对这个领域的影响并不大。2011 年,聚划算将重心调整为线下生活服务,和团购网站直接竞争。

淘宝 2012 年开始搭建区域化的团购运营平台,和其他团购网站一样,也包括很多地方分站。淘宝通过多种形式与各地团购网站、服务企业合作,以搭建一个标准的团购网站。

（资料来源:https://ju.taobao.com/）

案例点评

聚划算以"品质团购每一天"为服务口号,为客户提供物美价廉的商品,深受消费者喜爱,几乎占据了中国团购市场过半的份额。其运营模式以合作运营为主,主要的合作对象包括团购网站、TP 服务商和本地生活服务商。聚划算具有严格的招商、接入和消费流程,打造创新稳定收益、轻松实现常态经营和打造品牌服务商的盈利模式。此外,还具有本地化团购模式,方便快捷,商品当天送达。聚划算在系统方面也不断进行升级,追求更高层次的人性化设计,并且在追求线上团购的同时,将重点调整为线下生活服务,与其他团购网站进行直接竞争。

思考题

（1）在聚划算的众多特色服务中最吸引你的有哪些?

（2）为什么说聚划算是团购里的奇迹?

（3）聚划算今后应该如何发展? 如何应对其他团购网站的冲击?

（4）相对于其他网站来说,聚划算的优势在哪里?

尚品宅配

一、尚品宅配简介

尚品宅配成立于 2004 年,是广州尚品宅配家居用品有限公司旗下品牌,强调依托高科技创新性迅速发展,在国内创新性地提出数码全屋定制家具概念,是行业中的服务标杆企业,多项技术获得中国家具协会颁发的科技进步奖。

尚品宅配作为中国家具协会授予的科技应用示范基地,拥有厂房 11 万平方米,国内最先进的电子开料锯数台,CNC 加工中心数台,拥有世界先进的 3D 虚拟设计,3D 虚拟生产和虚拟装配系统。2007年巨资打造的基于数字条形码管理的生产流程控制系统,具有"秒"级的加工控制评估,其思想和技术堪称世界一流。截至2016年,尚品宅配在广州、上海、北京、南京、武汉共拥有38家直营店,在全国拥有800多家加盟店,承担每天来自国内外几百个顾客家居一体化设计解决方案制作,拥有中国家具行业最齐全的上万件产品库、房型库和方案库等三大库应用体系。

二、尚品宅配的经营模式

实体店与网店的结合,个性化家居全屋定制,按需设计、定制,定制产品的大规模生产,这些都是相比传统家居行业前进一大步的"成绩",尤其是最后一点最具"革命性",因为在以前,包括在国外,定制产品一向是采用多品种小批量生产的模式。重要的不是这些"技术",而是尚品宅配通过打通这些环节,完全实现了按消费者需求设计产品、按订单生产的模式,可以最大限度地满足顾客个性化需求,真正做到了:"顾客需要什么,我们就能生产什么";顾客需要多少,我们都能定制生产。

定制家具其实不是一个新鲜的概念,每个木匠都能做。一直以来,定制是尊享的代名词,但往往效率低、质量不可控,后来演变成了个性化的重要特点。但尚品宅配显然又将定制概念向前推进了一大步,使定制开始演变成为普通百姓的生活方式。

不过,尚品宅配引起官方的密切关注倒不完全因为这个,而是因为它顺应了某种时代趋势,符合国家相关大政方针。汪洋书记主政广东以来,恰遇全球金融危机蔓延,以外向型为主的广东经济受到巨大影响,他也一直在努力推动广东的产业转型与产业升级。

这种与顾客互动式的设计服务,不仅可以融入消费者自己的想法,也能让消费者先看效果再买家具,这样,消费者就可以从过去被动地接受产品转变到主动参与到产品的设计、制造中来。这种独特的运营优势足以支撑着尚品宅配成为同行业中最优秀的企业,运用信息技术将生产操作程序化,应该是将传统家具制造业改造升级成为现代家具服务业的典范。

有人指出,中国完成城市化进程的任务仍然艰巨,与欧美70%以上的城市化程度相比,仍有20%的差距,这个过程给家具行业带来很大的发展空间。其中,定制家具占整个家具市场份额的10%左右,而且每年在以20%的速度递增,因此定制行业的发展空间巨大。更何况,现在年轻人越来越流行DIY(亲力亲为)精神,个性化定制必将是家具市场未来的重要方向。

三、尚品宅配的核心竞争力

（一）定制——大数据驱动的C2B模式

定制和规模化,从来是站在现代消费的两端。前者是一个高端消费的代名词,后者则往往意味着平价、大众和标准化。对于所有定制类业务而言,个性是其中高附加值的最终来源,但也是妨碍着业务几何级增长的绊脚石,因为定制的过程中有太多需要让单个消费者各自满意的细节,这些细节足以让任何一条大规模标准化生产线叫苦不迭。

但在尚品宅配的总经理李嘉聪看来,个性与共性并不矛盾,"有一点是最重要的,是基础性的,那就是再个性化的东西,你往下分,还是可以找到有共性的那个层次"。大数据支持多样化设计选择。而这每一套的新方案,又会上传至数据库中,成为后来者的参考。这样重复滚动之下,短短五六年时间,尚品宅配竟然已经为全国近3万个楼盘,40多万户家庭提供了近30万种个性化方案。在受房地产行业低迷影响而增长乏力的家具行业，尚品宅配仍然能够实现60％的年复合增长，仅广州的一家体验店在2014年就实现了2亿营业额，如此的数据不能不说是源自这种极其高效、快速的C2B定制模式。

（二）生产——"所有的环节都是电脑指挥人"

2014年定制家具约占整个家具市场10％左右的份额，每年以20％的速度递增，顾客对家具个性化的要求已日趋明显。令传统家具厂商头疼的是，如何生产更多、更便宜的"定制"家具？据李连柱称，从2013年开始，已经有一群带着疑问的家具厂老板千里迢迢来到尚品宅配的工厂里参观，吸引他们的只有一种可能：尚品宅配对后台运营流程进行的信息化改造。

无论对什么产品进行定制，模块化和标准化的分析、拆解和重组都是简化工作、快速配置产品的不二法门，但具体应用到家具生产中，并非易事。仅以橱柜为例，传统的橱柜加工厂商，一天做出50套橱柜已经很不错，但尚品宅配面对的是每天几百套的订单，而且各不相同。在加工过程中最耗时的打孔步骤，传统工厂中的熟练工人需要15分钟才能够完成每张板子数据计算、调整高度、操作打孔的过程。这样的效率显然无法支持大规模的定制生产。

在尚品宅配，客户下订单后，便进入了客户看不到的后台信息化流程。实时交易平台把分布在全国各地的消费者、店面和总部连在一起，可以随时查询、修改。客户通过店面或网站签好订单的那一刻，相关信息就能即时传回总部。接下来系统将不同订单中的家具按照白橡木、苹果木等板材分类，根据分类数据，机器以材料利用率最高的原则，将大板材切成各种规格的零部件，并自动生成条形码。开料之后，加工板材的机器扫描条形码，识别出板材的加工图，进行封边、钻孔等一系列加工，整个过程在48小时内完成。

自动化加工结束之后，工人将大大小小不同形状的板件推到库房中，根据条形码上的编号，对应放进不同号码的陈列格中。接下来的环节被李连柱形容为"抓中药"，工人根据电脑中提供的信息，抓取每份订单中所需要的不同号码的板件，打包装好送入库房，迅速转运至全国各地。

在这个过程中，条形码应用系统、生产过程自动控制系统是尚品宅配信息化改造的精髓。在开料时，经过改进的电子开料锯与电脑系统直接连接，"人指挥机器干活"的过程变成了"机器指挥人干活"。打孔过程中，每个工位都增加了条码扫描识别和工艺图纸显示系统，加工设备与设计系统中的CAD软件实现无缝对接，根据条形码自动调整机位进行打孔，至于具体怎么打，为什么这样打，"工人也不知道"。这些方法实现了设计、销售和生产过程的数据集成，其直接效果是：工厂产能提高近4倍，每天的加工量从30单增至120单左右；工人年平均产值从15万元增至50万元；出错率降低50％。高度自动化的生产使得在工人的眼里，没有产品的概念，只有板件的概念，降低对技术要求的同时，更减少了企业雇用熟练工人的成本。在通过信息系统合理化配置后的加工过程中，材料的利用率能达到90％以上，比传统生产方式提高5、6个百分点，节省成本1 000万元左右。另一方面，在实现同样销售额的情况下，传统家具厂商必须有大量库存，尚品宅配则是按需生产，总部工厂每2天用收到的预订款采购一次原材料，加工好的成品库存周转很快，相当于厂家只支付存放产品的场地租赁费。

更重要的是,通过对生产方式、系统结构、人员组织的改革,传统生产变成了"柔性生产",能对市场需求变化做出及时反应,根据顾客需求进行快速、彻底的定制。在订单、采购、设计、生产加工到物流配送的整个过程都被加速之后,尚品宅配定制家具的提货周期,比之传统的购买流程(经过生产商、代理商、经销商层层环节)还要更短。

四、案例总结

传统电商都是基于流量变现,但现在竞争激烈,单纯靠购买流量的模式已经不可持续。尚品宅配通过大数据功能提升整个流量的变现能力,支撑着尚品宅配C2B模式的发展。尚品宅配通过各个渠道客户信息的累积和网站的轨迹,采集数据,指导自己的运营。例如,通过人群点击网站浏览轨迹,尚品宅配就知道大多数人喜欢看什么类型的产品,在定向研发时就会偏向于这些方面。再如通过云设计和大数据,尚品宅配的后台系统对每一个设计师贴标签,设计师一打开后台系统,系统就会自动显示其所有情况,比如这一段时间量了多少尺,量尺进店率是多少等。当设计师的系统数据表现极差时,系统会自动停止设计师的业务,脱产参加培训。这种精细化的管理,不仅提升了设计师的能力且不需要主管具体管理。这种依靠先进信息技术和大数据的做法,让尚品宅配的差错率从传统厂商的30%下降到1%,生产效率提高到传统厂商的10~20倍。

尚品宅配的成功,可以向其他制造业同行展现一点:信息化和大数据已经无可争议地成了制造业转型最重要的两根支柱。离开了这两条,无论如何也不可能满足消费者多样的个性化需要。而在产品的核心竞争力之外,所有被认为是成本的事情,都应该考虑将其转化为营销的手段。

(资料来源:http://www.homekoo.com/)

案例点评

尚品宅配作为C2B家具行业中的定制服务标杆企业,依托其大数据和信息化迅速发展着。其经营模式为实体店与网店结合,个性化家居全屋定制,加上定制产品的大规模生产。符合国家相关大政方针的规定,使消费者从过去被动接受产品转变到主动参与产品设计中。在核心竞争力方面,尚品宅配依托其大数据,为多样化设计提供支持;生产中注重后台信息化流程,包括条形码应用系统和生产过程自动控制系统等,缩短了家具的提货周期。

思考题

(1) 为什么说尚品宅配的出现具有革命性的意义?

(2) 与传统电商相比,尚品宅配的优势在哪里?

(3) 如何评价"机器指挥人干活"的生产方式? 有何借鉴意义?

二、O2O 模式

O2O(Online to Offline)即将线下商务的机会与互联网结合在一起,让互联网成为线下交易前台的一种电子商务模式。这样线下服务就可以用线上来揽客,消费者可以用线上筛选服务,并在线结算,线上与线下通过O2O被打通了。简单说,O2O模式就是让用户在线支付购买线下的商品和服务后,到线下去享受服务,因此,O2O模式特别适合必须到店消费的商品和本地生活服务,如餐饮、健身、电影和演出、美容美发、摄影等。

与B2C模式相比,O2O模式具有以下特征:

(1) O2O应立足于实体店本身,线上线下并重,线上线下应该是一个有机融合的整体,信息互通、资源共享,线上线下立体互动,而不是单纯地"从线上到线下",也不是简单地"从线下到线上"。

(2) O2O模式的核心是在线支付。一旦没有在线支付功能,O2O模式中的线上就仅仅是一个简单的信息发布。在线支付不仅是支付本身的完成,是某次消费得以最终形成的唯一标志,更是消费数据唯一可靠的考核标准。尤其是对提供线上服务的互联网公司而言,只有用户在线上完成支付,自身才可能从中获得效益,从而把准确的消费需求信息传递给线下的商业伙伴。

O2O模式通常通过O2O平台开展业务,最主要的表现形式即团购网站。但O2O和团购不能对等,因为O2O的商家都具有线下实体店,而商品团购中有些商家则没有实体店。

真正的O2O模式,必须是闭环的O2O。所谓闭环,是指两个O之间要实现对接和循环。首先,线上的营销、宣传、推广,要将客流引到线下去消费体验,实现交易。但是,这样只是一次O2O模式的交易,还没有做到闭环。要做到闭环,必须从线下再返回线上,线下的用户消费后,回到线上开展消费体验反馈、线上交流等行为,这才实现了闭环,即从线上到线下,然后再回到线上。

在生活服务领域中,用户的行为不像商品电商一样都在线上一端,其行为分裂为线上线下两部分,从平台的角度来说,若不能对用户的全部行为进行记录,或者缺失了一部分,那平台对商家就失去了掌控,也失去了与商家的议价权,平台对商家的价值就变小了。因此,闭环是O2O平台的一个基本属性,这是O2O平台和普通信息平台最重要的区别。

携程网

一、携程网的发展历程

携程旅行网简称携程网,是中国领先的在线票务服务公司,创立于1999年,总部设在中国上海。携程网已在北京、广州、深圳、成都、杭州、厦门、青岛、南京、武汉、沈阳、南通、三亚等12个城市设立分公司,员工超过10 000人。

作为中国领先的在线旅行服务公司,携程网成功整合了高科技产业与传统旅行业,向超过4 000万会员提供集酒店预订、机票预订、度假预订、商旅管理、特惠商户及旅游信息在内的全方位旅行服务,被誉为互联网和传统旅游无缝结合的典范。秉持"以客户为中心"的原则,以团队间紧密无缝的合作机制,以一丝不苟的敬业精神、真实诚信的合作理念,创造"多赢"伙伴式合作体系,从而共同创造最大价值。

携程网运用先进的O2O模式,通过网络来招揽消费者,然后在线下为消费者提供服务。携程网向超过5 000万名注册会员提供包括酒店预订、机票预订、度假预订、商旅管理、高铁代购以及旅游资讯在内的全方位旅行服务。截至2016年,携程网拥有国内外 32 000 余家会员酒店可供预订,遍布全球 138 个国家和地区的 5 900 余个城市,有 2 000 余家酒店保留房。在机票预订方面,携程网是中国领先的机票预订服务平台,覆盖国内外所有航线,并在 45 个大中城市提供免费送机票服务,每月出票量 40 余万张。

二、携程网的商业模式

携程网通过专业化经营建立旅游网上百货超市,通过整合旅游信息创新旅游价值链,采用立体营销方式增强其品牌影响力,是用制造业的标准做高品质旅游服务。携程网的商业模式集中反映了互联网平台与传统旅游企业资源的结合,互联网旅游企业商业模式的构建只有与旅游市场发展同步,才能最大限度地发挥其优化作用。携程网在运行过程中时刻本着"利用高效的互联网技术和先进电子资讯手段,为会员提供快捷灵活、优质优惠、体贴周到又充满个性化的旅行服务,从而成为优秀的商务及自助旅行服务机构"的原则,不断挑战自我,借助前瞻性的思考和持续性的创新为其快速成长提供保证;通过推陈出新的产品、服务和技术手段使其在日新月异的互联网时代能更好地满足日益多样化的客户需求。

三、携程网的经营模式

(一)网上广告形式及收费标准

携程网的广告分为义务广告和非会员式的收费广告,其中前者是对签约酒店、合作伙伴等在特定栏目给予的信息介绍,后者是针对专项介绍进行收费的广告。

(二)客户细分与协同发展

携程在经营过程中采用客户细分策略,主要将客户分为携程会员、合作卡会员和公司客户,还可以细分为普通会员和 VIP 会员。

(三)个性化经营与质量管理

携程在发展中注重个性化,即给用户一个能自我选择、习性搭配的舞台,这个舞台包括丰富的产品和准确的产品信息。携程网在对待服务质量时,就像对待产品质量一样的细致。

(四)合作经营与优势互补

携程网在发展策略上注重多方合作,曾先后与众多旅游单位结成良好合作伙伴关系。通过合作壮大自己的力量,填补自身的不足,共同发展网上旅游中介事业。

(五)营销策略

携程网以客户为中心,不仅保证为客户提供便捷、周全、可靠、亲切、专业的服务,而且利用先进的技术提供网上、网下 24 小时服务。其免费会员注册的打折优惠及升级制度、生动活泼的虚拟社区在线论坛、携诚 VIP 专区为其营销成功提供了保障。

四、携程网的技术模式

携程网一直将技术视为企业的活力源泉,在提升研发能力方面不遗余力。携程网建立了一整套现代化服务系统,包括客户管理系统、房量管理系统、呼叫排队系统、订单处理系统、E-Booking 机票预订系统、服务质量监控系统等。依靠这些先进的服务和管理系统,携程网为会员提供更加便捷和高效的服务。

总体来说,携程网整体技术模式较为先进,它不仅采用国际高端软件硬件产品,保证整个系统的正常运行,还针对自身业务范围、运营特点进行设计,开发出独特的应用系统。

鉴于携程网酒店预订、机票预订及旅游项目等业务在技术实现过程中集中表现在对信息的发布和双向互动沟通上，其技术手段上主要侧重于以下几个方面：服务的先进性、高度互动性；信息传播的安全性、正确性；业务的信息化、数据化；交流的多样性、合作性。

五、携程网的管理模式

携程网通过低成本和建立服务与产品的差异性来提高旅游企业的竞争力，把诸多信息组合起来，形成信息产品销售给消费者。这个过程中，信息流和资金流涉及得多，物流很少，这些特征很适合用电子商务的方式去实现。电子商务的低成本、支付电子化、信息高效传递、宣传覆盖面广等特性是传统旅游企业所不具备的。旅游电子商务中，售前旅游企业可以借助网上主页和电子邮件在全球范围内进行宣传，客户可借助网上搜索工具快速找到需要的旅游产品信息；售中可以实现网上订购、网上支付，还可以实现旅游产品模拟体验；售后的信息反馈更及时，便于对消费者的行为进行有效分析。其中包括预测等待时间、座席系统、数据统计和监控管理。

六、案例总结

2015 年，在线旅游市场继续保持如火如荼的发展态势，大量资本的涌入以及行业巨头企业大规模投资并购事件频频发生。数据显示，2015 年前三季度在线旅游企业投融资额超过 450 亿元，是 2014 年在线旅游投融资额的 2.4 倍，资本市场对在线旅游的热情高居不下。

在这种背景下，携程网想要保持自己在行业中的领先地位可以从以下四个方面出发：第一，缩减加盟酒店数量。首先要果断砍掉那些设施、服务不符合标准的酒店，然后在同一区域同一类型的酒店中，实施竞价推荐，这样能自然控制酒店数量，同时保证佣金上升，且形成良性循环，直接带来合作酒店客源大增、酒店提供的服务更好、消费者更满意的效果。第二，寻找新的市场增长点。不要只盯着经常旅行出差的人群，要知道偶尔旅行出差的人次汇总起来要远远大于经常旅行出差的人次。第三，提高销售效率。第四，改变市场策略。

（资料来源：http://www.ctrip.com/）

✒ **案例点评**

携程网作为中国领先的在线旅行服务公司，运用先进的 O2O 模式，通过线上推广招揽消费者，然后进行线下消费。携程网提供了包括酒店预订、机票预订、度假预订、商旅管理、特惠商户及旅游咨询等服务，整合了旅游信息，创新了旅游价值链。携程网以网上收费广告、客户细分及协同发展、个性化经营与重质量管理以及以客户为中心的经营模式，在技术上建立了一整套现代化服务系统，包括客户管理系统、房量管理系统、呼叫排队系统、订单处理系统、E-Booking 机票预订系统、服务质量监控系统等，管理上注重通过低成本和建立服务与产品的差异性来提高旅游企业的竞争力。携程网是将高科技和传统产业成功结合的典范。

❓ **思考题**

（1）请讨论自主游在现阶段所遇到的挑战和机遇。

（2）如何评价携程网"像制造业一样生产服务"的观点？其有何借鉴意义？

（3）如何理解在旅游电子商务中出现的安全支付问题？

美团网

一、美团网的发展历程

美团网是 2010 年 3 月 4 日成立的团购网站。美团网有着"美团一次,美一次"的宣传口号,为消费者发现最值得信赖的商家,让消费者享受超低折扣的优质服务;为商家找到最合适的消费者,给商家提供最大收益的互联网推广。

2014 年,美团全年交易额突破 460 亿元,较 2013 年增长 180% 以上,市场份额占比超过 60%,比 2013 年的 53% 增长了 7 个百分点。

2015 年 1 月 18 日,美团网 CEO 王兴表示,美团网已经完成 7 亿美元融资,美团网估值达到 70 亿美元,最近两年不考虑上市。

2015 年 10 月 8 日,大众点评与美团网宣布合并。王兴和大众点评 CEO 张涛同时担任联席 CEO 和联席董事长。11 月,阿里确认退出美团,阿里腾讯 O2O 正式开战。

2015 年 11 月 10 日,美团网 CEO 王兴发内部邮件表示,将不再担任联席董事长。

二、美团网的商业模式

(一)目标用户定位

美团网的目标群体为 18~40 岁之间的,接受过一定文化教育的中产或中产以上的阶层。这部分人群具有强大的消费力,也是当今网民的主体。美团网客户的定位是比较清晰的。

美团网将顾客细分成两类,并不一味地在网上对已有顾客进行强力网络营销,而是针对不同的顾客构建不同的营销模式,具体为:

(1)线上顾客。线上顾客又分为线上已消费顾客和线上尚未进行消费顾客两类。线上已消费客户即是当前美团网的主要顾客群体。

(2)线下顾客。线下顾客和线上尚未进行消费顾客构成美团网潜在顾客群体。对于这类顾客,美团网充分利用现有顾客网络进行"顾客关系营销",推出"返利活动"进行市场推广,人们可以通过这些平台把美团介绍给更多的人。老会员每成功介绍一位新会员将自动获得 10 元奖励。这将为美团带来巨大的潜在客户。

美团网创始人王兴认为,美国团购网站 GroupOn 成功的关键在于"线上网站最大限度地带动线下实际消费,释放人们的消费需求"。虽然现代社会人们不缺少选择的机会,但是人们为了节省时间和精力,需要有专门的人为他们提供最具生活品位的消费场所,"我们就是'消费顾问'的角色"。

(二)盈利模式

(1)商家佣金。这个是团购网站最常见的盈利模式。美团网根据商家所销售的产品总额进行佣金的收取,或者直接与商家协议做折扣活动,得到佣金的协议金额,或者通过出售团购商品直接获取商品的中间差价盈利。

(2)消费者沉淀的资金。据美团网 CEO 说,2010 年未消费的资金达到了全部营业额的 5%,某些团购网站的未消耗资金居然高达了四成,很显然这成为团购网站收入的一部分。王兴在 2011 年新闻发布媒体会上指出,在过去的一年里,团购业在中国出现并迅速发展，但服务中存在的各类诟病也在不断积累，让消费者不满，并影响到了中国团购行业的发展，其中最为突出的是部分消费者购买的团购券由于种种原因来不及消费，那么这部分钱就白白打了水漂，并成为一些团购网站的牟利之源。

（3）广告费。广告收入也成为团购网站未来的一部分收入，如此大的流成为各个商家打广告的受众基础，带给商家和网站很好的广告平台，有些商品可能不适合在网上进行团购销售，但是与团购的商品有些相似性，那么把这些商品放在网站上能起到很好的促销作用，使商家和网站平台实现双盈利。

三、美团网的核心竞争力

美团网线下团队的执行力被认为是美团网的核心竞争力之一。到 2015 年，美团网在近 100 个城市有分公司，近 1 500 人，315 个分站，有员工约 2 500 名，年龄平均在 26 岁左右。而同样排名前 10 的某些团购网站员工数接近美团网的 2 倍，但其消费者满意度和销售数据等指标却远低于美团网。美团网销售团队的执行力由此可见一斑。

美团网是一个轻资产公司，唯一的核心资产就是人。能不能留住好的人，把他们培养得更好，这个是核心竞争力。美团网的技术团队很多是从王兴之前创立的"校内网""海内网""饭否微博"等网站留下来的技术骨干以及从百度、新浪等大型互联网公司跳槽来的优秀人才，具有很高的技术水平、执行力以及企业忠诚度。

美团的企业文化崇尚技术、科技，这保证了整个公司运转的高效、自动化。和一般团购网站的轻技术重市场有很大的差别，美团的技术部门是所有部门中待遇最好的，所有技术人员使用的都是人体工学座椅加苹果电脑。更好的客户体验和高效准确的数据分析结果便是重视技术研发带来的优势。

美团网站的整个系统都是自行开发的，从而可以方便地对第一手数据进行提取分析。而其自行开发的财务结算系统，更被美团视为一个骄傲。这套自动结款系统大大提升了商户结算效率，带给商户一种安心的合作感受。同时基于普通用户体验研发的品控系统、短信系统、客服热线系统、用户评价系统都大大提高了工作效率，改进了用户体验。美团还利用其技术优势，先后推出了基于 Android iOS 等各种智能手机系统的客户端以抢占移动应用市场。正是在互联网与 IT 技术的驱动下，美团网在成立的第二年销售额获得了 10 倍的增长，销售额达 18.2 亿，成为国内最大的本地服务电子商务网站。至今，美团网还保持着每月 10% 以上的增长率，单月销售额已超 2 亿。

与很多团购网站获得融资后请明星做代言，大打广告战，通过烧钱的方式进行推广不同，美团至今没有做过任何线下广告，没有请过任何明星做代言，美团的所有推广都是在线上进行，如搜索引擎优化、线上广告、SNS 推广等。正是这种独特的推广策略为美团节省了大量的资金。不仅如此，美团良好的客服和高品质的产品也赢得了广大消费者的认可，在经过几年稳步的发展之后，取得了超过 20% 的市场份额，其销售额和成交量均排国内团购网站首位。另外，其健康的资金流赢得了不少风投的青睐，使得美团网得到了大笔融资。

（资料来源：http://nj.meituan.com/）

✒ **案例点评**

(1) 开发新项目,创新团购模式。

当前团购网站提供的产品服务同质性严重,缺少独特的创新项目。针对团购网站的当前局限性,美团网应当与时俱进,增加服务项目模块,拓宽服务的种类,打造一站式的服务平台。同时,不拘于"一天一团购"的模式,多与商家沟通提供多方式的团购模式也是一种创新。一个没有活力和创新的企业是很难在当今社会中生存下来的。

(2) 增加宣传渠道。

当前美团网的宣传模式还是主要集中于网络宣传,虽然开始在地铁站台、公交等实体场所进行宣传,但是对于新的宣传渠道利用度仍然不够。美团网应该加强在新的渠道的宣传力度,从而更有效地提高市场占有率,成为市场的领导者。

(3) 立足新的移动端市场增长点。

随着智能手机的普及,移动端市场对销售贡献率不断攀升,网络团购的移动化是一个趋势。而现阶段立足于移动端的团购网站只有 10 多家,美团应抓住机遇,利用先天优势,扩大移动端市场的优势,发展成为新的利润增长点。

(4) 招聘优秀人才,提高团队素质。

人才招聘是美团网所需要的,也是提高竞争力的手段之一。加强人才培养和招募,可以为企业注入一股新的活力。同时加强公司员工的培训,培养高素质、高技能、高服务意识的人才,才能让企业的竞争能力更加持久、更加有效。

美团网作为 O2O 团购网站的模范,将目标群体定位于 18 到 40 岁之间、接受过教育的中产或中产以上的阶层。商家佣金、消费者沉淀的资金和广告费是它主要的利润来源。美团网拥有着一支执行力强的线下团队,吸引着大量的优秀人才。对先进科技的崇尚,保证了整个公司运转的高效、自动化,美团网的系统全是自行开发,能够及时获取第一手数据,这些都是其核心竞争力。但面对激烈的竞争,产品服务同质性严重,缺少独特的创新项目。因此,需开发新项目,创新团购模式,增加宣传渠道,立足新的移动端市场增长点,招聘优秀人才,提高团队素质。

❓ **思考题**

(1) 试从技术方面分析美团的核心竞争力。

(2) 美团的商业模式带给你何种启示?

三、SNS 模式

SNS(Social Networking Services)即社会性网络服务,专指旨在帮助人们建立社会性网络的互联网应用服务,也指社会现有已成熟普及的信息载体,如短信 SNS 服务。SNS的另一种常用解释为:全称 Social Network Site,即"社交网站"或"社交网"。社会性网络(Social Networking)是指个人之间的关系网络,这种基于社会网络关系系统思想的网站就是社会性网络网站(SNS 网站)。SNS 也指 Social Network Software,社会性网络软件,是一个采用分布式技术(通俗地说是采用 P2P 技术)构建的下一代基于个人的网络基础软件。

SNS 是一个平台,建立人与人之间的社会网络或社会关系的连接。例如,利益共享、活动、背景或现实生活中的连接。一个 SNS,包括表示每个用户(通常是一个配置文件)的社会联系和各种附加服务。大多数 SNS 是基于网络的在线社区服务,并提供用户在互联网互动的手段,如电子邮件和即时消息。SNS 有时被认为是一个社交网络服务,但在更广泛的意义上说,SNS 通常是指以个人为中心的服务,并以网上社区服务组为中心。社交网站允许用户在他们的网络共享他们的想法、图片、文章、活动、事件。2011 年的调查发现,47％的美国成年人使用 SNS。

随着 SNS 的发展,它所涵盖的内容也在逐步扩展。从具体的 Friendster 到 Myspace,再到 Facebook、校内网,我们可以把 SNS 的发展划分为三个阶段,即单纯社交阶段、即时交互阶段和平台应用阶段。

(一) 单纯社交阶段

最早的 SNS 网站与今天我们所见的相去甚远,以被称为 SNS 鼻祖的 Friendster 为代表的第一代 SNS 网站的核心功能就是交友,而且远没有现在的互动性。每个会员一个界面,展示自己的个人资料。

1. Friendster

Friendster 是全球最大的社交网站之一,成立于 2002 年,早于 Facebook 和 MySpace 等其他知名的社交网站。Friendster 在推出之后悄然走红,一直被 SNS 业界称为全球首家社交网站,此后大批的模仿者破茧而出,在全球范围内掀起了 SNS 网站热潮。

Friendster 是首个全球化的在线交友网络,使用这种途径支持并鼓励全球感兴趣的用户进行多文化交流。用户能够通过网站每个网页右上角的链接或"Settings"链接永久或临时设置他们的语言选择。

Friendster 的产品已经有了非常明确的好友概念,用户可通过资料去寻找自己感兴趣的好友,好友与自己的个人资料展示放在非常醒目的位置。这时有点像交友网站,人人互动的概念已经有了雏形。

但是 2007 年之后,在美国很快就失去了优势。2009 年 12 月 10 日,马来西亚 MOL 环球宣布收购美国社交网站鼻祖 Friendster 全部股份,著名科技博客 TechCrunch 表示,根据确切的消息来源,该收购价不到 3 000 万美元。

2. Orkut

Orkut 是 Google 旗下的一个 SNS 产品,2004 年 1 月 22 日由 Google 工程师 Orkut Buyukkokten 创建,尽管在全球范围内 Orkut 经营惨淡,但是在巴西却非常受欢迎,可以称之为国民级的 SNS 产品。

目前的 Orkut 基本上具备了 Facebook 拥有的大部分功能,但是总体而言经营状况依然不好。Google 自身对 Orkut 的重视程度及面对强大的 Facebook 寻求差异化的空间才是问题的关键。尽管 Google 表示 Orkut 和 Facebook 采取的产品理念上的东西存在差别,但是在具体的表现上似乎还没有什么差别给用户带来实质性的吸引力。

（二）即时交互阶段

一般认为，RSS FEED 是 SNS 发展到第二阶段的标志性技术，RSS FEED 是一种促进即时交互的技术，而它的广泛应用代表了即时交互时代的到来，是真正即时交互时代的萌芽。

如果你想持续关注一个知名博客的更新，那你只需要订阅它的 RSS FEED 就可以了，能够收到主动推送过来的更新信息，不需要再次到地址栏输入它的网址。而这一阶段的代表，做得最出色的就是 MSN Space。

MSN Space 于 2004 年 12 月初在韩国最先推出，最初命名为"MSN Hompy"，是 MSN Messenger 的附加服务，本来是要付费的增值服务，后来改为免费版，并加入日本作测试地点，测试期间不收取任何费用。再后来，微软把有关界面英语化，并让其他地区的用户进行测试。微软于 2004 年 12 月 1 日正式宣布有关计划，并开放让公众测试，2005 年 4 月 7 日发行正式版，并且有简体中文版和繁体中文版、日文版等不同语言的版本。正式版推出后，在收费模式上采用与 Hotmail 或 MSN Groups（MSN 社群）类似的服务模式：免费用户与付费用户同时存在，但付费用户可以享用较大的储存空间和更多的服务。

从 5.0 版本起，MSN Messenger 与 MSN Space 进行整合，MSN Messenger 的用户可以通过联系人卡片等方式了解某一联系人的 MSN Space 更新。

尽管 MSN Space 的历史比较悠久，并且拥有 MSN 这种曾经强大的即时通信工具，却并没有加以有效利用。因此 MSN Space 虽然经过了很多年的成长，Space 与 Messenger 都没有进行过比较完美的整合，因此用户也很难通过 MSN 及时地与 Space 上的好友互动。

（三）平台应用阶段

SNS 网站的发展已经越来越多元化，尤其是传统社交网站。目前，SNS 网站正向着差异化越来越不明显的方向发展，最终变成一个相似的服务应用平台。在国际范围内影响最大的是 Facebook、Twitter 等，而在国内则有腾讯、开心网、人人网等。

1. Facebook

全球最知名的社交网站，Facebook 在创立之初也是典型的社交性网站，但是今天已经远超出单纯社交网站的功能。2007 年 5 月 24 日，Facebook 推出开放平台应用程序接口。利用这个框架，第三方软件开发者可开发与 Facebook 核心功能集成的应用程序。已有超过 5 000 个应用程序被开发出来，包括小游戏、社会化音乐发现和分享服务、数据统计等。

2. 腾讯

腾讯公司成立于 1998 年 11 月，是中国最大的互联网综合服务提供商之一。腾讯公司成立 10 多年以来一直秉承"一切以用户价值为依归的经营理念，始终处于稳健、高速发展的状态。"把"为用户提供一站式在线生活服务作为战略目标"，提供互联网增值服务、移动及电信增值服务和网络广告服务。通过即时通信 QQ、腾讯网、腾讯游戏、QQ 空间、腾讯微博、搜搜、拍拍、财付通、微信等中国领先的网络平台,腾讯打造了中国最大的网络社区,满足互联网用户沟通、资讯、娱乐和电子商务等方面的需求。

3. 人人网

人人网是由千橡集团将旗下著名的校内网更名而来。2009 年 8 月 4 日,千橡集团将旗下著名的校内网更名为人人网,社会上所有人都可以来到这里,从而跨出了校园内部这个范围。人人网是为整个中国互联网用户提供服务的 SNS 社交网站,给不同身份的人提供了一个互动交流平台,提高用户之间的交流效率,通过提供发布日志、保存相册、音乐视频等站内外资源分享等功能,搭建了一个功能丰富高效的用户交流互动平台。2013 年 8 月,人人网开心农场下线,这款偷菜小游戏曾在 2009 年红遍大江南北。

(1)快速传播:用户发布一条信息,他的所有粉丝能同步看到,还可以一键转发给自己的粉丝,实现裂变传播。

(2)实时搜索:用户可以通过搜索找到其他微博用户在几秒前发布的信息,比传统搜索引擎的搜索结果更有时效性,更鲜活。

(3)分享到新浪微博:"分享到新浪微博"的按钮被添加到了百度百科词条的下面,用户可以直接分享词条到新浪微博。

(4)用户排行:截止到 2012 年 8 月 11 日,名人影响力排行 Top10 名成员数据均是来自新浪微博官方注册页,排行数据真实有效,可以阅读参考资料。

新浪微博的发展趋势

新浪微博成功的要素在于:名人效应;事件运作;简单操作性。

1. 发展情况

2011 年有不少人疑惑,微博会持久繁荣吗?微博会不会如开心网和人人网等国内 SNS 在 Twitter 和 Facebook 未达鼎盛之时而提早衰退呢?只有本质性地满足用户的需求,才能持久地繁荣。如果如新浪曹国伟所言,新浪微博是走在 Twitter 和 Facebook 中间的产品,这项产品会比 SNS 本身更好地适应中国的用户,又或者如腾讯马化腾所言"中国的 SNS 就是微博",所以可以相信,微博在未来的发展中还有很长的一段路要走。

2. 微博之路

微博未来的发展趋向会有两个出路,一是 Twitter 的新闻媒体;二是中国版的 SNS,作为超越社交网站的载体而存在。但如果是后者,微博可能要做好几件事情:一是内容的丰富;二是客户端的发展,就现在而言,微博相对国内 SNS 的客户端是领先的,保持易用和舒适的用户体验也是必不可少的;三是用户获取信息方式的升级。

现在的微博受到国内互联网巨头的青睐,四家门户都争抢去做,越是集中性地看好,也就越容易产生泡沫。而微博最终的形态关系到垂直产业的生态发展,如果是媒体,就做好媒体要做的事情;如果是平台,就做好平台要做的事情。微博的未来令人期待,也需要谨慎。

案例点评

微博的社会化媒体属性、自媒体特征以及多级裂变式信息传播模式等本质特点,决定了微博在商业领域可发挥较大的作用。微博的商业价值主要体现在信息传播、数据资产和用户体验上,旨在解决微博用户潜在的和现实的商业需要。微博还是一个聚合了用户兴趣爱好的社交关系数据的综合展示页面,像话题、图书、音乐、餐饮美食等内容都能在微博上生成专属的微博页面。同时,新浪微博的未来发展亟待创新,迫切需要寻找新的增长点,沉淀忠诚用户,增补商业、社会文化和媒体价值。

思考题

(1)根据个人生活经历,说说微博是如何渗透进人们的生活当中的。

(2)你认为微博还可以有哪些内容和产品?

第三章　电子商务支付

（一）知识要求

● 了解电子支付的内涵和分类。
● 掌握网上支付的定义、特点、类型。
● 掌握移动支付的定义、类型、特征、安全问题。
● 掌握电子货币的定义和种类。
● 掌握网上银行的定义、分类、功能。
● 了解支付宝的发展案例。

（二）能力要求

● 能够结合实际，使用电子支付工具。
● 能够开通网上银行，并学会使用。

案例导入

央行报告：全国76.9%的成人使用电子支付

2018年8月13日，中国人民银行金融消费权益保护局发布了《2017年中国普惠金融指标分析报告》（以下简称《报告》），《报告》显示，我国基础金融服务已基本实现行政村全覆盖，银行结算账户和银行卡使用已广泛普及，电子支付迅速发展，保险产品和服务使用稳步增长，信用建设稳步推进，消费者金融素养有所提升，金融消费纠纷非诉解决机制建设取得进展，信贷对普惠金融的支持力度平稳增长，信贷障碍有所改善，但部分领域信贷支持有待加强。

具体来看，银行结算账户和银行卡广泛普及，全国及农村地区人均持有量平稳增长，总体上实现了"人人有户"。截至2017年年末，全国人均拥有6.6个账户，人均持有4.81张银行卡（其中信用卡0.39张），较上年末小幅增加，增速有所下滑；农村地区个人银行结算账户39.66亿户，人均4.08户；当年新增4.05亿户，同比增长11.37%。农村地区银行卡数量余额28.81亿张，人均持卡量2.97张。

《报告》指出，电子支付发展迅速，使用普及率较高，农村地区60%以上的成年人使用过电子支付。调查显示，2017年，全国使用电子支付成年人占比为76.9%，农村地区使用电子支付成年人占比为66.51%。

此外,非现金支付业务量平稳增长,移动支付业务量继续较快增长。2017 年,全国共办理非现金支付业务 1 608.78 亿笔,金额 3 759.94 万亿元,同比分别增长 28.59％和 1.97％。在理财产品方面,近半数成年人购买过投资理财产品,农村地区投资理财意识相对较低。调查显示,2017 年全国平均有 45.97％的成年人购买过投资理财产品,农村地区这一比例为 32.79％。

思考与讨论:我国目前电子商务支付的主流方式是什么? 你参与了哪些电子商务支付过程?

3.1　电子支付概述

电子支付是电子商务活动不可缺少的环节,随着移动支付的出现,电子支付的发展前景也变得越来越诱人。

电子支付是指消费者、商家和金融机构之间使用安全电子手段把支付信息通过信息网络安全地传送到银行或相应的处理机构,用来实现货币支付或资金流转的行为。电子支付的业务类型按电子支付指令发起方式分为网上支付、移动支付、销售点终端交易(POS)、自动柜员机交易(ATM)、电话支付和其他电子支付。

2018 年 8 月 20 日,中国互联网络信息中心(CNNIC)在京发布第 42 次《中国互联网络发展状况统计报告》指出,截至 2018 年 6 月 30 日,我国网民规模达 8.02 亿,互联网普及率为 57.7％。我国网络购物用户和使用网上支付的用户占总体网民的比例均为 71％,网络购物与互联网支付已成为网民使用比例较高的应用。

本节主要讲述电子支付方式中比较主流的网上支付和移动支付。

一、网上支付

(一) 网上支付的定义

网上支付又称为网络在线支付,是电子支付的主要形式,是指通过互联网实现的用户与商户、商户与商户之间的在线电子货币支付、资金清算、查询统计等过程。通常情况下,网上支付系统仍然需要银行作为中介。网上支付既包括直接使用网上银行进行的互联网在线支付,也包括通过第三方支付网站平台进行的支付。

(二) 网上支付的特点

1. 数字传输

网上支付是采用先进的技术通过数字流转来完成信息传输的,其各种支付方式都是采用数字化的方式进行款项支付的;而传统支付方式则是通过现金的流转、票据的转让及银行的汇兑等物理实体的流转来完成款项支付的。

2. 开放平台

网上支付的工作环境是基于一个开放的系统平台（互联网），而传统支付则是在较为封闭的系统中运作。

3. 现代通信

网上支付使用的是社会最先进的通信手段，网络支付对软件、硬件设施的要求很高，一般要求有联网的计算机、相关的软件及其他一些配套设施，而传统支付则没有那么高的要求。

4. 方便高效

用户只要拥有一台上网的电脑或智能手机，便可以足不出户，在很短的时间内完成整个支付过程。网上支付可以完全突破时间和空间的限制，满足 $24×7$ 的工作模式，效率极高，整个支付的过程所产生的费用也只是传统支付的几十分之一，甚至几百分之一。

（三）网上支付的类型

常见的网上支付类型有网银转账支付模式、商户直连网银支付模式和第三方支付模式。

（1）网银转账支付模式。网银转账支付模式依据转入账户和转出账户的不同，可以细分为同行转账模式和跨行转账模式。

（2）商户直连网银支付模式。这种模式是指网上商户直接将银行网上支付网关连接到自己的电子商务交易平台，为用户提供支付功能。

（3）第三方支付模式。第三方支付模式是具备一定实力和信誉保障的非银行独立机构，采用与各大银行签约的方式，提供与银行支付结算系统接口的支付平台模式。

（4）网上支付的体系组成。网上交易支付系统由客户、商家、认证中心、支付网关、客户银行、商家银行和金融专用网络7个部分组成。支撑网上支付的体系可以说是一个综合性系统，融合了购物流程、支付与结算工具、安全技术、认证体系、信用体系及金融体系，网上支付系统的基本结构如图3-1所示。

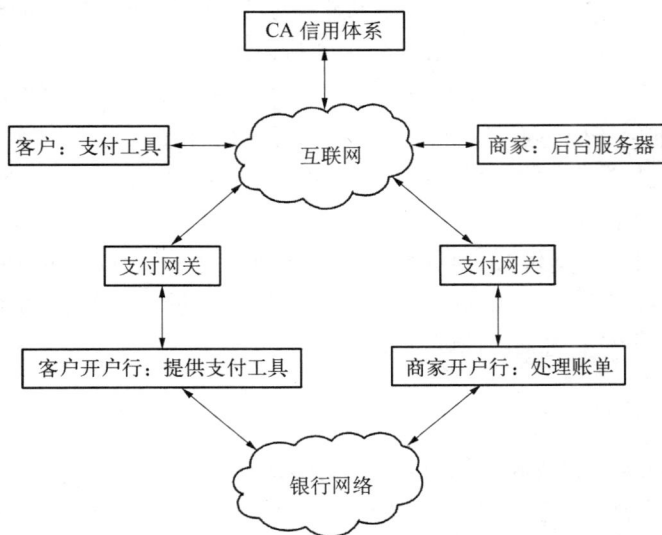

图3-1 网上支付系统基本结构

（1）客户一般是指利用电子交易手段与企业或商家进行电子交易活动的单位或个人。它们通过电子交易平台与商家交流信息，签订交易合同，用自己的网络支付工具进行支付。

（2）商家是指向客户提供商品或服务的单位或个人。在网络支付系统中，它必须能够根据客户发出的支付指令向金融机构请求结算，这一过程一般由商家设置的一台专门的服务器来处理。

（3）认证中心是交易各方都信任的公正的第三方中介机构，它主要负责为参与电子交易活动的各方发放和维护数字证书，以确认各方的真实身份，保证电子交易整个过程安全稳定地进行。

（4）支付网关是银行金融网络系统和 Internet 网络之间的接口，是由银行操作的将Internet 上传输的数据转换为金融机构内部数据的一组服务器设备，或由指派的第三方处理商家支付信息和顾客的支付指令。它是连接公共网络和银行专用网络的安全接口，电子支付的信息必须通过支付网关进行处理后才能进入银行内部的支付结算系统。

（5）客户银行是指为客户提供资金账户和网络支付工具的银行，又被称为发卡银行。客户银行根据不同的政策和规定，保证支付工具的真实性。

（6）商家银行是为商家提供资金账户的银行，又称为收单银行。客户向商家发送订单和支付指令，商家将客户的支付指令提交给商家银行，然后商家银行向客户银行发出支付授权请求，并进行它们之间的清算工作。

（7）银行和金融专用网络是银行内部及各银行之间交流信息的封闭的专用网络，通常具有较高的稳定性和安全性。

二、移动支付

历史总是惊人的相似，早在 600 多年的北宋就发行了世界上最早的纸币——交子，率先使用纸币取代沉重的铜钱白银，第一次在支付领域领先全球。到了 21 世纪，随着智能手机、4G 网络和 WiFi 的普及，中国再次掀起了"支付革命"，这次的主角是移动支付。2011 年，支付宝推出条码付业务，标志着线下扫码支付时代的开启。2013 年 8 月 9 日，微信 5.0 版本发布，新增了微信支付功能，正式向支付宝发起挑战。随后便是大家记忆深刻的 2014 年的春节红包大战。

2017 年是中国移动支付"出海元年"，许多人如此评价 2017 年的移动支付。支付宝和微信支付在 2017 年加大马力，拓展海外支付市场。支付宝拿下了 33 个国家和地区，微信支付也拿下了 20 多个国家和地区。

（一）移动支付的定义

移动支付也称为手机支付，就是用户使用移动终端（通常是手机）对所消费的商品或服务进行账务支付的一种服务方式。我国用户上网习惯已经从 PC 端逐渐迁移至移动端，同时支付场景的不断拓展也使用户已经开始习惯使用移动支付工具，移动支付市场发展前景良好。二维码成了连接线上和线下消费的纽带，如今，二维码支付在餐饮门店、超市、便利店等线下小额支付场景得到广泛应用。

📖 **小知识** ┅┅┅┅┅┅┅┅┅┅┅┅┅┅┅┅┅┅┅┅┅┅┅┅┅┅┅┅┅┅┅┅┅┅

什么是二维码?

二维码,又称二维条码,是用某种特定的几何图形按一定规律在平面(二维方向上)分布的黑白相间的图形记录数据符号信息的一种编码方式。用户通过"扫一扫"功能就能完成付款操作。

移动支付最典型的特点就是采用手机作为支付介质,而银行卡虚拟化到手机中。在支付发起时不再需要银联卡,直接通过手机来完成安全认证,完成支付过程。

┅┅

(二) 移动支付的类型

随着移动终端的不断创新,以及电子商务的爆发性增长,对移动支付的需求已经越来越大。按完成支付所依托的技术条件,手机支付主要分为两种形式:一种是线上支付,如用手机淘宝、京东在线购物等;另一种是线下通过智能手机终端支付,这种情况最常见的就是平时在超市买东西然后扫二维码付款。这两种方式也被称为远程支付和近场支付。

1. 远程支付

远程支付指通过移动网络,利用短信、GPRS(通用分组无线服务技术)等空中接口,和后台支付系统建立连接,实现各种转账、消费等支付功能。

2. 近场支付

近场支付是指通过具有近距离无线通信技术的移动终端实现本地化通信,从而进行资金转移的支付方式,主要的技术包括 NFC、RFID、FeliCaIC、红外、蓝牙等近距离通信技术。

下面从产品技术、使用流程等几个方面,对 Apple Pay、支付宝、银联云闪付进行比较,从而对近场支付的类型有个完整清晰的了解(详见表 3-1)。

表 3-1　近场移动支付类型的比较

	Apple Pay	支付宝	云闪付
介质	手机	App	云闪付卡
机构	苹果	阿里巴巴	中国银联
技术	NFC+Tokenization	二维码/条码+Tokenization	NFC+Tokenization
使用方法	靠近支持 NFC 的 POS	手机扫描	靠近具有"闪付"标志的 POS,亮屏即可
流程	绑定银行卡支持 NFC 的 POS	绑定银行支持扫码的 POS	绑定银行卡具有"闪付"标志的 POS
收费对象	银行	商户	商户

（三）移动支付的特征

1. 账户管理的方便性

这是移动支付区别于传统的银行卡支付的一个重要的特点。智能手机逐渐成为业界的主流,用户可以方便地通过手机使用移动互联网,随时随地查询账户余额、交易记录、实时转账、修改密码等,管理自己的移动支付账户,还可以进行空中充值,减少了去营业厅或者充值点的麻烦,充分体现了移动支付的方便时尚的特点。

2. 资金账户的安全性

移动设备用户对隐私性的要求远高于 PC 用户,这就不同于互联网公开、透明、开放的特点。在互联网上,PC 用户信息是可以被搜集的,而移动设备用户显然不希望让他人知道甚至共享自己设备上的信息,移动设备的隐私性保障了支付的安全。用户设置的密码类型比 PC 机更复杂,有人脸识别、指纹识别等。

3. 可移动性

除了用户睡眠时间,移动设备一般伴随在用户身边,其使用时间远高于 PC。用户只要申请了移动支付功能,便可足不出户随时随地完成整个支付与结算过程。交易时间成本低,减少了往返银行的交通时间和支付处理时间。

4. 服务的综合性

移动支付为用户提供了移动电子商务的远程支付功能,同时也可以满足用户对公交、食堂等小额支付的需要,还可以提供门禁、考勤等服务。

（四）移动支付的安全问题

1. 软件病毒感染

大量手机支付类病毒猖獗爆发,包括伪装淘宝客户端窃取用户账号密码隐私的"伪淘宝"病毒、盗取 20 多家手机银行账号隐私的"银行窃贼"以及感染首家建设银行 App 的"洛克蛔虫"等系列高危风险的手机支付病毒。病毒还会通过联网功能将用户手机上的隐私信息,包括手机网银、支付相关账号密码等内容上传至指定位置,导致用户隐私泄露和财产风险。移动支付类软件主要典型病毒分为电商类 App 典型病毒、第三方支付类 App 典型病毒、理财类 App 典型病毒、团购类 App 典型病毒及银行类 App 典型病毒。

2. 手机漏洞

手机由于 root 和不正规刷机导致出现系统漏洞,也是移动支付出现安全问题的根源。

3. 诈骗电话及短信

诈骗短信、骚扰电话也造成了一定的手机支付风险。诈骗分子除了通过诈骗骚扰电话诱导手机用户进行银行转账之外,主要还是通过发送带钓鱼网址或恶意木马程序下载链接的诈骗短信,这些恶意钓鱼网址往往会诱导用户登录诈骗网址等,引导用户进行购物支付,中奖钓鱼类诈骗已呈现多发趋势。其中重点案例有三类:网银升级、U 盾失效类诈骗、社保诈骗及热门节目中奖诈骗。

小知识 ┄┄

手机支付应该如何确保安全?

（1）密码设置要详细。设置手机支付软件账户密码时,不要让密码和账户名称相同,尽量使用数字、字母、符号组合。设置支付密码时勿使用简单连续、有规律、易联想的数字,如生日、手机号等,可选择指纹或手势密码进行单独加密。

（2）免密支付应关闭。一旦手机开通了小额免密支付功能,只要消费金额小于免密数额,无须支付密码就可以支付,犯罪分子常常利用小额免密、商家扫码支付等方式进行盗刷。应尽量关闭手机免密支付功能,并对微信钱包设定钱包锁。

（3）点击链接须谨慎。手机在连接使用公共充电宝、WiFi 时,不要点击任何提示的"信任"选项。对于收到的中奖、换购、积分兑换等信息,不轻易点击手机短信链接。不随意扫描陌生没有经过认证的二维码。下载软件时最好选择大型、正规的应用商店下载,谨防木马病毒入侵手机,窃取手机上的银行卡账户信息。

（4）短信验证要保密。木马病毒侵入手机后,即使获取了银行卡网银的账号和登录密码,但银行还有 U 盾和手机短信验证码这两道"大门"保护,对方无法动用账户里的存款,可是一旦骗走手机收到的验证码,账户里的钱就会"不翼而飞"。所以,验证码这最后一道安全屏障,任何时候都要保密。

（5）手机处理要妥善。更换手机 SIM 卡后,要及时注销废弃的 SIM 卡,并将与其关联的银行卡、第三方支付软件等进行解绑;淘汰手机要选择正规回收点回收,使用专门软件彻底清理所有存储信息;一旦手机或 SIM 卡丢失,应迅速打电话给银行和第三方支付供应商冻结相关业务,及时挂失补办手机号。

┄┄

移动支付这几年迅速成为新的基础设施之后,通过与人工智能、人脸识别、大数据和小程序等新技术的结合构成行业闭环,很多行业都会发生变化。移动支付便利性、快捷性的优势正在加快覆盖用户生活的各个场景,给个体带来的不仅是不用钱包的便利,也撬动着更多社会潜能。比如积累信用,让更多用户能借此获得信贷、保险等金融服务,减少数字鸿沟。

3.2　电子货币

一、电子货币的定义

电子货币,是用一定金额的现金或存款从发行者处兑换并获得代表相同金额的数据,通过使用某些电子化方法将该数据直接转移给支付对象,从而能够清偿债务的信用货币。电子货币是实物货币(纸币、硬币等)的电子化,是发行者把与传统货币相等价值的法币,以电子形式储存在相关媒介中。

　　电子货币的出现是新技术革命和网络经济发展的必然结果,电子货币具有方便性、通用性和高效性等特点,电子货币在使用和结算过程中,简化了以往使用传统货币的复杂程序。电子货币的出现加快了市场全球化,加强了全球经济的联系,人们通过网络和电子货币可以更快、更省地处理经济事务。

小知识

什么是虚拟货币和数字货币?

　　虚拟货币和数字货币是两个与电子货币相关的概念。

　　虚拟货币,是一些虚拟世界中流通的货币,是互联网游戏、互联网社区发展的产物,只限定在特定网络环境中使用。最典型的就是游戏币、Q币,还有在不同的社区网站的专属货币,比如百度文库的财富值、盛大公司的点券等。

　　数字货币,是基于区块链技术的可交易、流通、收藏的货币形式,是货币的数字化。代表性的数字货币有比特币、以太坊、莱特币等。

二、电子货币的种类

　　按支付方式不同可将电子货币分为银行卡型电子货币、储值卡型电子货币、电子支票、电子现金、电子钱包。

(一)银行卡型电子货币

　　银行卡是由银行发行的,是银行提供电子支付服务的一种手段。银行卡具有购物消费、转账结算等多种功能,可采用刷卡记账、POS结账、ATM提取现金等多种支付方式。持卡人在网上可以利用银行卡直接进行购物和享受服务。按照银行卡的信用性质与功能,可以把银行卡分为借记卡和信用卡。银行卡样例如图3-2所示。

图3-2　银行卡

　　借记卡的特征是"先存款,后支用",持卡人必须先在发卡机构存款,支用款项时以余额为限,不允许透支。信用卡的特征是"先消费,后还款",持卡人支付的金额是发卡银行垫付的,银行与持卡人之间发生了贷款关系,事后持卡人按照约定给信用卡还款。

(二) 储值卡型电子货币

储值卡型电子货币就是功能得到进一步提高的储值卡。储值卡是指某一行业或公司发行的可代替现金和银行卡使用的 IC 卡或磁卡。例如,超市购物卡、石油公司发行的加油卡、交通部门发行的公交卡等。储值卡样例如图 3-3 所示。

图 3-3　储值卡

(三) 电子支票

电子支票是采用电子技术完成纸质支票功能的电子货币。它基本包含了纸质支票的全部信息,包括收款方名称、收款方账号、付款方名称、付款方账号、付款金额、日期。电子支票采取特别的安全技术,使用数字证书验证付款人身份、开户行和账号,利用数字签名作为背书,以保证电子支票的真实性、保密性、完整性和不可抵赖性。另外,收款人、收款银行和付款银行都可以使用公开密钥来验证支票。

电子支票具有易于接收、易于沟通、周转更快的特点,提高了银行客户的资金利用率。电子支票应用过程,如图 3-4 所示。

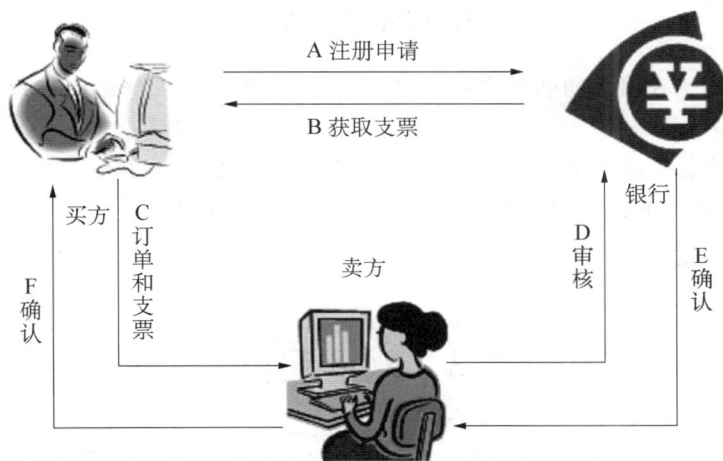

图 3-4　电子支票应用过程

（四）电子现金

电子现金（E-cash）也称为数字现金，是一种以数据形式流通的货币，它把现金数值转换成为一系列的加密序列数，通过这些序列数来表示现实中各种金额的币值。

电子现金的使用依赖于电子现金支付体系，该体系中包括三方参与者：消费者、商家和银行。电子现金的正常使用对三方的硬件、软件环境都有一定的要求，需要他们使用同一种电子现金软件，同时，银行和商家之间应有协议和授权的关系。

电子现金带来了纸币在安全性和隐私性方面所没有的计算机化的便利，总部设在荷兰的 Digicash 公司是目前唯一一家在商业上提供真正的电子现金系统的公司。电子现金支付过程，如图 3-5 所示。

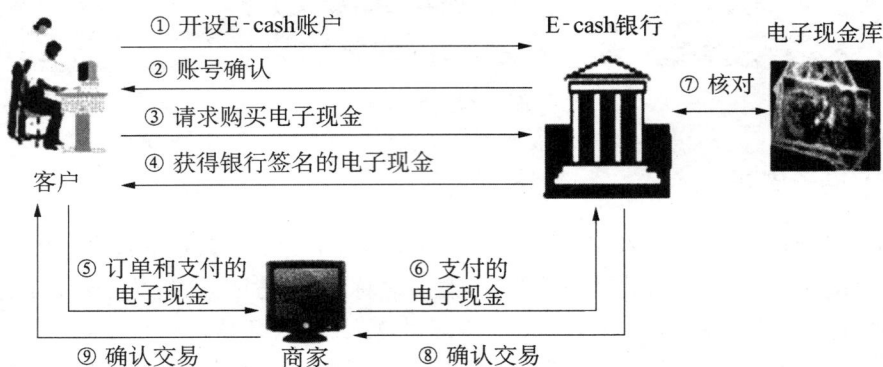

图 3-5　电子现金支付过程

小知识

什么是电子钱包？

电子钱包是一种网上购物的支付工具，是一个让消费者在网络上进行交易及记录交易的计算机软件。

在移动支付盛行的现代，电子钱包的含义不再那么确切了，手机可以说是你的电子钱包，一个账号也可以说成是一个电子钱包，比如你的支付宝账户。

3.3　网上银行

自 20 世纪美国建立第一家网上银行以来，网上银行业务在世界范围内迅速发展，中国银行业也迅速开发了这一业务。经过近二十年发展，中国网上银行的交易规模与用户规模均大幅增长。网上银行把银行业务带入了超越时空限制的全新时代，是网络经济最重要的特征之一，也是电子支付体系中重要的组成部分。

一、网上银行的定义

网上银行（Internet Bank）又称网络银行、在线银行，它通过互联网向用户提供全方位、全天候、实时的金融服务，使客户可以足不出户就能够安全便捷地管理各种银行业务的新型银行。

网上银行又被称为"3A 银行"，因为它不受时间、空间限制，能够在任何时间（Anytime）、任何地点（Anywhere），以任何方式（Anyway）为客户提供金融服务。客户通过网上银行的网址就可以进入每个银行的网上银行界面，网上银行通过互联网的提交渠道接受客户办理业务的申请，打破了传统商业银行的结构和运行模式。网上银行提供的金融业务几乎囊括了传统银行的所有金融业务并且在传统业务的基础上进行创新，可以说，网上银行是传统银行柜台在互联网上的延伸和拓展。

小知识

网上银行的特点

与传统银行相比，网上银行在运行机制和服务功能方面都具有不同的特点：

（1）无分支机构；

（2）方便性；

（3）个性化服务；

（4）低成本；

（5）业务范围广阔；

（6）盈利结构多元化。

二、网上银行的分类

按照不同的标准，网上银行可以分为不同的类型。

（一）按服务对象分类

按服务对象不同，网上银行可以分为企业网上银行和个人网上银行。

1. 企业网上银行

企业网上银行主要针对企业与政府部门等企事业组织客户。企事业组织可以通过企业网上银行服务实时了解企业财务运作情况，及时在组织内部调配资金，轻松处理大批量的网上支付和工资发放业务，并可处理信用证相关业务。

2. 个人网上银行

个人网上银行主要适用于个人与家庭消费支付与转账。客户可以通过个人网上银行服务，完成实时查询、转账、网络支付和汇款功能。

（二）按经营组织形式分类

按经营组织形式不同,网上银行可以分为传统银行建立的网上银行和纯网上银行。

1.传统银行建立的网上银行

这是指现有的传统银行将互联网作为新的服务手段,建立银行站点、提供在线服务而设立的网上银行,又被称为网上柜台。现在传统银行建立的网上银行已经能够独立开展除现金存取以外的其他各类银行业务,包括网上开户、网上贷款、证券交易等。我国的网上银行绝大部分都是从传统银行建立起来的。

中国银行是第一个在网上建立网站的银行,但当时仅仅是将银行信息发布到互联网,没有业务处理能力。真正意义上的第一家功能性网上银行是由招商银行建立的。

2.互联网银行

互联网银行又称为纯网上银行,起源于美国 1985 年开业的安全第一网上银行。纯网上银行是专门提供在线银行服务而成立的独立银行,仅向用户提供虚拟银行网址,没有实体营业场所。

2014 年 12 月 12 日,中国银监会表示,国内互联网巨头腾讯公司旗下民营银行——深圳前海微众银行(以下简称微众银行)已正式获准开业,是中国首家互联网银行。以微众银行为例,通过"微粒贷"一招鲜已经打造了国民级消费信贷产品,仅用不到 3 年时间,就发展了用信客户超过 3 000 万,相当于半个英国的人口。微众银行(www.webank.com)网站首页如图 3-6 所示。

图 3-6　微众银行

从 2014 年年底腾讯参与发起设立的微众银行开业以后,阿里参与的网商银行以及小米参与的新网银行分别于 2015 年年中和 2016 年年底开业,2017 年美团点评参与的亿联银行、苏宁云商参与的苏宁银行以及百度参与的百信银行也先后正式开业,这些银行都属于互联网银行。

三、网上银行的功能

近年来,随着网上银行业务的增加,网上银行在银行业中的地位与日俱增,对社会发展起到了积极作用。

网上银行提供的服务可以分为三大类：第一，即时资讯，如查询结存的余额，外币的买卖价格、贵金属交易价格、存款的利率资料等；第二，办理银行一般业务，如客户往来、储蓄、定期账户间的转账、定期存款及更改存款的到期时间、申请支票簿等；第三，为网上交易的买卖双方办理交割手续。具体的服务项目有以下几种。

（一）个人账户管理

网上银行为个人提供的服务包括在线查询账户余额、交易记录、下载数据、投资理财、信用卡还款、电子转账和网上支付等。

（二）企业账户管理

企业账户管理，也称为对公业务，包括查询本企业或下属企业的账户余额和历史业务记录、代发员工工资、划转企业内部各单位之间的资金、为企业提供金融报告和报表、企业资金托管等。

（三）信用卡服务

信用卡业务是目前各大银行争夺的焦点，网上银行的信用卡业务包括通过互联网申办、开启、挂失信用卡，信用卡账户查询、清算等功能。例如，美国安全第一网络银行发行的维萨（Visa）卡，分为普通卡与金卡两种。

（四）投资理财业务

银行为客户提供全面的金融分析服务，及时向客户提供各种市场信息和新闻，包括股票、基金、外汇、黄金、期货、保险等金融产品的即时信息发布，以便客户了解外汇汇率的变动情况和股票、期货、黄金市场的行情。

（五）网上商城

银行在电子商务迅猛发展的今天，不再局限于担当支付的角色，也开始积极拓展自己的业务领域，最常见的做法是在电子支付下建立网上商城。

（六）各种支付

支付是银行的基本业务，包括电子支票、信用卡等网上支付方式，还包括代收水费、电费、手机费、上网费等服务。

面对移动支付的浪潮，银行同样不甘落后。一方面部分银行的 App 有自己的二维码支付产品，如招行、建行等；另一方面银联在经过初期通过 Apple Pay 尝试 NFC 支付，以及在 2016 年年底发布二维码支付标准之后推广自家"银联钱包"，而后又在 2017 年 5 月 27 日联合包括工、农、中、建、交等在内的 40 余家银行共同推出基于银联云闪付的扫码支付。

3.4 第三方支付

一、第三方支付的定义

第三方支付是指具备一定实力和信誉保障的独立机构，采用与各大银行签约的方式，提供与银行支付结算系统接口的交易支付平台的网络支付模式。

第三方是除了银行以外的具有良好信誉和技术支持能力的某个机构，支付也通过第三方在持卡人或者客户和银行之间进行。持卡人首先和第三方以替代银行账号的某种电子数据的形式（如邮件）传递账户信息，避免了持卡人将银行信息直接透露给商家，另外也可以不必登录不同的网上银行界面，取而代之的是每次登录时，都能看到相对熟悉和简单的第三方机构的界面。

📚 **小知识** ┼┼┼┼┼┼┼┼┼┼┼┼┼┼┼┼┼┼┼┼┼┼┼┼┼┼┼┼┼┼┼┼┼┼┼┼┼

什么是第三方支付平台（机构）？

第三方支付平台是指平台提供商通过通信、计算机和信息安全技术，在商家和银行之间建立连接，从而实现消费者、金融机构以及商家之间货币支付、现金流转、资金清算、查询统计的一个平台。

┼┼┼

第三方支付是一种支付方式，或者说是一种支付渠道。第三方支付平台是第三方支付得以实现所必需的媒介。在互联网金融的发展中，第三方支付平台和银行等金融机构是有一定的竞争和替代关系的，双方根据各自的优势，进行业务扩展和竞争，同时，二者之间互补的效果可能更好。

第三方支付方式在支付体系内影响越来越大。调研机构益普索发布的《2018 上半年中国第三方移动支付用户研究报告》显示，我国移动支付用户规模约 8.9 亿人，第三方移动支付在网民中的渗透率达到 92.4%。在人们的日常开销中，由第三方支付完成的比例已达 48%，包括占 35% 的移动支付，以及 13% 的互联网支付。

随着移动支付的深化，无现金的模式普及，整个上下游业态将会发生翻天覆地的变化。第三方移动支付对于金融行业的影响不但体现在银行业电子支付业务的相对萎缩，也体现在为银行存取款提供支持的 ATM 机行业受到越来越大的冲击。

二、第三方支付的特点

（一）在线支付更快捷、方便

第三方支付平台提供一系列的应用接口程序，将多种银行卡支付方式整合到一个界面上,负责交易结算中与银行的对接,使网上购物更加快捷、便利。消费者和商家不需要在不同的银行开设不同的账户,可以帮助消费者降低网上购物的成本,帮助商家降低运营成本;同时,还可以帮助银行节省网关开发费用,并为银行带来一定的潜在利润。

第三方支付解决了终端设备的制约性,从设备上解放了消费者,客户可以随时、随地、用多种方式完成支付,不但节约了时间成本,也免去了 U 盾等安全设备遗失带来的不便。

(二) 在线支付更安全

在第三方支付交易流程中,商家看不到客户的信用卡信息,同时又避免了信用卡信息在网络上多次公开传输而导致信用卡信息被窃,保障了用卡人的账号安全。

(三) 较高的公信度

第三方支付平台作为中立的一方,具有较高的公信度。一旦发生纠纷,会对商户和消费者采取双向保护政策,在交易双方之间进行公平、公正的协调处理。

三、第三方支付的经营模式

(一) 支付网关模式

支付网关模式是指第三方支付平台完全独立于电子商务网站,不负有担保功能,与银行密切合作实现多家银行数十种银行卡的直通服务,仅仅为用户提供支付产品和支付系统解决方案,只是充当消费者和商户之间第三方的银行支付网关。以快钱、易宝支付、汇付天下、拉卡拉等为典型代表。

小知识

什么是支付网关?

支付网关是银行金融网络系统和 Internet 网络之间的接口,是由银行操作的将 Internet 上传输的数据转换为金融机构内部数据的一组服务器设备,或由指派的第三方处理商家支付信息和顾客的支付指令。

(二) 信用中介模式

信用中介模式是以支付宝、财付通为首的依托于自有 B2C、C2C 电子商务网站提供担保功能的第三方支付模式,货款暂由平台托管并由平台通知卖家货款到达、进行发货。在此类支付模式中,买方在电商网站选购商品后,使用第三方平台提供的账户进行货款支付,待买方检验物品进行确认后,就可以通知平台付款给卖家,这时第三方支付平台再将款项转至卖方账户。

不管是哪种模式,用户的体验才是最高标准。现列举十大品牌网对于我国第三方支付平台的排名情况,如表 3-2 所示。

表 3-2　国内十大第三方支付平台

序　号	第三方支付平台名称	第三方支付平台简介
1	支付宝 ALIPAY	阿里巴巴旗下,集支付和生活应用为一体的电子支付软件,国内领先的第三方支付平台,支付宝(中国)网络技术有限公司。http://www.alipay.com
2	微信支付	腾讯旗下,微信联合知名第三方支付平台财付通推出的极具成长力的移动端支付服务,财付通支付科技有限公司。http://pay.weixin.qq.com
3	银联商务 China ums	国内非金融支付行业综合支付的知名企业,国内较大的银行卡收单专业化服务机构,中国银联旗下银联商务有限公司。http://www.chinaums.com
4	银联在线	中国银联打造的互联网业务综合商务平台,第三方支付的领先者,中国银联控股上海银联电子支付服务有限公司。http://www.chinapay.com
5	快钱 99bill.com	万达集团旗下,国内首家基于 E-mail 和手机号码的大型综合支付平台,领先的互联网金融平台,快钱支付清算信息有限公司。http://www.99bill.com
6	壹钱包	中国平安旗下平安付推出的移动支付客户端,提供互联网支付、移动支付等多元化的第三方支付,中国平安保险(集团)股份有限公司。http://www.yqb.com
7	拉卡拉	第三方移动支付的知名企业,国内率先开发出电子账单服务平台,知名便民金融服务平台,拉卡拉支付股份有限公司。http://www.lakala.com
8	汇付天下	国内第三方支付行业领先企业,首家获得证监会批准开展网上基金销售支付结算业务的企业汇付天下有限公司。http://www.chinapnr.com
9	易宝支付 YEEPAY.COM	中国行业支付的开创者,国内互联网金融行业领先型企业,中国较具成长价值的电子支付品牌,易宝支付有限公司。http://www.yeepay.com
10	京东支付	京东金融旗下网银在线开发,专注于提供综合电子支付服务,国内知名电子支付解决方案提供商,网银在线(北京)科技有限公司。http://www.jdpay.com

目前第三方支付市场已经进入成熟期,支付宝和财付通双巨头的市场格局已经形成。自 2011 年到 2015 年央行一共发放 271 张第三方支付牌照,且继 2015 年仅发放 2 张之后,2016 年没有再新发牌照。与此同时,2016 年 4 月央行下发文件对支付机构分级分类监管,8 月给首批支付牌照续展时称"一段时期内原则上不再批设新机构,重点做好对现有机构的规范引导和风险化解工作",标志着第三方支付牌照进入存量时代。

什么是第三方支付牌照?

　　第三方支付牌照一般指支付业务许可证。为了加强对从事支付业务的非金融机构的管理,中国人民银行制定了《非金融机构支付服务管理办法》(以下简称《办法》)。根据《办法》,中国人民银行对拟从事非金融机构支付服务业务系统检测的机构进行了综合评审,评审合格的机构予以颁发第三方支付牌照。

　　近些年,第三方支付方式在支付体系内影响越来越大,2018年以来,监管机构针对第三方支付监管趋严,已有9家机构被罚逾百万,其中5家被罚逾千万。在支付牌照方面,随着牌照暂停审批以及对部分不合规机构不予续展牌照,据《中国支付清算行业运行报告(2018)》显示,截至2017年年底,第三方支付牌照减少到218张。

四、第三方支付平台经典案例

支付宝

　　支付宝(中国)网络技术有限公司是国内的第三方支付平台,致力于提供"简单、安全、快速"的支付解决方案。蚂蚁金服旗下的支付宝是以每个人为中心,以实名和信任为基础的一站式场景平台。自2004年成立以来,支付宝已经与超过200家金融机构达成合作,为近千万小微商户提供支付服务,拓展的服务场景不断增加,包括餐饮、超市、便利店、出租车、公共交通等。自2014年第二季度开始成为当前全球最大的移动支付厂商。支付宝(www.alipay.com)网站首页如图3-7所示。

图3-7　支付宝

　　除提供便捷的支付、转账、收款等基础功能外,还能快速完成信用卡还款、充话费、缴水电煤费。通过智能语音机器人一步触达上百种生活服务,不仅能享受消费打折,跟好友建群互动,还能轻松理财,累积信用。

一、钱包

支付宝也可以在智能手机上使用,该手机客户端为支付宝钱包。支付宝钱包具备了电脑版支付宝的功能,也因为手机的特性,内含更多创新服务,如"当面付""二维码支付"等。还可以通过添加"服务"来让支付宝钱包成为自己的个性化手机应用。

二、还款

2009年1月15日起支付宝推出信用卡还款服务,是最受欢迎的第三方还款平台。其主要优势:免费查信用卡账单、免费还款,还有自动还款、还款提醒等增值服务。

三、转账

通过支付宝转账分为两种:第一,转账到支付宝账号,资金瞬间到达对方支付宝账户;第二,转账到银行卡,用户可以转账到自己或他人的银行卡,支持百余家银行,最快2小时到账。

四、缴费

2008年年底开始,支付宝推进公共事业缴费服务,已经覆盖了全国300多个城市,支持1 200多个合作机构。除了水电煤等基础生活缴费外,还扩展到交通罚款、物业费、有线电视费等更多与老百姓生活息息相关的缴费领域。常用的在线缴费服务有水电煤缴费、教育缴费、交通罚款、有线电视费。

五、服务窗

在支付宝钱包的"服务"中添加相关服务账号,就能在钱包内获得更多服务,包括银行服务、缴费服务、保险理财、手机通信服务、交通旅行、零售百货、医疗健康、休闲娱乐、美食吃喝等10余个类目。区别于其他公众服务平台,服务窗具有天然的支付基因、超亿的支付用户群体以及严格审核的商户服务,这使得服务窗产生更大的生态价值。

六、余额

支付宝账户内的资金被称为余额。充值到余额、支付时使用余额以及余额转出都是当前最常见的服务。银行卡中的资金可以通过网银和快捷支付进入支付宝账户。20多家银行网银和170多家银行的快捷支付都能充值到支付宝余额。使用余额支付时基本没有额度限制,用户可以先多次充值再付款。

支付宝余额支持随时提现,用户可以将余额提现至自己绑定的银行卡。因综合经营成本上升,自2016年10月12日起,支付宝将对个人用户超出免费额度的提现收取0.1%的服务费,个人用户每人累计享有2万元基础免费提现额度。在用完基础免费额度后,用户可以使用蚂蚁积分兑换更多免费提现额度。

七、余额宝

余额宝是支付宝推出的理财服务,但也能用于日常的购物、还信用卡等支付。在用于支付时,余额宝的优势在于额度较大、支付成功率非常高,未用于支付时余额宝还能获得理财收益,所以余额宝占支付宝支付的比例正在逐步升高。2017年,余额宝规模突破1.43万亿元人民币。

八、充值

支付宝卡是由支付宝发行的自有预付卡,卡内资金可以在所有支付宝支持的商家购买商品时使用,暂支持天猫商城及淘宝平台。支付宝卡卡面值为:100、200,该卡需要在有效期内使用,有效期为36个月。逾期可进行付费延期,延期后可继续使用。支付宝卡不记名，不挂失，发生退货时，使用支付宝卡支付部分的资金退回卡账户，不予提现。

九、付款

支付宝用户也可以去身边的便利店、邮局、药店等支付宝合作网点完成付款。无须开通网上银行，线下解决付款问题，刷卡现金均可。

十、找人代付

支付宝支持"找人代付"功能，可选择一位愿意代付的支付宝用户，就可通知代付人代为付款。

十一、淘宝保险

小微金融服务集团（筹）搭建的综合开放式保障平台，由小微金服保险事业部运作。淘宝保险平台依托淘宝网搭建，以向互联网网民传递风险保障和特色保障产品为宗旨，并实现全程互联网化的保险购买、管理以及理赔流程。国内主流的保险公司均已入驻淘宝保险，在平台上呈现的保险产品亦包含车险、健康险、寿险、意外险、旅行险等种类。

淘宝保险是连接互联网创新业务的保障需求与保险公司产品创新的纽带。携手保险公司推出运费险、春运险等创新险种。此外，根据不同保障群体的特性，淘宝保险搭建了国内首个以服务小微企业员工、创业者群体为主的保障平台——乐业保。通过向这一群体输送定制化、低成本的商业保险，以改善他们缺少保障的状况。

十二、透支消费

2014 年 12 月 16 日，阿里金融计划推出信用支付服务：用户使用支付宝付款不用再捆绑信用卡或储蓄卡，能够直接透支消费，额度最高 5 000 元，38 天免息期。如果出现逾期，阿里金融会短信通知，然后语音催收，最后是人工催收直至注销账户。

贷款资金全部由合作银行提供，阿里巴巴旗下重庆商诚担保公司提供全额担保并承担全部风险，支付手续费由商户或客户自行承担，费用在 0.8%～1% 之间，信用支付拥有38 天的免息期，逾期后实行基准利率 50% 的罚金。

十三、共享单车

2017 年 4 月 29 日，支付宝宣布用支付宝扫一扫便可打开 6 家共享单车，覆盖面达 50个城市。而且，"通过支付宝扫码骑车的用户都有保险保障"，享受保险的有 ofo、永安行、小蓝、优拜和 Funbike 单车，其中身故或伤残保额 50 万元，意外医疗报销上限 5 000 元。

十四、支付宝小程序

2017 年 9 月 20 日，支付宝小程序正式面向 C 端用户开放公测，2018 年 9 月 12 日，蚂蚁金服宣布支付宝小程序结束公测，正式上线。这一年公测结果证明，小程序有 7 大入口，指的是扫一扫、搜索、朋友 tab 主入口、支付成功页、小程序收藏、生活号及卡包。

十五、医疗服务

2017 年 5 月 9 日，蚂蚁旗下支付宝宣布面向个人用户推出一站式的"医疗服务"平台。除了整合支付宝已有的挂号就诊等服务，用户通过该平台还可以获取健康咨询、健康资讯、母婴服务、健康金融等 15 项健康管理服务。据悉这些服务是由超过 1 500 家公立医院、15 家医疗健康创业公司提供的。

5 月 4 日，阿里巴巴公布 2018 财年业绩。财报显示，在截至 2018 年 3 月 31 日的财年中，蚂蚁金服旗下支付宝和其合作方服务用户数达到 8.7 亿/年，这是支付宝首次公布全球活跃用户数量。

2017 年年末，已有 36 个境外国家和地区"扫码即可付款"。对于海外用户，已有 7 个国家和地区开始打造本地人的支付宝钱包，其中菲律宾 GCash、韩国 Kakao Pay，还有即将上线的印尼和马来西亚电子钱包，都是蚂蚁金服的最新布局。据最新消息，从 2018 年开始蚂蚁金服将携手印度尼西亚 Emtek 集团在该国推广电子支付服务。

思考题

为什么支付宝能获得那么多用户的青睐？你平时使用支付宝的场景多吗？

第四章　电子商务物流

(一) 知识要求
- 了解物流的定义,理解电子商务和物流的关系。
- 掌握电子商务物流的技术,包括条码技术、射频识别技术、GPS技术、GIS技术。
- 理解并掌握电子商务物流的模式,包括自营物流、第三方物流、物流联盟。
- 了解电子商务物流的发展趋势。

(二) 能力要求
- 能够结合实际,解决电子商务最后一公里配送问题。
- 能够分析探讨电子商务环境下物流的发展趋势。

案 例 导 入

1天1亿件中国快递业务市场规模世界第一

从2017年第二季度开始,我国进入单日快递亿件时代!从2012年全年不到57亿件,到2016年的312.8亿件,我国快递业务量连续5年保持了平均50%以上的增速,市场规模自2014年开始稳居世界第一。

"前段时间充电线坏了,手机又快没电,在淘宝上看到标有'当日达'的同城店铺就选了。10点下单,14点就送到我手上,还包邮。"在北京一家互联网公司工作的谢轩说道。5年来,快递发展摁下"快进键"。以历年"双11"为例,从签收1亿个包裹的时间看,2013年用了9天,2014年用了6天,2015年提速到4天,2016年只用了3.5天。国家邮政局市场监管司司长冯力虎介绍,在快递业务量持续高速增长的背景下,我国快递服务时限水平基本保持平稳上升趋势,全程时限处于58~60小时,72小时准时率从2012年72.4%提升到2016年75.53%;距离在1000千米以下的快件中,有84.62%能够在48小时内送达。

在浙江义乌申通智能机器人分拣系统仓库,一群机器人"头顶"黄色小托盘,仓库两侧的放件员将快件放在托盘上,面单朝上进行信息采集。机器人根据后台传送的路径信息,沿着地面上的二维码"路标",到达指定地域格口,托盘翻起,快件顺着格口滑槽落入编织袋中,再由人工进行打包。"350台机器人同时作业,日均处理快递包裹达60万件,可减少70%的人工。"义乌申通公司总经理办公室主任陈振龙介绍。而在末端,全国已建成并投入使用的智能快件箱17万组,为用户提供了更多投递服务选择。除了自动分拣机器人、智能配送机器人、无人机等高科技设备,运用大数据智能销售预测和补货也助力快递业提质增效。"过去逢大促就出现供货过多、过少或各仓匹配不均衡的情况,我们建立了基于大数据和机器学习的销售预测平台,根据居民收入水平增长趋势、历史销量、促销计划等一系列宏微观数据建模,智能指导和触发从供应商采购到不同仓库层级间补货、调拨。"京东有关负责人介绍,京东预测补货项目开展后,订单满足率从60%提高到87%,平台产品有货率从73%提高到95%。

思考与讨论:通过案例分析,你认为电子商务对现代物流的发展有哪些促进作用?

4.1　电子商务与现代物流

一、现代物流的定义与分类

(一)物流的定义

物流的定义是随着交易对象和社会经济环境的变化而发展的,物流在英语中最初为Physical Distribution(传统意义上的物流),由美国学者阿奇·萧于1921年提出,他指出"物流是与创造需求不同的一个问题""物资经过时间或空间的转移,会产生附加价值"等观点。

在第二次世界大战中,美国军队为改善军队物资供应状况,研究和建立了"后勤(Logistics)"理论并加以实践和应用,细分为后勤工程(Logistics Engineering)、后勤管理(Logistics Management)和后勤分配(Logistics of Distribution)。20世纪60年代后勤管理的方法被引入商业部门,称为商业后勤(Business Logistics)。

1984年,美国物流管理协会正式将物流的英文单词从Physical Distribution改为Logistics,并将物流定义为:以满足顾客的要求为目的,对原材料、半成品、成品及其相关信息从产地到消费地有效率的移动和保管所进行计划、执行和控制的过程。1981年,日本综合研究所对物流的定义是:物质资料从供给者向需要者的物理性移动,是创造时间性、场所性价值的经济活动。从物流的范畴来看,包括包装、装卸、保管、库存管理、流通加工、运输、配送等诸种活动。

20世纪80年代,我国从日本引入"物流"这一概念,我国国家标准《物流术语》中,对物流的定义是:"物品从供应地向接收地的实体流动过程,根据实际需要,将运输、储存、装卸、搬运、包装、流通加工、配送、回收、信息处理等基本功能实施有机的结合。"

(二)物流的分类

物流活动在社会经济领域无处不在,对于不同领域的物流活动,由于物流的对象、目的和范围不同,形成了多种物流分类方法,常见的物流分类有以下几种。

1. 按照物流涉及的领域分类

按照物流涉及的领域不同，可以将物流分为宏观物流和微观物流。

（1）宏观物流。宏观物流又称社会物流，是指社会再生产总体的物流活动，是从社会再生产总体的角度来认识和研究物流活动。其主要特点是综观性和全局性。宏观物流主要研究社会再生产过程中物流活动的运行规律以及物流活动的总体行为。

（2）微观物流。微观物流是指消费者、生产企业所从事实际的、具体的物流活动。其主要特点是具体性和局部性。

2. 按照物流在供应链中的作用分类

按照物流在供应链中的作用不同，可以将物流分为供应物流、生产物流、销售物流、回收物流和废弃物物流，如图 4-1 所示。

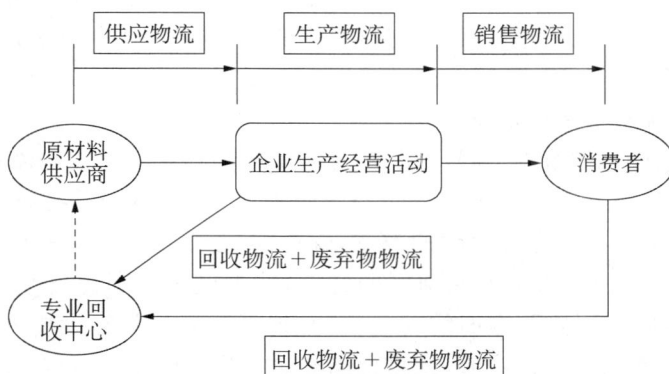

图 4-1　物流类型分类

（1）供应物流。供应物流（Supply Logistics）是指提供原材料、零部件或其他物料时所发生的物流活动。生产企业、流通企业或消费者购入原材料、零部件或商品的物流过程称为供应物流。生产企业的供应物流是指生产活动所需要的原材料、备品备件等物资的采购、供应活动所产生的物流；流通领域的供应物流是指交易活动中从买方角度出发在交易中所发生的物流。对于一个企业而言，企业的流动资金十分重要，其中大部分是被采购的原材料及半成品所占用，因此供应物流的合理化管理对于企业的成本有重要影响。

（2）生产物流。生产物流（Production Logistics）是指企业生产过程发生的涉及原材料、在制品、半成品、产成品等的物流活动。生产物流包括从生产企业的原材料采购入库起，直到生产企业成品库的成品发送出去为止的物流活动的全过程。企业在生产过程中，原材料、半成品等按照工艺流程在各个加工点之间不停地移动、流转形成了生产物流，如果生产物流中断，生产过程也将随之停顿。生产物流的重要性体现在如果生产物流均衡稳定，可以保证在制品的顺畅流转，缩短生产周期；如果生产物流的管理和控制合理，也可以使在制品的库存得到压缩，使设备负荷均衡化。因此，生产物流的合理化对生产企业的生产秩序和生产成本有很大影响。

（3）销售物流。销售物流（Distribution Logistics）是指企业在出售商品过程中所发生的物流活动。企业通过销售物流,可以进行资金的回收并组织再生产活动。销售物流的效果关系到企业的存在价值是否被社会承认,销售物流的成本在产品及商品的最终价格中占有一定的比例。因此,销售物流的合理化在市场竞争中可以起到增强企业竞争力的作用。

(4) 回收物流。商品在生产及流通活动中有许多要回收并加以利用的物资,如作为包装容器的纸箱和塑料筐、建筑行业的脚手架、金属废弃物等。对物资的回收和再加工过程形成了回收物流,但回收物资品种繁多、变化较大,且流通的渠道也不规范,对回收物流的管理和控制难度较大。

(5) 废弃物物流。废弃物物流(Waste Material Logistics)是指将经济活动或人们生活中失去原有使用价值的物品,根据需要进行收集、分类、加工、包装、搬运、储存等,并分送到专门处理场所的物流活动。废弃物(如开采矿山时产生的土石、炼钢中产生的钢渣、工业废水以及其他各种无机垃圾)已没有再利用的价值,如果不妥善加以处理,会妨碍生产甚至造成环境污染。

3. 按照物流活动的地域范围分类

按照物流活动的地域范围不同,可以将物流分为地区物流、国内物流和国际物流。

(1) 地区物流。地区物流是指某一行政区域或经济区域的内部物流。研究地区物流对于提高所在地区的企业物流活动的效率,保障当地居民的生活和环境,具有重要作用。对地区物流的研究应根据所在地区的特点,从本地区的利益出发组织好相应的物流活动,并充分考虑到利弊两方面的问题,要与地区和城市的建设规划相统一。例如,某地区计划建设一个大型物流中心,这将提高当地的物流效率,降低物流成本,促进当地就业,但也应考虑物流中心所带来的汽车往来频繁、汽车废气排放和噪声以及交通拥堵等问题。

(2) 国内物流。国内物流是指为国家的整体利益服务,在本国的领地范围内开展的物流活动。国内物流作为国民经济的一个重要方面,应该纳入国家总体规划中,国内物流的规划和发展应该充分发挥政府的行政作用,具体包括:物流基础设施如公路、港口、机场、铁路的建设以及大型物流基地的配置等;各种交通政策法规的制定,包括铁路、公路、海运、空运的价格制定以及税收标准;为提高国内物流系统运行效率,进行与物流活动有关的各种设施、装置、机械的标准化。

(3) 国际物流。国际物流是指跨越不同国家或地区之间的物流活动。国际物流是国际贸易的一个必然组成部分,各国之间的贸易最终通过国际物流来实现。随着经济全球化的发展,国家与国家之间的经济交流越来越频繁,各国的经济发展已经融入全球的经济潮流之中。

4. 按照物流系统性质分类

按照物流系统的性质不同,可以将物流分为社会物流、行业物流和企业物流。

(1) 社会物流。社会物流是指以整个社会为范畴、面向广大用户的超越一家一户的物流。这种物流的社会性很强,涉及在商品流通领域所发生的所有物流活动,因此社会物流带有宏观性和广泛性。伴随着商业活动的发生,物流过程通过商品实体转移,实现商品所有权转移,这是社会物流的标志。

（2）行业物流。行业物流是指在一个行业内部发生的物流活动。一般情况下,同一个行业的各个企业往往在经营上是竞争对手,但为了共同的利益,在物流领域中却又常常互相协作,共同促进行业物流系统的合理化、标准化。例如,有的行业物流有共同的运输系统和零部件仓库以实行集中统一的配送;有共同的技术服务中心对本行业操作人员和维修人员培训;采用统一的机械设备规格、统一的商品规格、统一的法规政策和统一的报表等。

（3）企业物流。企业物流是指生产和流通企业在经营活动中所发生的物流活动。企业物流是具体的、微观的物流活动的典型领域,它由企业生产物流、企业供应物流、企业销售物流、企业回收物流和企业废弃物物流几部分组成。

5. 按照从事物流主体分类

按照从事物流主体不同,可以将物流分为第一方物流、第二方物流、第三方物流和第四方物流。

第一方物流是指供应方（生产厂家或原材料供应商）提供运输、仓储等单一或某种物流服务的物流业务;第二方物流是指需求方（生产企业或流通企业）为满足自己企业在物流方面的需求,由自己完成全部的物流业务;第三方物流是指由物流的供应方与需求方以外的物流企业提供的物流服务,即由第三方专业物流企业以签订合同的方式为其委托人提供所有的或一部分物流服务;第四方物流是一个供应链的集成商,通过拥有的信息技术、整合能力以及其他资源提供一套全面完整的供应链解决方案,以此获取一定的利润。第四方物流主要依靠优秀的第三方物流供应商、技术供应商、管理咨询顾问以及其他增值服务商,为客户提供独特的和广泛的供应链解决方案,帮助企业实现降低成本和整合资源。

二、电子商务与物流的关系

随着信息技术的发展和电子商务环境的改善,电子商务的优势和特点逐渐显现,并受到政府和企业的高度重视。在电子商务改变传统商业模式的同时,对物流业发展产生了深远的影响,促使其向信息化、智能化、柔性化的方向发展,而物流业的发展又促进电子商务的进一步发展。

电子商务与物流的关系极为密切,主要体现在以下几点。

（一）电子商务是现代物流和信息技术发展的产物

电子商务概念首先是在美国提出的。而美国的物流管理技术自1915年发展至今已有100多年的历史,通过利用各种机械化、自动化设备及计算机和网络通信设备,早已日臻完善。同时,美国作为一个发达国家,其技术创新的本源是需求,即所谓的需求拉动技术创新。作为电子商务前身的电子数据交换技术（EDI）,它的产生是为了简化烦琐、耗时的订单等的处理过程,以加快物流的速度,提高物资的利用率。电子商务的提出最终是为了解决信息流、商流和资金流处理上的烦琐,进一步提高现代化物流的速度。

（二）电子商务离不开物流

电子商务是 20 世纪信息化、网络化的产物，由于其自身的特点已广泛引起了人们的注意，但是人们对电子商务所涵盖的范围却没有统一、规范的认识。和传统商务过程一样，电子商务中的任何一笔交易，都包含着几种基本的"流"，即信息流、商流、资金流和物流。

过去，人们对电子商务过程的认识往往只局限于信息流、商流和资金流的电子化、网络化，而忽视了物流的电子化过程，物流仍然由传统的经销渠道完成。但随着电子商务的迅猛发展，物流的重要性对电子商务的影响日益明显。试想在电子商务环境中，消费者上网浏览，通过轻松点击鼠标完成网上购物，但所购货物却迟迟不能送到手中，甚至出现了买电视机送茶叶的情况，其结果可想而知。消费者势必会放弃电子商务，选择更为安全可靠的传统购物方式。

（三）物流是实施电子商务的根本保证

目前，电子商务只是通过网络下单订货，而送货则要依靠物流体系。消费者通过网上浏览，轻松点击就完成了一本自己喜欢的书的购买过程，但所购的图书却迟迟不能送到手中。最后终于等到送来的书，封面破损，还必须支付 20 元的送货费，其结果可想而知。消费者在经历了这样的电子商务后，一定会对电子商务十分失望。

电子商务通过快捷、高效的信息处理手段可以比较容易地解决信息流（信息交换）、商流（所有权转移）和资金流（支付）的问题，而将商品及时地配送到用户手中，即完成商品的空间转移（物流）才标志着电子商务过程的结束，因此物流系统的效率高低是电子商务成功与否的关键。在我国，物流设施比较落后，配送体系尚不完善，要发展电子商务首先应建设配套的现代化物流设施，并建立与电子商务企业衔接的物流配送体系。否则，物流将会成为电子商务发展的最大瓶颈。

（四）电子商务将促进物流技术的发展

所谓物流技术，主要是指物资运输技术或者物资流通技术，是各种流通物资从生产者转移给消费者时，实现各种流通形态的停顿与流动功能所需要的材料、机械、运输工具、设施等硬件环境和计划、运用、评价等软件技术。

电子商务是一种新型的基于互联网技术在网上所进行的企业与企业、企业与用户间的商业活动形式。电子商务实现了在全世界范围内用网络技术以电子方式进行物品与服务的交换。随着计算机技术的不断普及，网络技术的不断完善，电子商务势必取得长足的发展和应用，物流也将实现真正意义上的"货能畅其流"。

三、电子商务环境下物流发展趋势

（一）电子商务物流一体化发展

物流一体化是物流产业化的发展形式，它以第三方物流的充分发展和完善为基础，其实质是一个物流管理的问题；专业的物流管理人员和技术人员充分利用专业化物流设备和设施，发挥专业化物流运作的管理经验，以求取得整体最优的效果。其目标是在充分考虑整个物流过程中的各种环境因素基础之上用系统科学的方法对商品的实物活动过程进行整体规划和运行，从而在整个系统层面实现最优化。在欧美等发达国家，企业物流的一体化已经不再仅仅局限于单个企业的经营职能，而是实现由内部一体化向外部一体化的跨越，最终实现整个供应链的一体化协作。

（二）电子商务物流网络化发展

物流领域的网络化，主要有两层含义：一是物流配送系统的计算机通信网络，包括物流配送中心与供应商或制造商通过计算机网络进行信息交换，另外与客户之间的联系也通过计算机网络通信；二是组织的网络化，即所谓的企业内部网，主要用于企业内部各部门之间的信息传输。物流的网络化是电子商务环境下配送活动的主要特征之一，是物流信息化发展的必然结果，尤其是网络技术的发展和普及为其实现提供了良好的外部环境。

（三）电子商务物流柔性化发展

物流柔性化是指为实现物流作业适应消费需求的"多品种、小批量、多批次、短周期"趋势，灵活地组织和实施物流作业。20 世纪 90 年代，世界 500 强企业纷纷推出弹性制造系统（FMS）、计算机集成制造系统（CIMS）、企业资源计划（ERP）以及供应链管理的概念和技术，将生产领域和流通领域进行集成，根据需求端的需求组织生产，安排物流活动。

电子商务环境下客户需求的多样化和时间敏感性日益明显，而传统的物流配送网络是建立在刚性物流配送成本的基础之上的，已经渐渐地脱离了现实的需要。柔性化的物流正是适应生产、流通与消费的需求而发展起来的一种新型物流模式，它要求配送中心根据"多品种、小批量、多批次、短周期"的消费特点，灵活组织和实施物流作业，能够实现降低物流成本、提高物流效率的同时实现"以客户为中心"。

4.2　电子商务物流技术

一、条码技术

条码技术（Bar Code）是在信息技术基础上产生和发展起来的一种符号自动识别技术。它将符号编码、数据采集、自动识别、录入、存储信息等功能融为一体，通过光电扫描设备对条码进行扫描就能立即获取条码内所存储的信息，并快速、准确地将其输入计算机系统。条码技术的应用能够有效解决物流过程中大量数据的采集与录入问题，为物流信息化建设提供有力的技术支持。

图4-2 条 码

20080190824541

条码也称为条形码,是由一组宽窄不一、反射率不同的条和空按照一定的编码规则进行组合,用以表示一定信息的代码,为了便于人们识别条码符号所代表的字符,通常在条码符号下部印有所代表的数字、字母或专用符号,如图4-2所示。

条码所存储的信息一般与所附着的物品有关,比如物品的生产国、制造厂商、产地、名称、特性、价格、生产日期等。

根据维度不同,通常将条码分为一维条码和二维条码。

(一) 一维条码

一维条码只在一个方向(一般是水平方向)表达信息,垂直方向不表达任何信息,其固定的高度通常是方便阅读器对准。由于一维条码可以提高信息录入的速度,减少差错率,所以自其问世以来,得到了广泛应用。目前世界上约有225种以上的一维条码,每一种一维条码都有自己的一套编码规则,一般较流行的一维条码有EAN码、UPC码、39码、128码、交叉25码、库德巴码,以及专门用于书刊管理的ISBN、ISDN等。图4-3为ENA13和ENA8码。

图4-3 ENA13码和ENA8码

(二) 二维条码

二维条码是在水平和垂直方向的二维空间储存信息的条码,它是在一维条码无法满足实际应用需求的前提下产生的。二维条码储存数据容量大,可以存放1 KB字符;可以直接显示英文、中文、数字、符号、图形;可用扫描仪直接读取内容,无须另接数据库;数据可以加密,保密性更高;安全级别最高时,损污50%仍可读取完整信息,如图4-4所示。

图4-4 二维条码和扫描仪

使用二维条码可以解决以下问题:表示包括汉字、照片、指纹、签字、声音之内的小型数据文件;在有限的面积上表达大量信息;对"物品"进行精确描述;防止各种证件、卡片及单据的伪造;在远离数据库及不便联网的地方实现信息的携带、传递和防伪。

二、射频识别技术

RFID 是一项利用射频信号,通过空间耦合(交变磁场或电磁场)实现无接触信息传递,并通过所传递的信息达到识别目的的技术 RFID 俗称电子标签,其主要核心部件是一个电子标签,通过相距几厘米到几米距离内传感器发射的无线电波,可以读取电子标签内存储的信息,识别电子标签代表的物品、人和设备的身份,如图 4-5 所示。

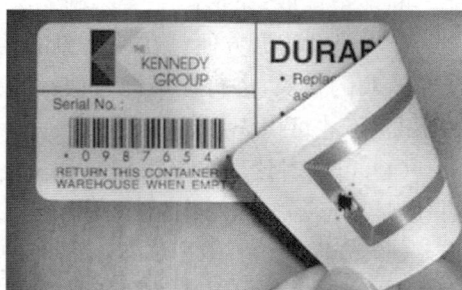

图 4-5 RFID 标签

RFID 系统是利用感应无线电波或微波能量进行非接触式双向通信、识别和交换数据的。RFID 系统的基本原理:阅读器通过发射天线发送一定频率的射频信号,当射频卡进入发射天线工作区域时产生感应电流,射频卡获得能量被激活;射频卡将自身编码等信息通过卡内置发射天线发送出去;系统接收天线接收到从射频卡发送来的载波信号,经天线调节器传送到阅读器,阅读器对接收的信号进行解码然后送到后台主系统进行相关处理;主系统根据逻辑运算判断该卡的合法性,针对不同的设定做出相应的处理和控制,发出指令信号控制执行机构动作,如图 4-6 所示。

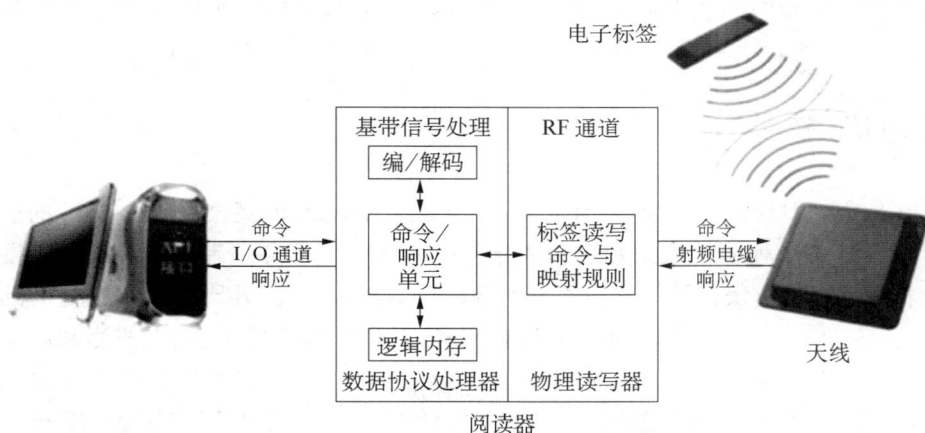

图 4-6 RFID 工作原理图

作为条形码的无线版本,RFID 技术具有条形码所不具备的防水、防磁、耐高温、使用寿命长、读取距离大、标签上数据可以加密、存储数据容量大、存储信息更改自如等优点。

(1) 数据存储的容量大。RFID 容量以 64 bits~256 bits 为主流,最大可达数兆字节,可识别具体的物品信息,如产品说明、包装、保存日期、色彩、价格等;一维条码的容量是 50 字节,二维条码的最大容量仅 2 000~3 000 字节,单次仅能识别出单一物品。

(2) 可重复使用。RFID 标签的读写方式为 R/W(可读写多次)、R/O(只读)和 WORM(单次写入多次读取)。R/W 所存储的信息可以不断更新,而所有的 RFID 标签均能不断地被读取;条形码一经印刷无法更改,且会随着产品的耗损而寿终正寝。

（3）识别数据方便。在被覆盖的情况下,RFID能够穿透纸张、木材和塑料等非金属或非透明的材质,进行穿透性通信。而条形码扫描设备必须在近距离而且没有物体遮挡的情况下,才可以识别读取条形码。

（4）可同时读取多笔数据。先进的读取设备1秒可同时读取1 200个RFID电子标签,但是条形码扫描一次只能读取一个条形码的数据。

（5）安全性高。RFID有密码保护,不易被伪造。欧洲已率先在2005年将RFID标签嵌入欧元支票,以遏止伪钞泛滥;条形码则没有加密防伪功能。

（6）能在恶劣环境下使用。依据不同的材料,RFID标签的耐热性也有所不同。部分RFID标签即使在180 ℃的高温下也能正常运作,对水、油、化学药品等具有很强的抵抗力;反之,条形码一经污染便无法识别读取数据。

（7）使用期限长。RFID电子标签的使用期限往往可达10年以上。

RFID电子标签的优点多,但并非没有缺点,其缺点如下:

（1）易受液体、电磁波、金属或导电环境干扰。若RFID电子标签和读取器中间有液体阻隔,或在有电磁波、金属或导电的环境下使用,RFID电子标签都会受到影响,信号无法正常传送。

（2）无区分识别的适当性。只要任一RFID电子标签进入读取器的感应范围,读取器便会按照接收到的无线电波进行识别,对于无意进行RFID标签识别的使用者将造成困惑。

三、GPS 技术

GPS是全球卫星定位系统（Global Positioning System）的英文简写。GPS的前身是美国军方研制的一种子午仪卫星定位系统（Transit）,1958年研制,1964年正式投入使用。20世纪70年代,美国陆海空三军开始筹建全球定位系统GPS,主要目的是为陆海空三大领域提供实时、全天候和全球性的导航服务,并用于情报搜集、核爆监测和应急通信等一些军事目的,经过20余年的研究实验,耗资300亿美元,于1994年建成,24颗卫星使GPS定位系统全球覆盖率高达98%,能为全球用户提供全天候、低成本、高精度的三维位置、速度和精确定时等导航信息。

GPS系统由三大部分组成:空间部分、地面监控部分、用户设备部分（见图4-7）。

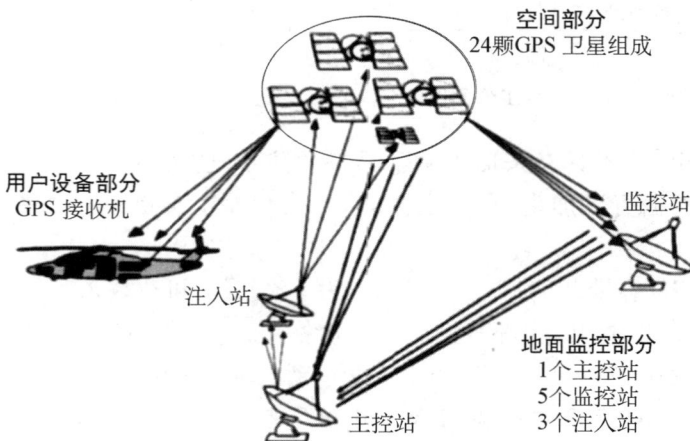
图4-7 GPS卫星系统组成图

（一）空间部分

GPS的空间部分是由24颗卫星组成（21颗工作卫星、3颗备用卫星），它位于距地表20 200 km的上空，卫星均匀分布在6个轨道面上，卫星的分布使得在全球任何地点的GPS用户都能连续地观测到4颗以上的卫星，从而提供全球范围内任一载体高精度的三维位置、三维速度和系统时间信息。

（二）地面监控部分

地面监控部分由主控站（Master Monitor Station）、监测站（Monitor Station）、地面天线（Ground Antenna）组成。主控制站接收各监测站的GPS卫星观测数据、卫星工作状态数据，主要功能是采集数据、诊断功能、调整卫星。监测站主要是对每颗卫星进行观测，测定卫星在空间的位置，定时向主控站提供观测数据。

（三）用户设备部分

用户设备部分即GPS信号接收机，用于接收导航卫星发射的信号，并以此计算出定位数据。当接收机捕获到跟踪的卫星信号后，就可测量出接收天线至卫星的距离的变化率，解调出卫星轨道参数等数据。根据这些数据，接收机中的微处理计算机就可按定位解算方法进行定位计算，计算出用户所在地理位置的经纬度、高度、速度、时间等信息。

GPS系统以其全球性、实时性、全天候、定位时间短、高精度、低成本的特点，在物流领域得到广泛应用，主要应用有：用于汽车自定位、跟踪调度、陆地救援。GPS系统可用于内河与远洋船队最佳航程和安全航线的测定，以及航向的实时追踪与管理调度。在铁路运输方面利用GPS系统可以实时收集全路列车、集装箱的动态信息，实现列车、货物的追踪管理。

四、GIS技术

GIS即地理信息系统（Geographic Information Systems）是一门综合了地理学、地图学以及遥感和计算机科学的综合性技术，它以地理空间数据库为基础，在计算机软硬件的支持下，运用系统工程和信息科学的理论，科学管理和综合分析具有空间内涵的地理数据，为管理和决策提供所需地理信息。

地理信息系统主要特征是存储、管理、分析与位置有关的信息，主要功能是将表格型数据（来自数据库、电子表格文件、程序输入）转换为地理图形显示，然后对显示结果进行浏览、操作和数据分析。目前地理信息系统广泛应用于资源调查、环境评估、灾害预测、国土资源管理、城市规划、邮电通信、交通运输、军事公安、水利电力、公共设施管理、农林牧业、统计、商业金融等领域。

GIS技术在物流领域的应用主要集中在物流分析软件中的车辆路线模型、物流网络模型、分配集合模型和设施定位模型。

（一）车辆路线模型

它用于解决一个起始点、多个终点的货物运输中如何降低物流作业费用，并保证服务质量的问题，包括决定使用多少车辆、每辆车的路线等。

（二）网络物流模型

它用于解决寻求最有效的分配货物路径问题，也就是物流网点布局问题。例如，将货物从 N 个仓库运往到 M 个商店，每个商店都有固定的需求量，因此需要确定由哪个仓库提货送给哪个商店，所消耗的运输代价最小。

（三）分配集合模型

它可以根据各个要素的相似点把同一层的所有或部分要素分为几个组，用以解决确定服务范围和销售市场范围等问题。例如，某一公司要设立多个分销点，要求这些分销点要覆盖某一地区，而且要使每个分销点的顾客数目大致相等。

（四）设施定位模型

它用于确定一个或多个设施的位置。在物流系统中，仓库和运输线共同组成了物流网络，仓库处于网络的节点上，节点决定着线路，如何根据供求的实际需要并结合经济效益等原则，在既定区域内设立多少个仓库，并确定每个仓库的位置、每个仓库的规模以及仓库之间的物流关系等问题。

4.3　电子商务物流模式

目前，我国电子商务企业经营中很重要的一项任务就是如何根据企业自身特点选择合适的物流模式，并借助物流的作用，进一步促进企业核心的电子商务业务的发展。目前我国电子商务企业普遍采用的物流模式有以下三种。

一、自营物流模式

自营物流模式是指企业自己投资建设物流的运输工具、储存仓库等基础设施，管理控制企业物流的各个环节，为客户提供从下订单签订购买直至产品送到消费者手中的一条龙服务的物流配送模式。一般有能力自建整个物流系统的常是一些企业资金雄厚的电子商务企业、特大型制造企业以及传统大型零售企业。这些企业都有足够的能力承担自建物流所带来的风险和资金压力，管理运营合理还可从中获得利润。我国的京东商城和青岛海尔就是采用自营物流模式。

（一）自营物流模式的优点

（1）增强企业对各生产经营环节的控制能力。企业自营物流，能很好地掌握从企业购买原材料到配送商品的全过程，并能够根据客户的需求定制个性化特色物流服务。在货物配送途中，如果发生任何物流配送问题，企业都可以很快采取措施解决问题。企业能获得供应商和消费者的第一手信息，能随时调整自己的经营战略，从而保证企业高效地运作。

（2）规范物流操作。物流作为电子商务的最后一个环节，也是直接与消费者进行接触的一个环节，消费者的购物体验受物流服务水平的直接影响。电子商务企业采用自营物流模式可以对物流配送过程进行有效监控，对物流配送操作流程进行不断改善来提升物流配送服务水平，让消费者体验到网络购物便利的同时打消对网络购物的后顾之忧。

（3）提高运营效率。电子商务企业自营物流模式可以通过对企业运营流程的科学规划来提高物流配送效率，并将企业的资金流、信息流与物流紧密结合，进一步提高物流配送效率，以提高电子商务企业整体运营效率。

（二）自营物流模式的缺点

（1）增加企业投资负担和资金压力，物流网络覆盖比较困难。企业自建物流势必要购入仓储设备、运输设备，增加企业固定资产的投资，如果企业对物流方面的固定资产投资占用了大量资金，那么对其他经营环节如研发、营销的投入势必会减少，将会降低企业抵御市场风险的能力。同时我国地域广袤，要建设一个覆盖面广、高效的物流网络体系比较困难。

（2）企业管理难度与经营风险增大。电子商务企业起初并不擅长和熟悉物流行业，企业需要投入时间、精力和资金熟悉原本非核心的物流业务。如果企业无法快速、全面并准确地了解和熟悉物流行业，那对自营物流的巨额投入并不会为企业带来立竿见影的效果和收益，反而会拖累企业核心业务和企业的整体经营状况。

二、第三方物流模式

第三方物流模式（Third Party Logistics）是指企业将物流业务外包给第三方物流企业去实现其物流服务的物流运营形式。目前我国为电子商务企业提供专业物流服务的第三方物流服务商，主要有宅急送、EMS、顺丰快递、申通快递、圆通快递、中通快递、韵达快递等企业。

（一）第三方物流模式的优点

（1）有助于企业专注核心业务。物流既非电子商务企业的专长，也非企业发展的重点，因此将物流业务外包是一个理想的选择，将物流等辅助业务交给第三方物流企业完成，电子商务企业可以把精力集中到核心业务（如电子商务平台的建立和完善）上来。

（2）降低企业物流成本。使用第三方物流不仅可以减少物流设备和物流信息网络建设的投资,还可以减少仓库、车队和包装器械方面的资金占用,加速资金周转。同时专业的第三方物流企业可以发挥其物流的专业优势以及规模效应带来的成本优势,能以较低的价格向电子商务企业提供物流外包活动。

(3)提供多样化和高品质服务。随着第三方物流企业的发展,相关的基础设施和物流服务体系都得到了极大的改善,第三方物流企业就能满足客户在地理位置、个性化配送服务、代收货款等方面的要求,灵活地提供各类物流增值服务。

(二)第三方物流模式的缺点

(1)降低企业资金周转速度。当客户选择货到付款方式时,第三方物流企业的快递人员先代收货款,然后再上缴物流企业,物流企业再按固定账期统一集中划拨给电子商务企业。这种方式不但会降低电子商务企业资金回收的速度,产生资金占用成本,同时也存在货款无法收回的潜在风险,对企业经营造成消极影响。此外,由于电子商务企业不是自己运营物流配送,控制商品从下订单到消费者的物流时间有限,因此缩短从消费者手中取得货款的时间也有限。

(2)对第三方物流公司管理困难。为了提高用户购物体验,及时、准确地将货物送达客户,电子商务企业往往制定一系列的制约措施来监控第三方物流企业的配送活动,但是在物流配送过程中依然出现收发货不及时、货物遗失、配送人员服务态度差、售后服务不能保障等问题。电子商务企业无法实现对物流公司配送过程的全面监控,对其基层员工的行为更无掌控能力。同时电子商务企业定期更换不能满足需求的第三方物流企业,也增加了电子商务企业的运营和管理成本。

三、物流联盟模式

物流联盟模式是指两个或两个以上企业为实现各自的物流战略目标,通过合作协议而结成的优势互补、风险共担、利益共享的长期合作的组织。在电子商务模式下,物流联盟模式主要采用多家电子商务企业与一家或多家第三方物流企业进行战略合作,或多家电子商务企业共同组建一个物流联盟企业为联盟所属企业提供物流配送服务。物流联盟模式是一种介于自营物流和第三方物流之间的物流模式,目的是降低前两种模式的风险,方便企业进行操作。

(一)物流联盟模式的优点

(1)降低物流成本。在物流联盟模式下,电子商务企业较易形成规模经济,能显著降低企业自建物流所需投入的巨大成本,同时电子商务企业也可以利用其他企业的专业化优势而有效降低物流成本。

(2)提高物流配送水平。物流联盟内的电子商务企业可以借助合作形成雄厚的资金,购买先进的物流设备,规范物流配送作业流程,统一培训配送人员的服务意识,从而提高联盟内物流服务的整体水平。

(3)扩大覆盖范围。借助物流联盟形成的庞大的销售体量、资金优势和技术研发实力,联盟内企业可以扩大物流网络的覆盖范围,进一步完善和拓展物流网络的布局,进而拉动其物流覆盖范围内的市场规模。

(二)物流联盟模式的缺点

(1)初期选择成本高。从现有案例可以发现,物流联盟的建立十分困难。一方面,为衡量第三方物流企业提供的物流服务是否能达到电子商务企业的要求,电子商务企业需要建立一套完善的物流企业选择标准。另一方面,电子商务企业之间本身存在着竞争关系,与潜在的竞争对手结成物流联盟合作伙伴也是一件非常困难的事。

(2)物流联盟控制权争夺问题。在物流联盟企业中,多个企业之间的竞争与合作成为常态,合作各方企业都想在物流联盟中占据主导地位,掌握主动权,以期在今后企业发展中获得竞争优势。

(3)合作关系不稳定。电子商务企业之间直接的竞争关系势必会影响合作的稳定性。同时,电子商务企业与物流企业结成的物流联盟组织较为松散,很难在较短的时间内随市场变化实现战略调整,并且容易在战略调整中产生分歧,从而影响物流联盟模式的稳定性。

目前我国电子商务企业合作的第三方物流公司主要以民营快递公司为主,其中顺丰、圆通、申通等民营快递企业占据了整个市场份额的一半以上。虽然电子商务行业整体物流需求很大,但是由于受自身特征影响,单一订单规模小,配送地址分散,难以形成规模经济效应。

我国电子商务企业无法找到像国外 UPS、联邦快递这类真正具有规模优势的现代物流企业来承接其外包的物流业务。国内民营快递公司往往采用加盟制度进行扩张,导致其内部组织结构比较松散,对末端控制力较差,最终导致行业整合困难、集中度较低;比较有行业特色现象表现在年关岁末时,民营快递企业出现“集体短路”的情况,导致以民营快递为基础物流力量的电子商务企业只能同时歇业。对于 B2C 型电子商务企业而言,长时间歇业造成的损失是不可估量的,面对物流领域的“碎片”现状,自营物流,至少自营部分物流,已经是 B2C 型电子商务企业物流战略发展的必然趋势。

4.4　电子商务物流“最后一公里”配送

一、“最后一公里”配送概述

“最后一公里”配送是指消费者通过电子商务途径购买物品后,购买的物品被配送到配送点后,从一个分拣中心,通过一定的运输工具,将货物送到消费者手中,实现门到门的服务。配送的“最后一公里”并不是真正的一公里,是指从物流分拣中心到消费者手中这一段距离,通过运输工具,将货物送至消费者手中的过程。由于属于短距离,俗话称之为一公里配送。这一短距离配送,是整个物流环节的末端环节,也是唯一一个直接和客户面对面接触的环节。

"最后一公里"配送服务可实现增值效益。服务中积累的数据,蕴含着客户端的丰富资源,能够积累出基于数据采购、信息管理等极有价值的东西,对于前端市场预测,提供有力的支撑。"最后一公里"配送,使得整个物流由被动转向主动分析客户信息,挖掘隐藏价值,对客户提出个性化服务。由于直接的客户接触,企业的形象、价值文化等都能够通过"最后一公里"配送服务进行传播,达到增值效益。

随着技术的进步,虽然我国电子商务"最后一公里"配送越来越得到消费者的认可,但仍旧出现了较多的问题,导致客户对快递行业的满意度降低。此外,这些问题也造成配送成本和社会成本的增加。

(一)配送服务质量不高

大多数快递公司选用计件工资的方式来达到压缩企业成本或激发员工工作积极性的目的。因此,快递员通常希望配送尽可能多的快件来增加工资。一些快递员为了在最短的时间内完成配送任务,通常会与客户约定一个确定的取货时间,然而由于无法预知的原因,如交通拥堵,造成快递员不能将快件按照约定的时间配送到客户手中,从而造成客户满意度降低甚至配送失败的现象。如果配送失败,部分快递员会将配送的商品放在小区物业值班室等地方,告诉客户自行收取,这种方式会使商品的安全性得不到应有的保障,从而引起不必要的麻烦。

此外,部分快递员由于自身利益,或者不能进入小区等原因,将快件摆在马路边让客户自行领取,这种配送给人以"脏、乱、差"的感觉,有时甚至会导致配送货物的丢失,造成客户投诉增多。

(二)配送服务与客户存在严重的时间冲突

在配送过程中,为了能及时将所有的快件派发出去,快递员的投递时间都是十分紧迫的,在快递配送最后一个环节往往很难实现"门到门"的服务,更别说"点到点"的服务了。快递员上班的时间与客户上班的时间有 $80\%\sim90\%$ 是重叠的,这无疑加重了快递派送与客户之间在时间上的冲突。

现如今,大学生已经成为电子商务的追捧者,在各大高校中学生白天基本上都在上课,快递在派送过程中往往不能及时送至学生手中,因此就造成了二次配送在人力与时间上的浪费。对于大部分上班族来说,白天上班家里无人可以收取快递,快递员也不愿意等下班之后再次派送,快递配送的效率明显降低。

(三)存在道德风险与安全风险

近年来我国电子商务高速发展,但信息的不透明使得客户很难追踪快递的整个配送过程,快件从发出一刻起到收取过程中转手的人太多,而在订单信息查询中只是粗略地显示订单发出时间和到达收取人城市的时间,并未透漏每个环节是由谁去完成的,这样就滋生了一系列的道德风险。一旦发生快递遗失或缺失事件时,客户对整个过程根本无从查起。

很多快递公司中人员的素质参差不齐,高素质的专业人才严重缺乏。对于加盟者的门槛也不高,且不重视对其加盟商和旗下员工的培训,于是很多员工完成招聘后都是直接上岗录用的,专业技能不过关,服务态度恶劣,人员流动性较大,快递在配送中的安全隐患也是层出不穷。

(四) 农村"最后一公里"快递资源缺乏

在我国,人口分布不均匀,农村人口居多。随着电脑的普及,越来越多的农村网络用户青睐于网上购物,农村市场的消费潜力巨大,发展前景广阔。然而我国城市快递发展与农村快递的发展存在严重的不平衡,近年来我国快递行业发展迅速,但是快递配送主要是集中在城市区域内。在一二级城市中物流配送网点基本上达到饱和状态,城市区域内的快递配送服务辐射的区域最远也就到周边的县级城市,而大部分乡镇及农村地区却不在快递配送范围内,乡镇及农村地区的快递行业还处于十分落后的状态。

二、"最后一公里"配送的三种模式

随着电子商务和物流技术的迅速发展,目前我国主要存在三种"最后一公里"配送模式,分别是送货上门模式、公共自助收发箱模式和顾客自提站模式。

(一) 送货上门模式

送货上门模式是物流公司根据顾客的需求,将货物送至顾客处,实现门到门的物流服务(见图4-8)。通常快递员进行货物配送前会事先与顾客通过电话、短信等方式联系,告知到货时间或约定送货时间。快递员将货物送至顾客指定地点后,顾客会现场验货,若物品准确无误,顾客会确认签字,派送员对货物进行扫描登记后,收取回执单再对下一位顾客进行服务。该模式有利于保证商品质量,提高客户服务水平,是现阶段我国使用最广泛的一种配送模式。

图4-8　派送员送货上门

(二) 公共自助收发箱模式

公共自助收发箱模式是近几年兴起的电子商务物流"最后一公里"配送模式。该模式无须快递员将货物送至顾客手中,由顾客当面确认签字,而是快递员将货物投送至离顾客较近的公共自助收发箱中,由顾客选择自己方便的时间自行提取,能较好地解决由于时间冲突造成的投递延迟和失败的问题,提高配送效率。

公共自助收发箱通常放置于小区或其他交通便利方便顾客提取货物的地方(见图4-9)。公共自助收发箱有多个大小不一的箱子,快递员将货物送至公共自助收发箱,选定大小合适的箱子,扫描货物条码后,将货物放置于箱子中,系统将自动随机生成密码并以短信等方式发送给顾客,顾客凭借收到的密码取回包裹。公共自助收发箱运营中均需安装配套的监控装置,方便记录顾客取货和开箱验货的情况,避免可能出现的纠纷。

图4-9　丰巢智能快递柜

(三)顾客自提站模式

顾客自提站模式也是新兴起的"最后一公里"配送的创新模式,是电子商务物流服务提供商通过与连锁便利店、小区物业、超市等机构合作或自己新建提货点(如顺丰嘿客),为一定距离以内的顾客提供到货自提的一种服务(见图4-10、图4-11)。电子商务物流服务商事先选择合适的第三方合作机构,快递员将货物扫描登记,放置于适当的合作机构处后,继续去往下一个合作机构处配送货物,顾客则可通过系统发送的短信自行去合作机构处取货。

图4-10　顺丰嘿客

图4-11　7-11便利店

在日本,连锁便利店已经成为快递流通行业重要的一环。日本最大的快递公司大和运输与全家、7~11等多家连锁便利店的合作让顾客可以在日本各地的四万多家便利店领取快递物品。日本连锁便利店由于分布广、密度高、提供24小时服务,通过便利店进行快递收发已经非常成熟。

第五章　电子商务技术基础

（一）知识要求

● 了解 Internet 的产生及发展。

● 认识 intranet、Extranet 和 VPN。

● 了解 EDI 技术的发展与特点。

● 掌握 EDI 系统的构成要素及分类与应用。

（二）能力要求

● 对计算机网络有正确的认识，并培养利用计算机网络进行电子商务活动处理数据的能力。

● 通过相关学习，对计算机网络与电子商务之间的联系有正确认识。

● 对 EDI 技术有较明确的认识，并培养利用 EDI 技术进行计算机之间互相连接的能力。

案例导入

大数据时代的电子商务

英特尔公司的创始人之一戈登·摩尔在 1965 年发现了一个惊人的趋势，即集成电路芯片上所集成的电路的数目每隔 18 个月就翻一番，该发现被业界誉为摩尔定律。后来也有被描述为微处理器的性能每隔 18 个月提高一倍，或价格下降一半；或用同等价钱能买到的电脑性能（速度和储存量）每隔 18 个月翻一番；等等。

40 多年在人类沧海桑田的历史上仅仅是弹指一挥间，摩尔定律却见证了电脑的数据处理和储存能力从 K（Kilobyte）到 M（Megabyte）到 G（Gigabyte）到 T（Terabyte）的变迁。尤其是互联网的出现，让我们急速地跨入了大数据（Big Data）时代。其主要的驱动力有以下几点：

（1）随着社会经济的发展和个人收入的增加，人们的个性化需求开始凸显，而企业要去高效地满足这些个性化的需求则需要大量的数据支持。

（2）互联网的出现和相关技术的发展让海量数据的收集和分析成为可能。互联网的特征又导致这些数据能够被高速和大容量的传播。

（3）互联网引入了由用户产生数据的模式。这种模式的特征是多源头、低成本、更及时。当然，这些数据的真实性和可靠性需要被核证。

（4）构建在互联网基础上的电子商务和传统零售比较的优势之一就是数据的可获得

性。电子商务可以实时得到顾客的来访源头,在网站内的搜索、收藏、购买行为,以及购买的商品间的关联性。这些数据可以帮助企业更精准地为顾客服务。

(5) 人工智能、信息系统和决策科学的发展促进了多种分析方法及工具的推动,包括数据挖掘,顾客行为模型,决策支持,等等。

数据(Data)是原始和零散的,经过过滤和组织后成为信息(Information),将相关联的信息整合和有效的呈现则为知识(Knowledge),对知识的深层领悟而升华到理解事物的本质并可以举一反三则为智慧(Wisdom)。所以数据是源头,是决策和价值创造的基石。

数据的应用大致分以下几个步骤:数据采集、核实与过滤;在数据仓库内的分类和储存;数据挖掘以找到数据所隐含的规律和数据间的关联;数据模型建立和参数调整;基于数据的应用开发和决策支持。

下面用实例来说明。

(1) 美国医药网站 WebMD 根据怀孕的女性用户填写的受孕信息定期给用户寄EDM,提醒母亲在该时间点的注意事项,需要摄入的营养,产前的生理变化和要做好的思想准备,产后的恢复,宝宝的育养和健康,等等。

(2) 1号店利用对大数据的分析给顾客发送个性化 EDM。若顾客曾经在1号店网站上查看过一个商品而没有购买,则有几种可能:① 缺货;② 价格不合适;③ 不是想要的品牌或不是想要的商品;④ 只是看看。若在顾客查看时该商品缺货则到货时立即通知顾客;若当时有货而顾客没有买就很有可能是因为价格引起的,则在该商品降价促销时通知顾客;同时,在引入和该商品相类似或相关联的商品时温馨告知顾客。另外,通过挖掘顾客的周期性购买习惯,在临近顾客的购买周期时适时的提醒顾客。

(3) 淘宝在 2012 年推出了淘宝时光机。该应用通过分析顾客自注册为用户以来的行为,用幽默生动的语言告知顾客淘宝的成长,和该用户相类似喜好的其他用户的统计行为,对该顾客经过分析后对其喜好的了解和对其行为的预测,等等。用生动的文稿和个性化的数据、拉近了和顾客的距离。

(4) Google 的 Adsense 对顾客的搜索过程和其对各网站的关注度进行数据挖掘。并在其联盟内的网站追踪顾客的去向,在联盟网站上推出和顾客潜在兴趣相匹配的广告,精准化营销,提高转化率。

(5) Amazon 近几年推出了 FDFC(Forward Deployed Fulfillment Center)的概念,以加快对顾客配送的速度。Amazon 的订单履行中心分两个层级:FC 和 FDFC,其中 FC 品种更齐全,而 FDFC 在物理位置上更靠近目标市场,但品种重点容纳针对目标市场的热销商品,顾客的大部分需求可以通过 FDFC 来满足,不能满足的长尾商品则由 FC 来满足。这样顾客急需的商品多数可以通过 FDFC 以更快捷和低成本的物流来完成。由于热销商品是随着时间和季节而改变的,故将什么商品储存在 FDFC 的决策是动态调整的,而此决策的依据就是对顾客需求的分析和预测。

各种应用的例子难以穷举,但趋势十分清楚:大数据的应用价值和潜力不再被人低估。但并不是所有企业都能在大数据这个金矿里真正挖到金子的。只有那些有远见有视野,重视系统,舍得投入,吸引了优秀的分析和系统人才的企业才会有所斩获。

5.1 互联网技术基础

现代意义上的电子商务是国际互联网 Internet 技术成熟后才开始的。1991 年,商业贸易活动正式进入互联网,逐渐成为互联网应用的最大热点。电子商务是以飞速发展的遍及全球的 Internet 网络为架构,以交易双方为主体,以银行支付和结算为手段,以客户数据库为依托的全新商业模式。

一、Internet 的产生及发展

(一) Internet 的定义

1. 计算机网络的概念

凡将地理位置不同,并具有独立功能的多个计算机系统通过通信设备和线路而连接起来,且以功能完善的网络软件(网络协议、信息交换方式及网络操作系统等)实现网络资源共享的系统,可称为计算机网络。

网络的三个要素:需要联网的独立计算机、通信设备和通信线路、网络软件。网络的两个基本功能:相互通信和资源共享。

2. Internet 的概念

Internet 是一个遵从 TCP/IP 协议,将遍布全球的、大大小小的计算机网络互相联通起来的计算机网络,是网络的网络。它涵盖的是全球公有、使用 TCP/IP 这套通信协议相互联通在一起的全体计算机组成的系统,以及这个系统所提供的信息与服务,还有系统的用户。Internet 的结构如图 5-1 所示。

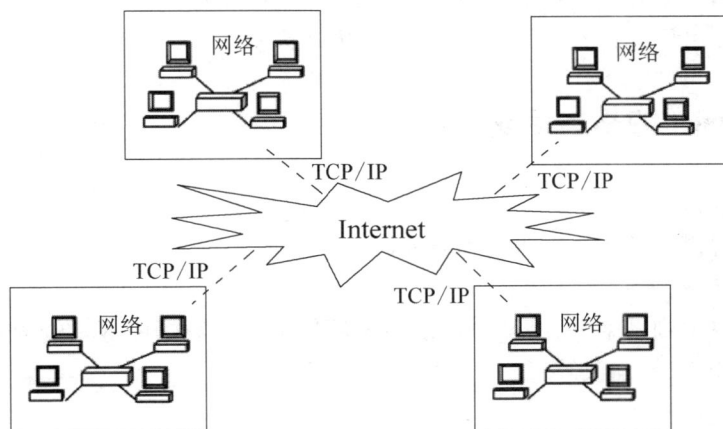

图 5-1 Internet 的结构图

（二）Internet 的发展历程

1964 年,因冷战期间核打击后的通信问题,Rand 公司提出包(Packet)的理论。

1968 年,英国图像物理实验室采用包理论建立了计算机网络。

1968 年,美国国防部高级研究计划局 ARPA(Advanced Research Projects Agency)出于军事需要而启动了 ARPAnet 项目,计划建立一个计算机网络,当网络中的一部分被破坏时,其余网络部分会很快建立起新的联系。

1969 年,ARPAnet 投入使用。1969 年 12 月有 4 个网络节点,1984 年 1 000 多个,1987 年 10 000 多个,1989 年 100 000 多个。人们普遍认为 ARPAnet 就是 Internet 的雏形。

1985 年,美国国家科学基金会(National Science Foundation,NSF)开始建立民用网络 NSFnet。1986 年建成时网速为 56 kb/s,1987 年 T1(1.544 Mb/s),1992 年 T3(44.736 Mb/s)。NSFnet 逐渐代替了 ARPAnet 的骨干地位。

1989 年 MILnet(由 ARPAnet 分离出来)实现和 NSFnet 连接后,就开始采用 Internet 这个名称。

1990 年,ARPAnet 停止运营,NSFnet 替代 ARPAnet 成为 Internet 主干网。

1995 年 4 月 30 日,NSFnet 正式宣布停止运作。而此时 Internet 的骨干网已经覆盖了全球 91 个国家,主机已超过 400 万台,正式成为全球唯一的国际互联网。

2017 年 1 月 22 日,中国互联网络信息中心(China Internet Network Information Center,CNNIC)发布了第 39 次中国互联网络发展状况统计报告,主要发布数据如下(均截至 2016 年 12 月):

- 中国网民规模达 7.31 亿,全年共计新增网民 4 299 万人,互联网普及率为 53.2%。
- 中国手机网民规模达 6.95 亿,较 2015 年年底增加 7 550 万人。
- 中国域名总数为 4 228 万个,其中".CN"域名总数年增长为 25.9%,达到 2 061 万个,在中国域名总数中占比为 48.7%。
- 中国网站总数为 482 万个,年增长 14.1%;".CN"下网站数为 259 万个。
- 中国国际出口带宽为 6 640 291 Mbps,年增长 23.1%。

二、Internet 的基本组成

（1）服务器 Server。

在网络上提供资源的计算机称为服务器。

（2）资源 Resource。

被服务器提供到网络上,供客户端使用的硬件、软件、数据库等。资源可以是一个文件、文件夹、打印机、扫描仪等。

（3）客户端 Client。

在网络上使用资源的设备称为客户端,现在很多此种设备也被称作终端(Terminal)。

（4）网络设备 Network Device。

网络设备是连接计算机与传输介质、网络与网络的设备。常用的有网络适配器、集线器、交换机、路由器等。

（5）网络协议 Network Protocol。

网络协议指为了使网络中传送的信息能被通信各方所共同识别、控制和使用,而由各方共同制定和遵循的规则和约定。Internet 就是基于 TCP/IP 协议的。

(一) 网络设备

如图 5 - 2 所示,处于 Internet 上同一网络中的不同计算机之间需要通信,处于 Internet 上的不同网络间也需要相互通信,这些都依赖于网络设备。本书只介绍当前一般企业、家庭中会用到和见到的最普及的网络设备。

1. 网络适配器(网卡)

计算机与外界网络的连接是通过一块网络适配器(Network Adapter)来实现的。网络适配器又被称为通信适配器或网络接口卡 NIC(Network Interface Card),一般都使用更为简单的名称——"网卡",如图 5 - 2 所示。

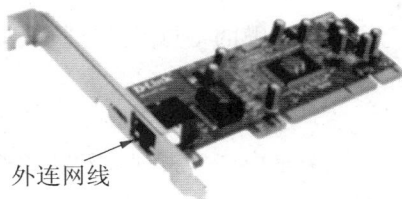
外连网线

图 5 - 2　网络适配器(网卡)

传统的网卡都是有线网卡,用网线与其他网络设备连接在一起,图 5 - 2 中的卡口就是连接网线的位置。随着 WIFI 技术的出现,现在的笔记本电脑、手机均内置无线网卡模块,可以使用 2.4G UHF 或 5G SHF ISM 的无线射频频段连接到其他网络设备,如图 5 - 3 所示。

无线网卡与有线网卡的作用是一样的,只是变有线连接为无线连接。

无线网卡模块

图 5 - 3　无线网卡模块

2. 网线

常见的网线主要有双绞线、同轴电缆、光缆三种。

（1）双绞线。

双绞线是由许多对线组成的数据传输线,它的两端以 RJ45 水晶头来封装作为接口,如图 5 - 4 所示。

图 5 - 4　双绞线和水晶头

双绞线的其中一端水晶头插入图 5 - 2 中有线网卡后面的卡口,双绞线的另一端水晶头插入其他网络设备,起到接入网络的作用。双绞线因其价格便宜而被广泛应用。

（2）同轴电缆。

同轴电缆是由一层层的绝缘线包裹着中央铜导体的电缆线，它的两端和 BNC 头相连，如图 5-5 所示。

图 5-5　同轴电缆和 BNC 头

同轴电缆的特点是抗干扰能力好，传输数据稳定，价格也便宜，同样被广泛使用，如闭路电视线等。

（3）光缆。

光缆是由许多根细如发丝的玻璃纤维（即光纤）外加绝缘套组成的，它的两端接头常见的主要有 FC、SC、ST 等型号，如图 5-6 所示。

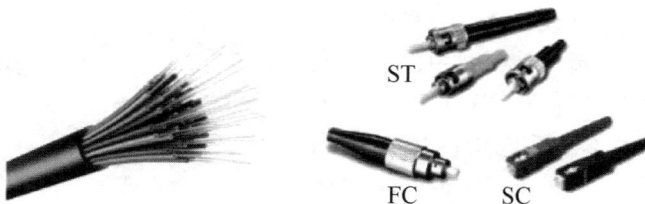

图 5-6　光缆与其常见接头

微细的光纤封装在塑料护套中，使得它能够弯曲而不至于断裂。通常，光纤的一端的发射装置使用发光二极管（Light Emitting Diode，LED）或一束激光将光脉冲传送至光纤，光纤的另一端的接收装置使用光敏元件检测脉冲。

光缆是目前最先进的网线了，它依靠光波传送，抗电磁干扰性极好，保密性强，速度快，传输容量大，现在已经逐渐得到普及。

这些不同网线的作用都是一样的，都是保证网线两端连接的网络设备间的通信，只是采用的材质不同、技术不同、对应接入的设备也不同。

3. 交换机

交换机（Switch）是一种用于电（光）信号转发的网络设备，可以为接入交换机的任意两个网络节点提供独享的电信号通路，如图 5-7 所示。

图 5-7　交换机

物理位置相邻的计算机牵出的网线汇入同一个交换机中,就能实现其中任意两台计算机之间的通信,并组成一个最简单的局域网。

4. 路由器

路由器(Router)是连接因特网中不同各子网络的设备,它会根据信道的情况自动选择和设定路由,以最佳路径,按前后顺序发送信号。企业级路由器的外观与交换机非常接近,如图 5-8(左)所示;日常生活中最常见的是家用路由器,如图 5-8(右)所示。

图 5-8 企业级路由器(左)和家用路由器(右)

路由器是互联网的核心枢纽,它与交换机的最大不同就是:路由器是连接不同网络的设备,它能协调不同网络间进行通信。交换机是将物理位置相邻的计算机组成局域网,但是物理位置间隔较远的不同局域网之间是通过路由器连接起来的。再往上,不同街区之间的大局域网、不同城市之间的城域网、不同国家之间的广域网也都是通过路由器相互连接起来并实现通信的,当然对应的路由器也是完全不同层级规模的。

有了网卡、网线、交换机、路由器,就能组建起一个最简单的能联上外网的子网络,如图 5-9 所示。Internet 就是由无数个这样的子网络层层叠加组成的。

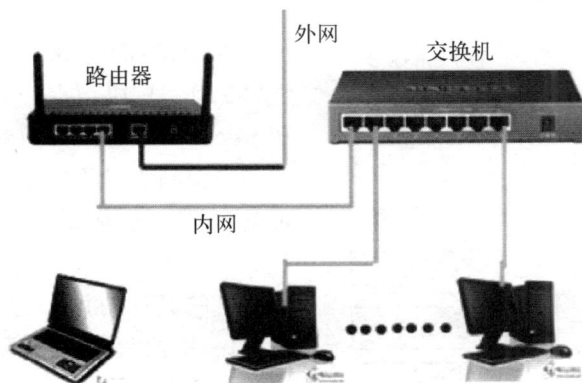

图 5-9 外连子网络示意图

(二) 网络协议

网络协议是网络上所有设备(服务器、客户端、交换机、路由器、网卡等)之间通信规则的集合,它规定了通信时信息必须采用的格式和这些格式的意义。网络协议使网络上各种设备间能够相互交换信息。

1. OSI 七层模型

开放系统互连参考模型(Open System Interconnect,OSI)是国际标准化组织(ISO)

和国际电报电话咨询委员会(CCITT)联合制定的开放系统互连参考模型,为开放式互连信息系统提供了一种功能结构的框架。OSI 七层模型建议把网络设备间的互联分为 7 个层次,每一层都建立在它的下层之上,向它的上一层提供一定的服务,最终实现网络设备间自如地交换信息。一台设备上的第 n 层与另一台设备上的第 n 层进行通信的规则就是第 n 层协议,接收方和发送方同层的协议必须一致,否则一方将无法识别另一方发出的信息。

OSI 不是一种具体的网络,也不是一种具体的协议,它只建议每层"做什么",并不指出"如何做"。它从低到高分别是:物理层、数据链路层、网络层、传输层、会话层、表示层和应用层,如图 5 - 10 所示。

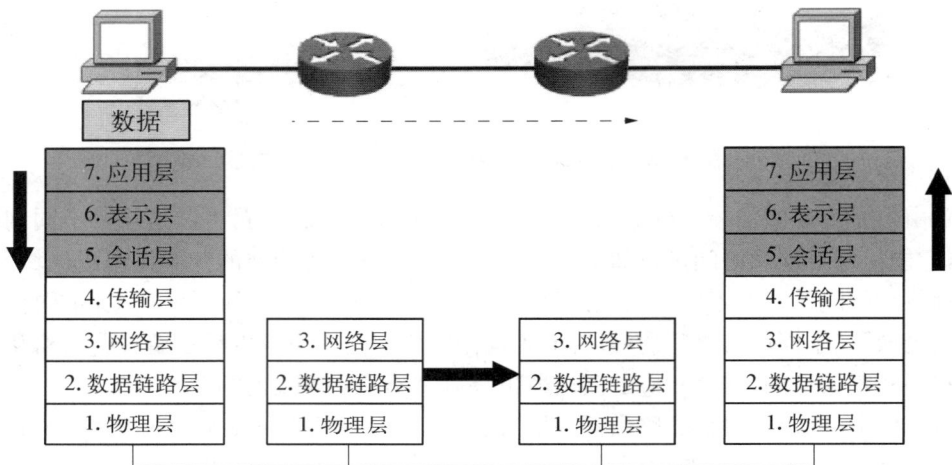

图 5 - 10　OSI 七层模型

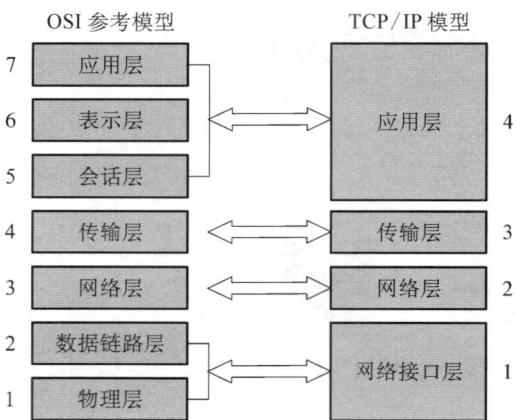

图 5 - 11　OSI 与 TCP/IP 的对应关系

2. TCP/IP 协议

TCP/IP 协议是 Transmission Control Protocol/Internet Protocol 的简写,中译名为传输控制协议/因特网互联协议,是 Internet 最基本的协议,是 Internet 国际互联网络的基础。TCP/IP 协议是遵从 OSI 七层参考模型而诞生的具体协议,只是将 7 层整合为了 4 层,每一层协议都是基于其下一层协议来实现的。OSI 的 7 层模型与 TCP/IP 的 4 层结构间的对应关系,如图 5 - 11 所示。

OSI 参考模型的会话层、表示层、应用层合并为 TCP/IP 模型的应用层,OSI 参考模型的物理层、数据链路层合并为 TCP/IP 模型的网络接口层。其中最重要的是网络层(IP 协议)和传输层(TCP 协议),IP 负责定位,给因特网中的每一台联网设备规定一个地址,保证能找到这台设备;TCP 负责传输,保证数据从源头出发能安全正确地传输到目的地。下面的网络接口层相当于物理线路(网卡、网线、交换机等),上面的应用层就是各种互联网具体应用(SMTP 邮件、HTTP 网页等)。

3.IP 地址与域名

（1）IP 地址。

IP 地址（Internet Protocol Address）是指互联网协议地址，是 TCP/IP 模型中的 IP 协议提供的一种统一的地址格式，它为互联网上的每一个网络和每一台主机分配一个逻辑地址。IP 地址是一个 32 位的二进制数（4 个字节），通常会用"点分十进制"表示成（a.b.c.d）的形式，其中，a,b,c,d 都是 0～255 之间的十进制整数。例如，IP 地址"00001010000000000000000000000001"，它用点分十进制表示就是"10.0.0.1"。4 个字节 32 位的 IP 地址被称为 IPv4。

注意：一台计算机只能有一个 IP 地址，这个观点是错误的。我们可以指定一台计算机具有多个 IP 地址。另外，也可以使多台计算机共用一个 IP 地址。

32 位的 IP 地址又分为网络号和主机号两部分，主机号的位数则决定了网络中最大的主机数。

A 类 IP 地址：1 字节的网络地址和 3 字节主机地址。网络地址的最高位必须是"0"，地址范围从 1.0.0.0 到 126.0.0.0。可用的 A 类网络有 126 个，每个网络能容纳 1 亿多个主机，几乎全分配在美国。

B 类 IP 地址：2 字节的网络地址和 2 字节的主机地址。网络地址的最高位必须是"10"，地址范围从 128.0.0.0 到 191.255.255.255。可用的 B 类网络有 16 382 个，每个网络能容纳 6 万多个主机。

C 类 IP 地址：3 字节的网络地址和 1 字节的主机地址。网络地址的最高位必须是"110"。范围从 192.0.0.0～223.255.255.255。C 类网络达 209 万余个，每个网络能容纳 254 个主机。

2011 年 2 月，IANA（The Internet Assigned Numbers Authority，互联网数字分配机构）将最后 5 个 A 类网络分配给五大区域地址分配机构（RIR），标志着全球 IPv4 地址总库完全耗尽。截至 2016 年 12 月底，我国 IPv4 地址数量为 3.38 亿，与 2011 年的 3.32 亿基本持平。

由于 IPv4 地址资源有限，严重制约了互联网的应用和发展。IETF（Internet Engineering Task Force，互联网工程任务组）发布了 IPv6（Internet Protocol Version 6），用来替代现行版本 IPv4。IPv6 的地址长度为 128 位（16 个字节），是 IPv4 地址长度的 4 倍，号称可以为全世界的每一粒沙子编上一个网址。

注意：IPv4 和 IPv6 中的"v"是 Version（版本）的缩写，所以 IPv4 的地址是 4 个字节只是巧合，不代表 IPv6 的地址就是 6 个字节。IPv6 是第 6 个版本的 IP 地址协议，长度为 128 位，16 个字节。

截至 2016 年 12 月底，中国拥有 IPv6 地址 21 188 块/32。IPv6 地址长度为 128 位，"/32"表示前 32 位为网络地址。意味着中国当前共拥有 21 188 个 IPV6 网络，去掉网络地址占去的 32 位，每个网络又可提供大约 2 的 96 次方个有效地址。

（2）域名。

域名（Domain Name）是由一串用点分隔的名字组成的 Internet 上某一台计算机或计算机组的名称，如"www.sina.com"。域名相当于 IP 地址的别名，其目的是便于记忆和传播互联网上某台计算机的地址。世界上第一个注册的域名是在 1985 年 1 月注册的。

注意：IP 地址与域名不是严格的一对一关系。一个 IP 地址可以注册多个域名，同时一个域名也可以对应多个 IP 地址（多台计算机轮流为该域名提供服务）。

域名由两个或两个以上词构成，中间由点号分隔开。以一个常见的域名为例：www.

baidu.com,前面的"www"表示网络类型是万维网,"baidu"代表的是百度公司这个域名的主体,而最右边的"com"表示顶级域名。

常见的顶级域名有:

- .COM 用于商业机构。它是最常见的顶级域名,任何人都可以注册。
- .NET 用于网络组织,例如因特网服务商和维修商,任何人都可以注册。
- .ORG 是为各种组织包括非营利组织而定的,现在任何人都可以注册。
- .CN 是中国专用的顶级域名,每个国家都有自己的一个国家代码顶级域名。任何人都可以注册。

域名遵循先申请先注册的原则,管理认证机构对申请者提出的域名是否违反了第三方的权利不进行任何实质性审查,需定期缴纳一定的使用费用。在中国,国内域名主要由两家机构负责注册管理。

- CNNIC:中国互联网络信息中心(北京)。
- CERNIC:中国教育与科研计算机网络信息中心(清华大学)。

国际域名主要由两家机构负责注册管理。

- INTERNIC:国际互联网信息中心(美国洛杉矶)。
- APNIC:亚洲与太平洋地区网络信息中心(澳大利亚昆士兰)。

(3) DNS。

DNS(Domain Name System 或 Domain Name Service)是 Internet 上作为域名和 IP 地址相互映射的一个分布式数据库,保存有该网络中所有主机的域名和对应 IP 地址,能够使用户更方便地访问互联网,而不用去记那些数字串形式的 IP 地址。

将域名映射为 IP 地址的过程就称为"域名解析",都是由互联网上的专门 DNS 服务器来完成的。每一台连上 Internet 的计算机都必须指定一个 DNS 服务器来帮助本机进行域名解析。中国五个被广泛使用的 DNS 服务器。

- Public DNS+:国内第一家支持 ECS 的公共域名解析服务,可以为全网用户提供域名的公共递归解析服务。地址:119.29.29.29;182.254.116.116。
- 114DNS:国内用户量巨大的 DNS,访问速度快,各省都有节点,同时满足电信、联通、移动各运营商用户。地址:114.114.114.114;114.114.115.115。
- 阿里 AliDNS:阿里巴巴集团推出的 DNS 递归解析系统,面向互联网用户提供快速、稳定、智能的免费 DNS 递归解析服务。地址:223.5.5.5;223.6.6.6。
- 百度 BaiduDNS:依托百度一流基础设施和强大技术实力,为用户提供免费、安全、稳定、高效的服务体验。地址:180.76.76.76。
- CNNIC SDNS:中国互联网络信息中心(CNNIC)推出的免费公共云解析服务。地址:1.2.4.8;202.98.0.68。

(三) Web 相关概念

1. URL

URL(Uniform Resource Locators,统一资源定位器)是对 Internet 上所有资源位置和访问方法的一种简洁的表示,是互联网上标准资源的地址。它从左到右由下述部分组成:

协议://服务器主机名.域名[:端口号]/目录名/…/文件名

如：http://n.sinaimg.cn/news/transform/20170316/2129.jpg

一开始位置的"协议"表示访问/传送该资源要遵从的应用层网络协议，WWW 遵从的是 HTTP 协议。Web 页面里面用到的所有资源都必须指明该资源的 URL 地址，或者用超链接指向该资源的 URL 地址，如图 5-12 所示。

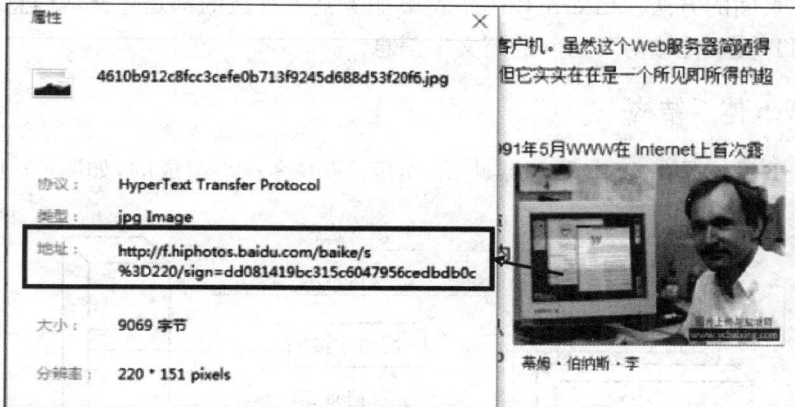

图 5-12 Web 页面中图片资源的 URL 地址

2. HTML

HTML（Hyper Text Markup Language，超文本标记语言）是一种规范，一种标准，它通过标记符号来标记网页中要展示的各个部分的内容，浏览器按顺序阅读网页文件，然后根据标记符解释和显示其标记的内容。

"超文本"就是指页面内可以包含图片、链接，甚至音乐、程序等非文字元素。超文本标记语言的结构包括"头"（Head）部分和"主体"（Body）部分，其中"头"部提供关于网页的信息，"主体"部分提供网页的具体内容。Web 页面都是由 HTML 书写而成的。世界上第一个网站 http://info.cern.ch 的网页 HTML 代码如图 5-13 所示。

```
<html>

<head>
<title>http://info.cern.ch</title>
</head>

<body>
<h1>http://info.cern.ch - home of the first website</h1>
<p>From here you can:</p>
<ul>
<li><a href="http://info.cern.ch/hypertext/WWW/TheProject.html">Browse the
first website</a></li>
<li><a href="http://line-
mode.cern.ch/www/hypertext/WWW/TheProject.html">Browse the first website
using the line-mode browser simulator</a></li>
<li><a href="http://home.web.cern.ch/topics/birth-web">Learn about the birth
of the web</a></li>
<li><a href="http://home.web.cern.ch/about">Learn about CERN, the physics
laboratory where the web was born</a></li>
</ul>
</body>

</html>
```

图 5-13 http://info.cern.ch 页面的 HTML 代码

3. HTTP

HTTP(Hyper Text Transport Protocol,超文本传输协议)是客户端浏览器或其他程序与 Web 服务器之间的应用层通信协议,主要用于从 Web 服务器传输由 HTML 书写的 Web 网页以及网页中由 URL 指定的资源到本地浏览器中。

HTTP 是所有 WWW 文件都必须遵守的标准,其目的就是为了提供一种统一的发布和接收 Web 页面的方法。Internet 中的 Web 服务器上存放的都是超文本信息,客户机需要通过 HTTP 协议传输所要访问的超文本信息。

(四) Web 体系结构

整个 Web 系统是由 Web 服务器、网络连接、Web 客户端组成的,如图 5-14 所示。

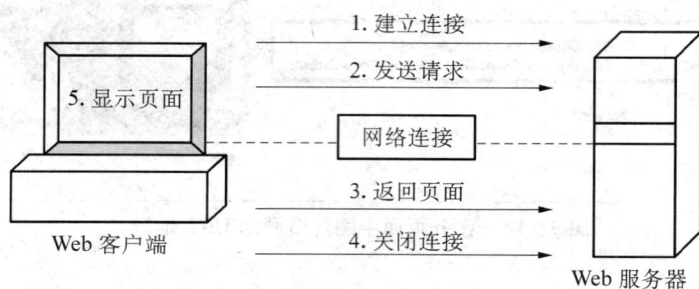

图 5-14　Web 系统的组成

Web 系统的工作流程:首先,Web 客户端使用 IP 协议通过网络连接与 Web 服务器建立联系;接着,Web 客户端使用 HTTP 协议向 Web 服务器发送请求,以访问指定的文档或服务;然后,Web 服务器会向 Web 客户端发回请求的响应——HTML 书写的 Web 页面;最后,Web 服务器关闭连接,Web 客户端在其浏览器中阅读解释所有的 HTML 标记代码并以正确的格式显示。

(五) Web 的发展

1. Web 1.0

Web 1.0 时代开始于 1994 年,其主要特征是大量使用静态的 HTML 网页来发布信息,并开始使用浏览器来获取信息,这个时候主要是单向的信息传递。互联网上的资源可以在一个 Web 页面里比较直观地表示出来,而且资源之间,在网页上可以任意链接。

Web 1.0 的本质是聚合、联合、搜索,其聚合的对象是巨量、无序的网络信息。Web 1.0 只解决了人对信息搜索、聚合的需求,而没有解决人与人之间沟通、互动和参与的需求,所以 Web 2.0 应运而生。

传统的门户网站如新浪、搜狐、网易等是 Web 1.0 的代表。

2. Web 2.0

Web 2.0 始于 2004 年 3 月 O'Reilly Media 公司和 MediaLive 国际公司的一次头脑风暴会议,直至今日。在 Web 2.0 时代,Internet 上的网站逐渐演化成为用户提供各种网络应用的服务平台,强调用户的参与、在线的网络协作、数据储存的网络化、社会关系网络以及文件的共享。Web 2.0 的典型应用包括博客 Blog、百科 Wiki、内容聚合 RSS、社交网络服务 SNS、对等网络 P2P、即时通信 IM 等。

Web 2.0 最重要体现在用户的参与性上,它是互联网的一次理念和思想体系的升级换代,由原来自上而下地由少数资源控制者集中控制主导的互联网体系,转变为自下而上地由广大用户集体智慧和力量主导的互联网体系。

博客、微博、优酷、豆瓣等是 Web 2.0 的代表。

3. Web 3.0

Web 3.0 是 Web 2.0 的进一步发展和延伸。Web 3.0 能够把散布在 Internet 上的各种信息点以及用户的需求点聚合和对接起来,通过在网页上添加元数据使机器能够理解网页内容,从而提供基于语义的检索与匹配,使用户的检索更加个性化、精准化和智能化。

Web 3.0 网站内的信息可以直接和其他网站相关信息进行交互,能通过第三方信息平台同时对多家网站的信息进行整合使用。Web 3.0 浏览器把网络当成一个可以满足任何查询需求的大型信息库。Web 3.0 的本质是深度参与、生命体验以及体现网民参与的价值。

国内目前并没有成熟的 Web 3.0 应用,很多 Web 2.0 应用都在增加智能化、精准化内容,逐步向 Web 3.0 进化,比如网易云音乐等资源共享类的应用。

Web 1.0、Web 2.0、Web 3.0 间的区别:

从用户参与角度来看:Web 1.0 特征是以静态、单向阅读为主,用户仅是被动参与;Web 2.0 则是一种以分享特征的实时网络,用户可以实现互动参与,但这种互动仍然是有限度的;Web 3.0 则以网络化和个性化为特征,可以提供更多人工智能服务,用户可以实现实时参与。

从技术角度来看:Web 1.0 依赖的是动态 HTML 和静态 HTML 网页技术;Web 2.0 则以 Blog、TAG、SNS、RSS、Wiki、六度分隔、XML、AJAX 等技术和理论为基础;Web 3.0 的技术特点是综合性的,语义 Web、本体是 Web 3.0 的关键技术。

5.2　认识 Intranet、Extranet 和 VPN

一、电子商务领域中的新技术应用

(一) 大数据

大数据(Big Data),指无法在一定时间范围内用常规软件工具进行捕捉、管理和处理的数据集合,是需要新处理模式才能具有更强的决策力、洞察发现力和流程优化能力的海量、高增长率和多样化的信息资产。

阿里巴巴在 2008 年就把大数据作为一项公司基本战略,到了 2016 年,据阿里集团透露,在阿里数据平台事业部的服务器上,攒下了超过 100 PB 已处理过的数据,等于 104 857 600 个 GB,相当于 4 万个西雅图中央图书馆,580 亿本藏书。按马云的话讲,阿里正从 Information Technology 转向 Data Technology。

阿里巴巴大数据应用案例:淘宝小贷团队是一个很小的团队,完全依赖淘宝、天猫、支付宝上的数据对客户的信用程度做分析,将数据转化为信用,将信用转化为财富,高效地为近百万的小商户提供了急需的资金。这是与传统商业银行冗杂的审核程序、低效、高成本完全不同的一种信贷模式,更重要的是这个项目给了无数小微企业带来了资金和希望。阿里巴巴已经是国内互联网大数据的先驱,他们在做有意义的事情。

(二)云计算

云计算(Cloud Computing)在现阶段广为接受的是美国国家标准与技术研究院(NIST)的定义:云计算是一种按使用量付费的模式,这种模式提供可用的、便捷的、按需的网络访问,进入可配置的计算资源共享池(资源包括网络、服务器、存储、应用软件、服务),这些资源能够被快速提供,只需投入很少的管理工作,或与服务供应商进行很少的交互。

云是网络、互联网的一种比喻说法,云也是互联网资源虚拟化的一个代称。互联网服务商将服务器、带宽、存储、软件等互联网资源按需出租给使用者,并且这些资源都不要求物理位置在一起,使用者不管在何时何地,只需通过 Internet 享受虚拟化的服务即可。

国内云计算的代表企业阿里云创立于 2009 年,是全球领先的云计算及人工智能科技公司,为 200 多个国家和地区的企业、开发者和政府机构提供服务。截至 2016 年第三季度,阿里云客户超过 230 万,付费用户达 76.5 万。阿里云致力于以在线公共服务的方式,提供安全、可靠的计算和数据处理能力,让计算和人工智能成为普惠科技。

2017 年春运火车票售卖量创下历年新高,而铁路系统运营网站 12306 却并没有出现明显的卡滞,同阿里云的合作是关键之一。12306 把余票查询系统从自身后台分离出来,在"云上"独立部署了一套余票查询系统。余票查询环节的访问量近乎占 12306 网站的九成流量,这也是往年造成网站拥堵的最主要原因之一。把高频次、高消耗、低转化的余票查询环节放到云端,而将下单、支付这种"小而轻"的核心业务仍留在 12306 自己的后台系统上,为 12306 减负不少。

(三)强化学习

强化学习(Reinforcement Learning),又称再励学习、评价学习,是一种重要的机器学习和人工智能方法,在智能控制机器人及分析预测等领域有许多应用。所谓强化学习就是智能系统从环境到行为映射的学习,使得智能体选择的行为能够获得环境最大的奖赏,使得外部环境对学习系统在某种意义下的评价(或整个系统的运行性能)为最佳。强化学习能使计算机在没有明确指导的情况下像人一样自主学习。

目前,Google 在强化学习领域的研究主要集中在自动驾驶上,可以让自动驾驶汽车等自动化领域进展大大提速(成熟期 1~2 年)。而阿里巴巴对"强化学习"领域的技术投入,更为关注商业应用和技术输出。比如,强化学习技术在阿里"双 11"推荐场景中的应用,将手机用户点击率提升了 10%~20%;这一技术正在通过阿里云 ET 输出,帮助杭州市管理城市交通,并成功地在一些路段提升了 11% 的车辆通行速度;全球最大的光伏制造商协鑫，采用 ET 技术将生产线良品率提升了 1%，每年节省成本上亿元；广州白云机场则希望利用这项技术管理上千架飞机。

（四）无人驾驶汽车/无人机

无人驾驶汽车是一种智能汽车，也可以称之为轮式移动机器人，主要依靠车内的以计算机系统为主的智能驾驶仪来实现无人驾驶。无人驾驶飞机简称"无人机"，英文缩写为"UAV"，是利用无线电遥控设备和自备的程序控制装置操纵的不载人飞机。这两个领域的研究成果可以用在电子商务的物流配送领域，降低物流配送成本，提升物流效率和准确率。

2015 年 12 月，百度无人驾驶车国内首次实现城市、环路及高速道路混合路况下的全自动驾驶，全程实现了多次跟车减速、变道、超车、上下匝道、调头等复杂驾驶动作，完成了进入高速（汇入车流）到驶出高速（离开车流）的不同道路场景的切换。测试时最高速度达到 100 千米/小时。

2016 年 5 月，京东曝光了正在研发中的两款用来送货的无人机，京东已经成立专门的项目小组，研发物流无人机和机器人，节省时间和成本。2016 年 6 月 8 日上午 9 点，在江苏宿迁市曹集乡同庵村居委会内，一架三轴无人机缓缓起飞。10 分钟后，5 千米外的旱闸村居委会内，京东当地的推广员接收包裹，无人机送货第一单完成。京东方面称，无人机正式投入农村物流试点运行。

（五）VR 与 AR

VR（Virtual Reality，虚拟现实）是一种可以创建和体验虚拟世界的计算机仿真系统，它利用计算机生成一种模拟环境，是一种多源信息融合的、交互式的三维动态视景和实体行为的系统仿真，使用户沉浸到该环境中。

AR（Augmented Reality，增强现实）是一种实时地计算摄影机影像的位置及角度并加上相应图像、视频、3D 模型的技术，这种技术的目标是在屏幕上把虚拟世界套在现实世界并进行互动。

京东于 2016 年 9 月 6 日发布 VR/AR 战略，成立全球电商领域首个 VR/AR 产业推进联盟。京东同时展示了自己的 VR 购物应用——"VR 购物星系"，用户通过 VR 控制器可以拿起选中的商品，360 度地查看，还可以探查产品内部的结构，详细了解产品的功能特性。此外，京东还在 AR 领域进行布局，通过 AR 购物应用，用户可以在真实环境下"看到"虚拟物品，例如沙发的摆放位置、墙纸的颜色等；用户通过语音可远程与设计师进行实时对话，设计师甚至也会出现在画面中，直接帮助用户设计室内的布局。

第六章　电子商务安全

（一）知识要求
- 了解电子商务安全的主要威胁。
- 认识电子商务安全及其重要性。
- 掌握电子商务交易中的安全技术。
- 掌握数字证书与认证中心。
- 了解电子商务存在的法律问题。

（二）能力要求
- 掌握电子商务网络安全技术。
- 掌握电子商务认证技术。

案例导入

电商平台用户数据泄露个人信息安全走到尽头？

2016年12月10日晚，一个消息迅速传播开来，一个12G数据包正在黑市流通，其中内容涉及千万用户的用户名、密码、身份证号码、电话号码、邮箱、QQ号，该数据包来源于京东。

11日凌晨，京东迅速对此事件做出回应，发表声明称，其信息安全部门根据报道内容初步判断，数据源于2013年Struts 2的安全漏洞问题。虽然当时迅速完成系统修复，也进行了安全升级的提示，但因部分用户未能及时升级账号安全，存在一定风险。

这并不是京东第一次遭遇数据泄露事件。2015年，京东也曾被曝出大量用户隐私信息泄露，多名用户被骗走金额达数百万元。直至一年后，京东才公布调查结果，称是3名物流人员通过物流流程掌握了9 313条用户数据。仅是9 313条用户数据的泄露，其涉案金额就高达数百万元。这次千万用户数据泄露，造成的结果让人担忧。

实际上，用户信息泄露事件屡见不鲜，多集中出现于电商及支付平台。当当、支付宝、12306都曾出现过类似信息泄露事件。如今网络购物发达，电商和支付平台与消费者生活息息相关，其平台所需个人信息较多，自然也成为信息小偷重点"关照"对象。

消费者将个人信息交付给电商平台，电商就有将重要的个人信息进行保护到底的义务。在加强其技术防护避免黑客入侵的同时更应承担法律责任，而不是在系统漏洞出现后仅仅一个"紧急修复"和一个"安全升级提示"就草草打发,待东窗事发才发表声明,没有道歉,更没有法律上的责任追究。

信息泄露所造成的问题已经影响着大众的生活,地下黑色数据产业链猖獗。手机收到的推销短信电话不计其数,根据个人信息进行诈骗的事件也屡屡发生。2016年人民日报消息称,78.2%的网民个人身份信息被泄露过,63.4%的网民个人网上活动信息被泄露,82.3%的网民亲身感受到了个人信息泄露给日常生活造成的影响。

据《南方都市报》调查,小到航班信息、通话记录,大到个人存款、资产都可以轻易被查到。在个人信息交易过程中,甚至有第三方软件为这一服务提供担保,交易已经跃升到"平台化"的程度。

提到个人信息安全问题,许多权威机构会建议定期修改密码,并且不同平台使用不同的密码。但是人的记忆能力有限,大多数人的密码不会超过5个,即使记在笔记本上,也有可能面临丢失的风险。密码设置固然重要,但更应该重视的是个人信息的防护管理,培养正确的上网习惯。

当一家平台一款应用无法保证用户信息安全时,用户是否拥有行使删除个人信息的权利呢?家电网对出现信息泄露的京东平台的智能客服进行提问,得到了否定的答案。行使注销和删除的权利被网站剥夺,这也是网络信息安全亟待解决的问题。

思考与讨论:京东电商平台为什么会遭遇用户数据泄露?如何保障电子商务交易安全?

6.1 电子商务安全概述

互联网拉近了人与人之间的距离,使参与电子商务交易的各方无须考虑地域、时间的限制。有别于传统的商务模式,电子商务借助于开放的 Internet 网络环境和现代信息技术,完成商品发布、商品选购、发货通知、货款支付、收货确认等工作。这些工作必然涉及客户和商家身份的验证、客户和商家隐私信息的保护、交易过程中机密信息的安全传输、交易行为的确认等问题。为此,电子商务的应用必须解决好数据加密、身份认证、信息认证、网络安全、交易协议安全等问题。

一、电子商务安全的定义

电子商务是一个社会与技术相结合的综合性系统,其安全性是一个多层次、多方位的系统工程的概念。从狭义上讲,电子商务安全是指在整个电子商务流程中的信息安全,即信息在采集、存储、处理、传播和运用过程中得到良好保护的状态,包括网络信息的存储安全和信息的传输安全两个方面。

从广义上讲,电子商务安全包括电子商务系统的硬件安全、软件安全、运行安全以及电子商务立法、电子商务信用环境等,它不仅与计算机系统结构有关,还与电子商务应用的环境、人员素质和社会因素有关。电子商务系统硬件安全是指保护计算机系统硬件(包括外部设备)的安全,保证其自身的可靠性和为系统提供基本安全机制。电子商务系统软件安全是指保护软件和数据不被篡改、破坏和非法复制,使系统中信息的存取、处理和传输满足系统安全策略的要求。根据计算机软件系统的组成,系统软件安全可分为操作系统安全、数据库安全、网络软件安全和应用软件安全。电子商务系统运行安全是指保护系统能连续和正常地运行,使电子商务系统单位时间内故障率尽可能的低和故障修复率尽可能地高。网上出现的信用卡账号和密码泄露,实际上很多属于软件系统出现的漏洞或者受到攻击导致的,当然也有一部分是由于人员管理方面的失误导致的。电子商务安全立法是指对电子商务犯罪的约束,它是利用国家机器,通过安全立法,体现与犯罪斗争的国家意志。

电子商务安全是一个复杂的系统问题。电子商务安全立法与电子商务应用的环境、人员素质等有关,基本上不属于技术上的系统设计问题;而硬件安全是目前硬件技术水平能够解决的问题;鉴于现代计算机系统软件的庞大和复杂性,系统软件安全成为电子商务系统安全的关键问题。

安全无小事,安全是电子商务的基石。如果电子商务网站的访问无效或者网络瘫痪,将会促使顾客另外寻找新的供应商或者回到更传统的一家一家商店地逛的老办法来进行交易。如果金融计算机网络系统缺乏安全防护、传输网络缺乏安全保障、转账支付缺乏安全通道、授权认证缺乏安全措施、个人私有信息和单位敏感信息缺乏保密措施,就会在现代化的 Internet 上出现好比使用"不加锁的储柜"存放资金、"公共汽车"运送钞票、"邮寄托寄"方式传送资金、"商店柜台"方式存取资金和"平信"邮寄机密信息的不安全局面。如此一来,用户运用 Internet 进行电子交易的热情就会大打折扣。

二、电子商务安全要素

为了保证基于 Internet 的电子商务的安全性,必须解决如下问题。

(一) 信息的机密性

机密性要求保证系统存储的信息(用户个人资料、企业或者部门商业机密等)不泄露给非授权的人或实体,并且保证这些加密信息在网络传输过程中只有合法接收者才能获取和读懂。防止攻击者通过 Internet、搭线、电磁波辐射范围内安装截收装置,或者在数据包经过的网关和路由器上截获数据,以获取用户的银行账号、密码以及企业商业机密等信息。

(二) 信息认证

它检验信息的完整性,要求保证数据在传输过程中没有被非授权建立,没有在消息中插入信息以使得接收方读不懂或接收错误的信息,没有删除某条消息或者消息的某部分没有改变信息流的次序或者更改替换信息的内容(如更改资金划拨方向等)和没有将信息截留并延迟一段时间后再重传给合法的接收方等现象。

（三）用户身份(实体)认证、数字签名

要求能够确认信息的发送方和接收方是否为合法用户并经过授权,以杜绝假冒他人身份发布指令调阅机密文件、冒充他人消费与栽赃、冒充主机欺骗合法主机及合法用户、冒充网络控制程序套取或者修改使用权限和密钥信息等现象。

（四）可靠性

要求系统不能拒绝合法用户对网络系统中信息和资源的使用。

（五）不可抵赖性

系统确保发送方事后不能否认已经发送的数据和所执行的操作,接收方同样也不能事后否认已经接收的数据和执行了相应的操作。

（六）可控性

要求系统确保合法用户在指定的时间、指定的地点能够访问、控制、使用指定的资源。数据加密、身份和实体认证、信息认证、数字签名等技术取代了传统贸易中的纸质文件、手写签名和盖章,实现电子贸易的可靠性和不可抵赖性。

三、电子商务安全威胁

电子商务建立在互联网之上,所以互联网的安全问题同样是电子商务所面临的安全问题。电子商务的安全问题主要体现在交易双方及信息传递过程中产生的威胁。传统的交易是面对面的,比较容易保证建立交易双方的信任关系和交易过程的安全性。而电子商务活动中的交易行为是通过网络进行的,买卖双方互不见面,因而缺乏传统交易中的信任感和安全感。作为一个安全的电子商务系统,首先要解决网络安全问题,保证交易信息的安全;其次要保证数据库服务器的绝对安全,防止信息被篡改或盗取。电子商务交易过程中买卖双方都可能面临的安全威胁有以下几个方面。

（一）系统的中断

这是对系统可用性的攻击,使得系统不能正常工作,从而中断或延迟正在进行的交易,对交易双方的数据产生很大的破坏,直接导致交易失败。

（二）信息的截获和盗取

攻击者通过电话线监听、互联网截获数据包、搭线等非法手段获取个人、企业的商业机密,如消费者的银行账号、密码及企业的交易信息机密等,使得不该享用交易信息的实体通过非法手段盗取交易信息,致使机密信息泄漏,对信息的机密性进行攻击。

（三）黑客攻击

黑客攻击一般分为两种：一种是主动攻击，它以各种方式有选择地破坏信息的有效性和完整性，如拒绝服务攻击、内部攻击等；另一种是被动攻击，它是在不影响网络正常工作的情况下，进行截获，窃取后破译以获得重要的机密信息。

（四）信息的篡改

非法授权实体不但存取资源，而且对资源进行修改，这就是所谓的篡改攻击。例如，某人修改数据库中的数据，修改程序使之完成额外的功能或修改正在传输的数据，或者做更为严重的修改。

（五）信息的伪造

非法实体伪造计算机系统中的实体或信息，掌握了网络信息数据规律或者破解交易信息后，可以冒合法的用户之名或者发送虚假的信息给交易方用来欺骗用户。

（六）交易抵赖

当交易一方发现交易行为对自己不利的时候，就有可能否认电子交易的行为。交易抵赖包含很多方面，如商家否认曾发送过某些商品信息，购买者下了订单而不予以承认等。

📚 小知识 ··

在网络上被骗了怎么办？

受骗上当的网友，一般是因为一时贪图便宜或是被骗子的花言巧语迷惑，中招蒙受损失。醒悟后着急上火，但需要认真阅读以下内容，以便最大限度地挽回损失。

1. 当地报案

因为网络欺诈涉嫌犯罪，第一步肯定要带齐证据（如聊天记录、付款凭证、商品网页等，打印好，提供书面文件），到当地的公安机关网络警察部门报案（最好是区一级公安部门，派出所基本无相应警种），立案后才可以进行下一步侦查和处理。

2. 披露经过

网上交易保障中心等专业网站，作为行业组织或第三方机构，不是国家执法机关，没有执法权，仅能起到信息披露的作用，即通过发布投诉信息，帮助更多的网友避免上当。投诉信息可以教育消费者，起到事先警示预防的作用，所以在这类网站发布投诉信息对广大网友是有价值的。

3. 寻找同案受害者

因为网络欺诈多为小额交易，且涉及众多执法部门（公安、工商、电信管理局等）和业务机构（银行、第三方支付企业、电信、互联网服务商等），又加之跨地域甚至跨国界，破案成本高，解决难度较大，建议网友通过寻找相同境遇者，采取集体报案的形式，能够引起警方重视，解决成本也低。

4. 在线报案

公安部网络警察的在线举报网站：http://www.cyberpolice.cn（里面有各地网警的入口，可以在线提交报警信息）。

四、电子商务安全体系结构

电子商务的安全体系是保证电子商务系统安全的一个完整的逻辑结构。其安全体系由网络服务层、加密技术层、安全认证层、安全协议层和应用系统层组成，如图 6-1 所示。

电子商务系统是依赖网络实现的商务系统，需要利用互联网基础设施和标准，所以构成电子商务安全架构的底层是网络服务层，它提供信息传送的载体和用户接入的手段，是各种电子商务应用系统的基础，为电子商务系统提供了基本的网络服务。通过互联网网络服务层的安全机制，如入侵检测、安全扫描、防火墙等，保证网络服务层的安全。在此基础上，为保证电子交易数据的安全，电子商务系统还必须拥有完善的加密技术和认证机制，即构筑机密技术层、安全认证层和安全协议层，为电子商务系统提供安全协议、数字签名、认证和加密等多种安全技术。为安全电子商务交易的实现提供技术平台的关键是应用系统层，它是加密技术层、安全认证层和安全协议层的安全控制技术的综合运用和完善，也是实现电子商务交易中的机密性、完整性、有效性以及不可抵赖性和交易者真实性等安全要求的基础。

应用系统	信息的保密性、信息的完整性、信息的有效性、不可抵赖性、身份真实性
安全协议	SSL 协议、SET 协议
安全认证	数字摘要、数字签名、数字凭证、CA 认证
加密技术	对称加密、非对称加密
网络服务	网络安全扫描、网络入侵监视、防火墙、防病毒、内容识别

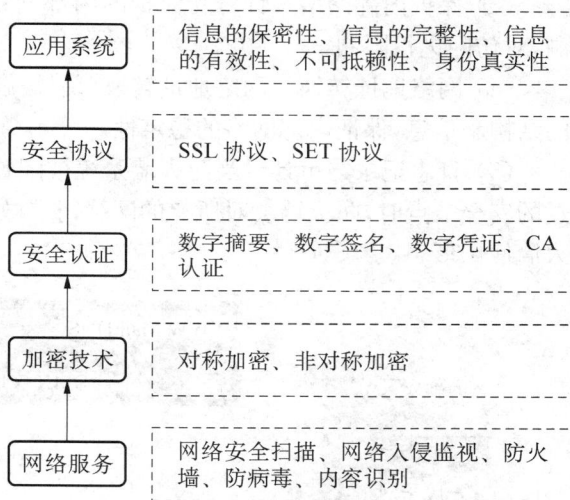

图 6-1　电子商务安全体系结构

6.2　电子商务安全技术

电子商务安全技术在很大程度上决定了电子商务发展的走向。没有技术的保障，电子商务的安全就无从谈起。为保证电子商务过程的安全，目前常用的安全措施有防火墙、加密、认证系统等。

一、防火墙

防火墙是位于被保护网络和外部网络之间执行访问控制策略的一个或一组系统，包括硬件和软件,构成一道屏障,以防止发生对被保护网络的不可预测的、潜在破坏性的侵扰。通过安全规则来控制外部用户对内部网资源的访问。在逻辑上,防火墙是分离器,限制器,也是一个分析器。在物理上,防火墙通常是一组硬件设备。

(一) 防火墙的功能

(1)监控并限制访问。防火墙通过采取控制进出内、外网络数据包的方法,实时监控网络上数据包的状态,并对这些状态加以分析和处理。

(2)控制协议和服务。防火墙对相关协议和服务进行控制,从而大大降低了因某种服务、协议的漏洞而引起安全事故的可能性。

(3)保护内部网络。针对受保护的内部网络,防火墙能够及时发现系统中存在的漏洞,对访问进行限制。

(4)网络地址转换。网络地址转换可以缓解目前 IP 地址紧缺的局面,屏蔽内部网络的结构和信息,保证内部网络的稳定性。

(5)日志记录与审计。当防火墙系统被配置为所有内部网络与外部网络连接均需经过的安全节点时,防火墙会对所有的网络请求做出日志记录。如图 6-2 所示是典型的防火墙使用形态。

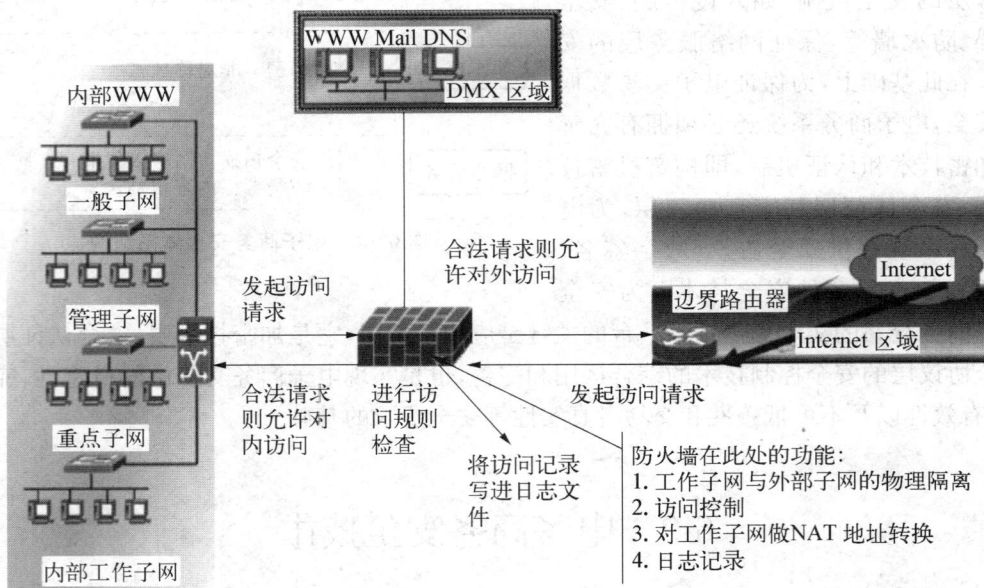

图 6-2　防火墙使用形态

(二) 防火墙的安全策略

1. 一切未被允许的都是禁止的(限制政策)

防火墙只允许用户访问开放的服务,其他未开放的服务都是禁止的。这种策略比较安全,因为允许访问的服务都是经过筛选的,但限制了用户使用的便利性。

2．一切未被禁止的都是允许的(宽松政策)

防火墙允许用户访问一切未被禁止的服务,除非某项服务被明确地禁止。这种策略比较灵活,可为用户提供更多的服务,但安全性要差一些。

(三) 防火墙应用的局限性

(1) 不能防范不经过防火墙的攻击。
(2) 不能解决来自内部网络的攻击和安全问题。
(3) 不能防止受病毒感染的文件的传输。
(4) 不能防止数据驱动式的攻击。
(5) 不能防止系统安全体系不完善的攻击。

(四) 防火墙的技术

1．包过滤

包过滤是所有防火墙的核心功能。事实上,包过滤是最早期的一种防火墙,是所有边界安全设置中的一种有效的组件。此外,与代理服务器相比,其优势在于它不占用带宽,数据包过滤器检查数据包报头,把它撕掉,并且用一个新的报头代替原来的报头,再把它送到网络中特定位置。

包过滤检查报头决定是否拒绝或者允许数据包通过防火墙,但网络攻击者可能伪造合法用户 IP 地址以穿透包过滤防火墙。包过滤防火墙一般包括两种:无状态包过滤器防火墙和有状态包过滤器防火墙。无状态包过滤防火墙在检查报头时,不注意服务器和客户机之间的连接状态,进行无状态包过滤检查的防火墙将只根据报头中信息来阻断数据包。有状态包过滤防火墙将检查数据包中包含的数据,而客户机与服务器之间的连接状态保存在磁盘缓存中。

防火墙执行包过滤功能时可以觉察到攻击者通过扫描网络地址与开放端口发起攻击的企图。在没有防火墙保护的网络中,攻击者使用专用的扫描软件对一批 IP 地址进行扫描,并试图通过扫描到的端口连接到其中某一台计算机上。如果这台计算机给出了连接回应,则成为被攻击的目标。在网络中用来做包过滤器的所有网关或者路由器,应该被正确配置,以防止攻击者的非法连接。

包过滤器也有其局限性。包过滤功能并没有在过滤器中隐藏主机在过滤器内部网络上的地址,对外的通信中包含这些地址,这使得攻击者可以比较容易地锁定这些处在过滤器后面的主机;包过滤器不会检查通过它的来自内部网的消息的合法性;包过滤器只能根据数据报头中显示的源 IP 地址进行检查,容易受到 IP 欺骗攻击。所有这些局限性使得单独的包过滤不能完全胜任防火墙的功能。

2．网络地址转换(NAT)

NAT 在一定程度上弥补了包过滤器的缺点,可以隐藏被保护网络中主机的 IP 地址,以阻止攻击者获取被保护网络中的主机地址后,向该主机发送携带病毒的信息或其他有害信息的数据。

NAT 是一个 IETF 标准,允许一个整体机构以一个或多个公用 IP 地址出现在互联网上,是一种把内部私用网络地址(IP 地址)翻译成合法网络 IP 地址的技术。NAT 就是在局域网内部网络中使用内部地址,而当内部结点要与外部网络进行通信时,就在网关处,将内部地址替换成公用地址,从而在外部公网(如互联网)上正常使用。NAT 可以使多台计算机共享互联网连接,这一功能很好地解决了公共 IP 地址紧缺的问题。通过这种方法,NAT 屏蔽了内部网络,所有内部网计算机对于公共网络来说是不可见的,而内部网计算机用户通常不会意识到 NAT 的存在。

NAT 实际上是起到网络级的代理程序的作用,它可以代表内部网络上的所有主机,作为一个单独的主机发出请求,对于互联网或外网的其他用户来说,似乎所有信息都来自同一台计算机。因此,受保护网络内部的计算机对外界来说,似乎与运行 NAT 的计算机具有相同的公共的 IP 地址,但是实际上每台计算机都有自己专用的 IP 地址。例如,当配备了 NAT 的防火墙收到来自内部网主机 A 请求时,它就用自己的 IP 地址代替计算机 A 的地址。

3. 应用层网关

应用层网关即代理服务器,它运转在应用层,如图 6-3 所示。

通过设置代理服务器,应用层网关可以控制网络内部的应用程序访问外界。该服务充当客户端的代理,如代表用户请求 Web 页,或者发送和接收邮件,这样避免用户与互联网直接连接。这种隐蔽性可以减少病毒、蠕虫、木马等所造成的影响。

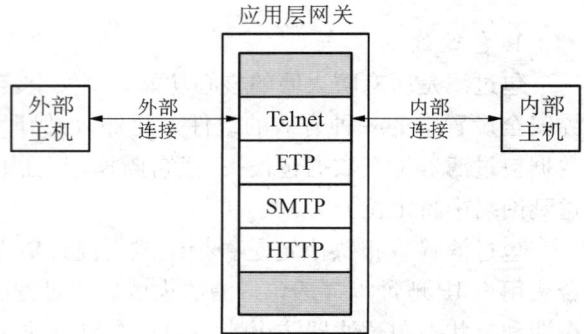

图 6-3 应用层网关

应用层网关可以识别请求的数据内容,可以允许或拒绝某些特殊内容,如病毒或者可执行文件等。应用层网关比包过滤器更安全,它不再去试图处理 TCP/IP 层可能发生的所有事情,而只需要去考虑一小部分被允许运行的应用程序。另外,在应用级上进行日志管理和通信的审查要容易多了。

应用层网关的缺点是在每次连接中有多余的处理开销,因为两个终端用户通过代理取得连接,而代理就必须检查并转发通信中两个向上的所有数据。

4. 电路级网关

电路级网络的传输层上实施访问策略,是在内、外网络主机之间建立一个虚拟电路来进行通信。它相当于在防火墙上直接开了个口子进行传输,不像应用层防火墙那样能严密地控制应用层的信息。

网络级网关只依赖于 TCP 连接,并不进行任何附加的包处理或过滤。电路级网关就像电线一样,只是在内部连接和外部连接之间来回拷贝字节,从而隐藏受保护网络的有关信息。电路级网关常用于向外连接,这时网络管理员对内部用户是信任的。其优点是堡垒主机可以被设置成混合网关,对内连接支持应用层或代理服务,而对外连接支持电路级网关功能。这使防火墙系统对于要访问互联网服务的内部用户来说使用起来很方便,同时又能保护内部网络免于外部攻击。在电路级网关中,可能要安装特殊的客户机软件,用户也有可能需要一个可变用户接口来相互作用。

二、病毒防范技术

病毒是一种暗中感染计算机系统并进行破坏的程序。病毒代码潜藏在其他程序、硬盘分区表或引导扇区中等待时机，一旦条件成熟便发作，不同病毒的危害不一样。

（一）计算机病毒的概念

计算机病毒（Computer Virus）是编制者在计算机程序中插入的破坏计算机功能或者破坏数据，影响计算机使用并且能够自我复制的一组计算机指令或者程序代码。计算机病毒具有破坏性、复制性和传染性。

据中国互联网信息中心数据显示，2016 年遭遇过网络安全事件的用户占比达到整体网民的 70.5%，其中网上诈骗是网民遇到的首要安全问题，39.1% 的网民遇到过此类网络安全事件，其次是设备中病毒或木马占 36.2%，如图 6-4 所示。因此，了解计算机病毒对保障电子商务安全非常必要。

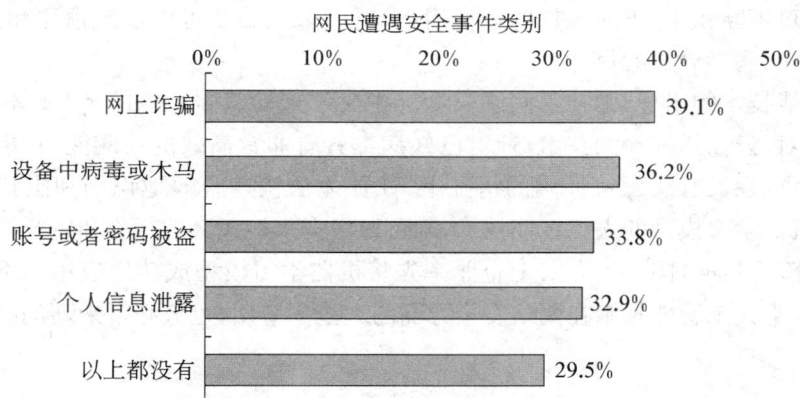

网民遭遇安全事件类别

类别	比例
网上诈骗	39.1%
设备中病毒或木马	36.2%
账号或者密码被盗	33.8%
个人信息泄露	32.9%
以上都没有	29.5%

图 6-4　2016 年网民遭遇安全事件类别比例

（二）网络反病毒技术

1. 预防病毒技术

计算机病毒的预防技术是指通过一定的技术手段防止计算机病毒对系统的破坏。计算机病毒的预防应包括对已知病毒的预防和对未知病毒的预防。预防病毒技术包括磁盘引导区保护、加密可执行程序、读写控制技术、系统监控技术等。

2. 检测病毒技术

计算机病毒的检测技术是指通过一定的技术判定出计算机病毒的一种技术。计算机病毒的检测技术有两种：一种是判断计算机病毒特征的监测技术，病毒特征包括病毒关键字、特征程序段内容、传染方式、文件长度的变化等；另一种是文件自身检测技术，这是一种不针对具体病毒程序的特征进行判断，而只是通过对文件自身特征的检验技术，如出现差异，即表示该文件已感染上了病毒，达到了检测病毒存在的目的。

3. 消除病毒技术

计算机病毒的消除技术是计算机病毒检测技术发展的必然结果,是计算机病毒传染程序的一种逆过程。但由于杀毒软件的更新是在病毒出现后才能研制,有很大的被动性和滞后性,而且由于计算机软件所要求的精确性,致使某些变种病毒无法消除,因此应经常升级杀毒软件。

小知识 ···

人工智能引领下一代防病毒技术发展

随着人工智能技术(Artificial Intelligence,AI)的发展,防病毒技术已从第一代病毒库特征码比对阶段,第二代云扫描引擎或沙盒分析技术(行为比对阶段),发展为机器学习模型为主的人工智能防病毒技术。

··

机器学习(Machine Learning,ML),利用数据模型对大量数据、样本进行分析对比,并总结成为可不断积累、不断戒长的分析模型,对于未知威胁可以快速预测和判定,从而达到病毒检测、病毒分析的目标。

人工智能技术的出现,弥补了网络安全界中对于未知威胁侦测的不足。传统的病毒库特征码比对、云扫描等检测技术,针对已知病毒具有非常高效的侦测能力,但对于新出现的未知病毒,在没有病毒特征码的情况下,往往无法快速有效地识别和阻拦病毒的扩散,而基于机器学习模型的人工智能技术,则可以根据未知病毒的行为和特征做出迅速识别并抵御风险。目前,国内已有安全企业率先将机器学习模型成功地应用到下一代防病毒系统中,未来人工智能技术在网络安全方面的大范围应用,也势必带来新的技术变革发展趋势。

(三)计算机病毒的防护措施

在与计算机病毒的对抗中,如果能采取有效的防护措施,就能使系统不染毒,或者减少受感染后造成的损失。

1. 安装可靠的杀毒软件

目前在国内比较常见的杀毒软件有 360 杀毒、腾讯电脑管家、金山毒霸,还有小红伞和卡巴斯基,后两款是国外的杀毒软件。这些杀毒软件均可放心使用,但要注意以下两点:

(1)杀毒软件互不兼容,一般一台计算机系统上只能安装一种杀毒软件。如果有条件使用多种杀毒软件,可以先安装一种,扫描杀毒后,将其卸载,再安装另一种杀毒软件,这样可以取得更好的杀毒效果。

(2)没有哪一种杀毒软件可以百分之百地清除任何种类的病毒。病毒对于反病毒软件来说通常是超前的,通常是先出现某种病毒,再出现杀毒的方法,但这时病毒已经造成危害了。所以杀毒软件也不是万能的。

2. 养成良好的上网和下载习惯

人们常说"病从口入",网络是病毒最重要的来源,所以一定要管好这个"入口"。

(1) 尽量不要访问不正规的网站,尤其不要访问色情网站。下载软件去一些大的、著名的、可靠的网站。对于来源不明的软件在使用前使用杀毒软件查毒。安装软件时,一定要看清各种说明和协议,不可盲目点击"下一步",切记不要安装软件中不需要的项目,特别是流氓软件,一旦安装了,想删都删除不了,一般都需要使用很复杂的方法甚至重装系统才能清除。

(2) 下载软件后不要直接打开或运行,要先用杀毒软件进行杀毒后再运行。对于邮件不要轻易打开其中的附件。对方发送过来的电子邮件及相关的附件,首先要用"另存为…"命令保存到本地硬盘,待杀毒软件检查无毒后才可以打开使用。如果直接打开 DOC、XLS 等附件,计算机会自动启用 Word 或 Excel,如附件中有病毒则会立刻感染。

(3) 养成良好的计算机操作习惯。硬盘各分区应有明确分工,D 盘 E 盘可以存放文件,而作为系统分区的 C 盘只安装软件,不要存放各种文件。否则,一旦系统崩溃,重新安装系统后,C 盘上原先的东西都将荡然无存。桌面、我的文档等也不要存放各种文件,因为这些内容也在 C 盘上。个别品牌的计算机硬盘没有分区,用户一定要先分区再使用,否则风险极大。做好数据备份工作,为系统做好备份,一旦系统崩溃,可以迅速恢复。各种有价值的文件应刻录成光盘,可以免受病毒侵扰。操作系统及时更新,将系统补丁都打上,安装防火墙和杀毒软件,及时更新病毒库,打开实时监控,这样可以有效地将病毒拒之门外。

三、入侵检测技术

除了外部攻击外,信息系统往往还会面临来自系统内部的恶意攻击,如内部人员的恶意攻击、非法操作等。因此,计算机网络安全风险系数面临着不断提高的风险,传统的计算机网络安全解决方案已经难以解决。曾经作为计算机网络安全主要的防范手段的防火墙技术,已经不能满足人们对日益增长的网络安全需求。作为对防火墙技术的有益补充,引入了一种全新的计算机网络安全技术入侵检测系统(Intrusion Detection System,IDS)。入侵检测技术作为一种主动防御技术,在保障系统内部安全以及防止入侵攻击方面都发挥着重要作用。

(一) 什么是入侵检测

入侵检测是指"通过对行为、安全日志、审计数据或其他网络上可以获得的信息进行操作,检测对系统的闯入或闯入的企图"。入侵检测技术是一种积极主动的安全防御技术,提供对外部、内部攻击以及人员误操作的实时防护。入侵检测是对传统安全产品的合理补充,帮助系统对付网络攻击,扩展了系统管理员的安全管理能力(包括安全审计、监视、进攻识别和响应),提高了信息安全基础结构的完整性。它从计算机网络系统中的若干关键点收集信息,看看网络中是否有违反安全策略的行为和遭到袭击的迹象。入侵检测被认为是防火墙之后的第二道安全闸门。在不影响网络性能的情况下能对网络进行监测,从而提供对内部攻击、外部攻击和误操作的实时保护。

（二）入侵检测技术的工作原理

入侵检测技术的工作原理可以用 3 个过程来表示，即信息收集、信息分析和结果处理。

1. 信息收集

入侵检测的第一步是信息收集。收集内容包括系统、网络、数据及用户活动的状态和行为。由放置在不同网段的传感器或不同主机的代理来收集信息，包括系统和网络日志文件、网络流量、非正常的目录和文件改变、非正常的程序执行。

2. 信息分析

收集到的有关系统、网络、数据及用户活动的状态和行为等信息，被送到检测引擎，检测引擎驻留在传感器中，通过三种技术手段进行分析：模式匹配、统计分析和完整性分析。当检测到某种误用模式时，产生一个告警并发送给控制台。

3. 结果处理

控制台按照告警产生预先定义的响应采取相应措施，可以是重新配置路由器或防火墙、终止进程、切断连接、改变文件属性，也可以是简单地告警。

（三）入侵检测技术的实现方法

入侵检测实现的方法有很多，如基于专家系统的入侵检测方法、基于神经网络的入侵检测方法等。目前一些入侵检测系统在应用层入侵检测中已有实现。比如，基于专家系统的入侵检测方法主要是通过对入侵行为特征进行抽取并建立知识库，将有关入侵的知识转化为 if—then 结构（也可以是复合结构，if 部分为入侵特征，then 部分是系统防范措施）。这样，当发生入侵行为时，系统便会采取具有针对性的措施。入侵检测通过执行以下任务来实现：

（1）监视、分析用户及系统活动。

（2）系统结构和弱点的审计。

（3）识别反映已知进攻的活动模式并向相关人士报警。

（4）异常行为模式的统计分析。

（5）评估重要系统和数据文件的完整性。

（6）操作系统的审计跟踪管理，并识别用户违反安全策略的行为。

对一个成功的入侵检测系统来讲，不但可使系统管理员时刻了解网络（包括程序、文件和硬件设备等）的任何变更，还能给网络安全策略的制订提供指南。更为重要的点是，它容易管理、配置简单，从而使非专业人员非常容易获得网络安全。而且入侵检测的规模还根据网络威胁、系统构造和安全需求的改变而改变。入侵检测系统在发现入侵后会及时做出响应，包括切断网络连接、记录事件、报警等。

入侵检测作为一种积极主动的安全防护技术，提供了对内部攻击、外部入侵和误操作的实时保护，在网络系统受到危害之前拦截和响应入侵。从网络安全立体纵深、多层次防御的角度出发，入侵检测理应受到人们的高度重视，这从国外入侵检测产品市场的蓬勃发展就可以看出。从现阶段入侵检测技术的发展模式可以看出未来入侵检测技术主要向着基于数据挖掘的入侵检测技术，基于智能体入侵检测技术，基于遗传算法的入侵检测技术方向发展，其应用前景将是非常广阔的。

四、数据加密技术

数据加密技术已经有两千多年的历史，是网络中最基本的安全技术，主要是通过对网络中传输的信息进行数据加密来保障其安全性。加密技术能避免各种存储介质上或通过 Internet 传送的敏感数据被侵袭者窃取。由于原文经过加密，具有机密性，所以加密技术也适用于检查信息的真实性与完整性。这是一种主动安全防御策略，用很小的代价即可为信息提供相当大的安全保护。

（一）数字加密技术原理

所谓加密技术，就是指采用数学方法对原始信息（通常称为"明文"）进行再组织，使得加密后在网络上公开传输的内容对于非法接收者来说成为无意义的文字（加密后的信息通常称为"密文"）。而对于合法的接收者，因为其掌握正确的密钥，可以通过解密过程得到原始数据（即"明文"）。一条信息的加密传递过程如图 6-5 所示。由此可见，在加密和解密过程中，都要涉及信息（明文/密文）、密钥（加密密钥/解密密钥）和算法（加密算法/解密算法）这三项内容。

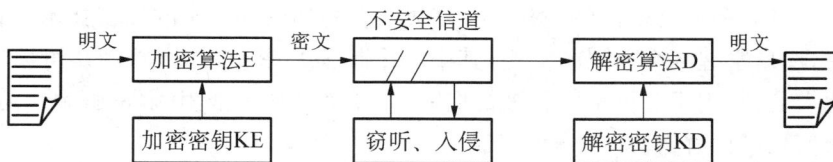

图 6-5　加密和解密的过程示意图

例如，采用移位加密法，将英文字母 A、B、C、D、X、Y、Z 分别对应变换成 D、E、F、G……A、B、C，即字母顺序保持不变，但使之分别与相差 3 个字母的字母对应。若现在有明文 "Thank you"，则按照该加密算法和密钥，对应的密文为"Wkdqn brx"，加密算法是将明文字母后移 3 位，解密就是将密文字母前移 3 位，3 就是加密和解密的密钥，由它控制加密、解密的进行。如果信息在传输过程中被窃取，窃取者只能得到无法理解的密文，从而实现了保障信息传输的安全。数据加密技术是电子商务采取的主要安全措施，其目的在于提高信息系统及数据的安全性和保密性，防止数据被外部窃取破译。加密技术通常可以分为对称加密技术和非对称加密技术两种。

（二）加密技术分类

1. 对称加密技术

对称加密技术（Symmetric Encryption）又称为常规密钥加密、私钥或单钥密钥加密，即信息的发送方和接收方使用同一个密钥对信息数据进行加密和解密的技术。

在对称加密技术中，由信息的发送方使用加密密钥对信息进行加密后，通过网络传输到信息的接收方,接收方再使用相同的密钥对密文进行解密,得到原始信息,从而保证信息的机密性和完整性,如图6-6所示。在这一过程中,交易双方采用相同的机密算法,只交换共享的加密密钥。如果进行通信的交易双方能够确保加密密钥在密钥交换阶段未发生泄露,就可以通过对称加密技术处理和发送机密信息。密钥的安全交换是关系到对称加密有效性的核心环节。

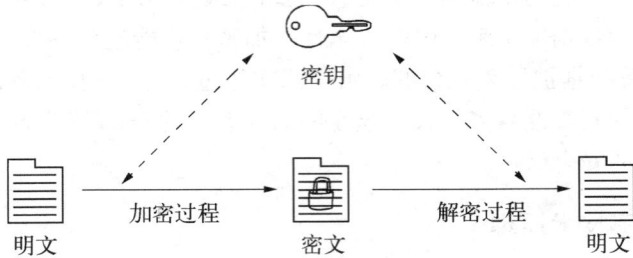

图 6-6 对称加密密钥工作过程

目前常用的对称加密算法有 DES、IDEA、3DES、RC4 等,其中数据加密标准(Data Encryption Standard,DES)是目前使用最广泛的对称加密算法,主要用于银行业的电子资金转账领域,被国际标准化组织(ISO)定为数据加密的标准。

2. 非对称加密技术

非对称加密技术(Unsymmetric Encryption)又称为公开密钥加密,是指分别使用公开密钥(加密密钥)和私有密钥(解密密钥)完成信息的加密和解密的加密技术。在非对称加密体系中,用户掌握两个不同的密钥,其中一个是公开密钥(加密密钥),可以通过非保护方式向他人公开,用于对机密信息进行加密,另一个是私有密钥(解密密钥),需要保密,用于对加密信息进行解密。

采用非对称加密技术对数据进行加密时,需要信息的接收方拥有一对密钥,且这对密钥无法相互推导。信息的接收方首先将其中一个密钥作为公钥,告知各贸易伙伴,而将另一个密钥作为私钥,由自己妥善保管。在进行信息传输时,发送方使用接收方的公钥对数据信息进行加密并传输,接收方收到密文后,使用自己的私钥进行解密得到原始信息,如图6-7所示。与此同时,如果私钥的拥有者利用私钥对数据进行加密,那么只用对应的公钥才能解密,由于私钥只能为特定的发送方所拥有,此时就可以采用这种方式确认信息发送者的身份。

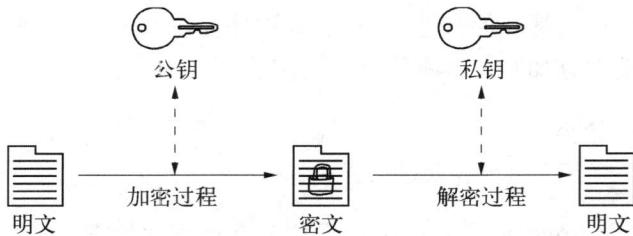

图 6-7 非对称加密密钥

目前使用最广泛的非对称加密算法是 RSA(Rivest Shamir Adleman)算法,该算法已被 ISO/TC 的数据加密技术分委员会 SC 20 推荐为非对称密钥数据加密标准。

五、数字摘要技术

(一)数字摘要的定义

数字摘要(Digital Digest)又称为报文摘要或消息摘要,是指发送者通过采用单向散列函数对某个被传输信息的摘要进行加密处理,形成具有密文性质的摘要值,并将此摘要值与原始信息报文一起发送给接收者,接收者应用此摘要值来检验信息报文在传递过程中是否发生改变,并确定报文信息的真实性。数字摘要一般采用安全的 Hash 算法(Secure Hash Algorithm,SHA),即选择一个散列函数或随机函数,用一个和记录相关的值作为函数的参数,生成存放该记录的块地址,从而得到一个摘要值。采用单向 Hash 函数将需要加密的明文“摘要”成一串 128 bit 的密文,这一串密文也成为数字指纹,有固定的长度。由于所得到的摘要值同明文是一一对应的,不同的摘要加密成不同的密文,相同的明文其摘要必然一样。因此,利用数字摘要可以验证通过网络传输的明文是否为初始的、未被篡改过的信息,从而保证数据的完整性和有效性。

(二)数字摘要技术实现过程

数字摘要技术的实现过程如图 6-8 所示,具体包括以下步骤:

(1)先提取发送信息的数字摘要,并在传输信息时将之加入文件一同送给接收方。

(2)接收方收到文件后,用相同的方法对接收的信息进行变换运算得到另一个摘要。

(3)将自己运算得到的摘要与发送过来的摘要进行比较,从而验证数据的完整性。

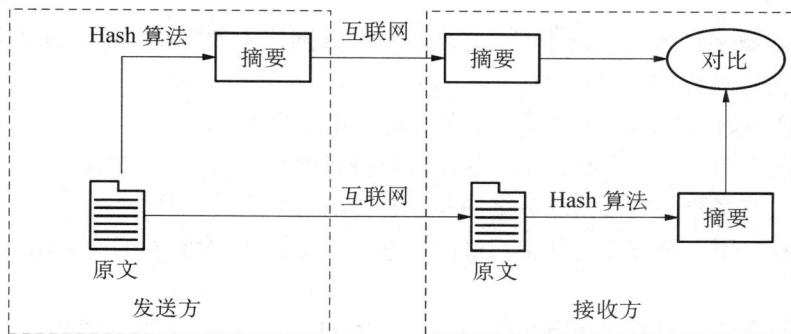

图 6-8　数字摘要技术的实现过程

六、数字签名技术

(一) 数字签名的定义

数字签名(Digital Signature)是公开密钥加密技术的一种应用,是指用发送方的私有密钥加密报文摘要,然后将其与原始的信息附加在一起,合称为数字签名。数字签名是通过某种密码运算生成一系列符号及代码组成电子密码进行签名,来代替书写签名或印章,这种电子式的签名还可以进行技术验证,其验证的准确度是一般手工签名和图章的验证无法比拟的。数字签名是目前电子商务、电子证券中应用最普遍、技术最成熟、操作性最强的一种电子签名方法。它采用了规范化的程序和科学化的方法,用于鉴定签名人的身份以及对一项电子数据内容的认可。它还能验证出文件的原文在传输过程中有无变动,确保传输电子文件的完整性、真实性和不可抵挡性。

(二) 数字签名的实现过程

实现数字签名有很多方法,目前数字签名采用较多的公钥加密技术,如基于 RSA Date Security 公司的 PKCS、Digital Signature Algorithm、X.509、PGP。1994 年美国标准与技术协会公布了数字签名标准而使公钥加密技术广泛应用。公钥加密系统采用的是非对称加密算法。目前的数字签名是建立在公共密钥体制基础上的,它是公用密钥加密技术的另一类应用。

现在应用广泛的数字签名方法主要有三种,即 RSA 签名、DSS 签名和 Hash 签名。这三种算法可单独使用,也可综合在一起使用。数字签名是通过密码算法对数据进行加密、解密变换实现的,用 DES 算法、RSA 算法都可实现数字签名。但三种技术或多或少都有缺陷,或者没有成熟的标准。下面以 Hash 签名为例介绍签名的主要过程。Hash 签名是最主要的数字签名方法,也称之为数字摘要法或数字指纹法。它与 RSA 数字签名不同,该数字签名方法是将数字签名与要发送的信息紧密联系在一起,更增加了可信度和安全性。

只有加入数字签名及验证才能真正实现在公开网络上的安全传输。加入数字签名和验证的文件传输过程如下:

(1) 发送方首先用 Hash 函数从原文得到 128 位的数字摘要。

(2) 发送方用自己的私有密钥对数字摘要进行加密,形成数字签名。

(3) 发送方将原文和加密的数字摘要一起传给对方。

(4) 接收方用发送方的公共密钥对摘要进行解密,同时对收到的原文用 Hash 算法产生摘要。

(5) 接收方将解密后的摘要与收到的原文用 Hash 算法产生的摘要相互对比,如果两个摘要一致,则说明传送过程中信息没有被破坏或篡改过。

整个数字签名的过程如图 6-9 所示,数字签名就是这样通过双重加密的方法来防止原文被修改或冒用别人的名义发送文件,或收发文件又加以否认等行为的发生。

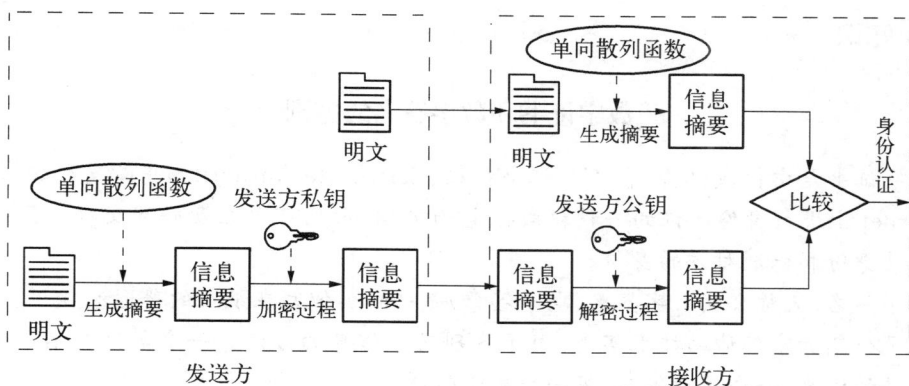

图 6 - 9　数字签名技术的实现过程

七、数字证书

数字证书是由 CA 认证中心颁发的、包含了公开密钥持有者信息以及公开密钥的文件,用来证实一个用户的身份和对网络资源的访问权限。

数字证书可用于发送安全电子邮件、访问安全站点、网上证券、网上招标采购、网上签约、网上办公、网上缴费、网上税务等网上安全电子事务处理和安全电子交易活动。

(一) 数字证书的功能

(1) 文件加密。

(2) 数字签名。

(3) 身份认证。

(二) 数字证书的分类

(1) 个人数字证书。证书中包含个人身份信息和个人公钥,用于标识证书持有者的个人身份。在一些情况下,服务器可能在建议 SSL 连接时要求客户提供个人证书来证实客户身份。为了取得个人证书,用户可以向某一 CA 机构申请,CA 经过审查后决定是否向用户颁发证书。

(2) 服务器证书。证书证实服务器的身份和公钥,主要用于网站交易服务器的身份识别,使得连接到服务器的用户确信服务器的真实身份。目的是保证客户和服务器之间交易、支付时双方身份的真实性、安全性、可信任性等。

(3) 安全电子邮件证书。用于对普通电子邮件做加密和数字签名处理,以便确保电子邮件内容的安全性、机密性、发件人身份的确定性和不可抵赖性。

(4) 安全 Web 站点证书。安全 Web 站点证书中包含 Web 站点的基本信息、公钥和 CA 机构的签名,凡是具有网址的 Web 站点均可以申请使用该证书,主要和网站的 IP 地址、域名绑定,可以保证网站的真实性和不被人仿冒。

小知识·+·

数字证书和数字签名的区别

数字证书是由权威机构——CA证书授权（Certificate Authority）中心发行的，能提供在 Internet 上进行身份验证的一种权威性电子文档，人们可以在互联网交往中用它来证明自己的身份和识别对方的身份。

数字签名（又称公钥数字签名、电子签章）是一种类似写在纸上的普通的物理签名，但是使用了公钥加密领域的技术实现，用于鉴别数字信息的方法。一套数字签名通常定义两种互补的运算，一个用于签名，另一个用于验证。

数字证书好比现实中你的身份证；数字签名好比现实中你的签字。

·+·

第七章 智慧商场电商平台开发

(一) 知识要求
- 了解电子商务网站的构成要素。
- 了解电子商务安全的主要威胁。
- 认识电子商务安全及其重要性。
- 掌握电子商务交易中的安全技术。
- 掌握数字证书与认证中心。
- 了解电子商务存在的法律问题。

(二) 能力要求
- 掌握电子商务网络安全技术。
- 掌握电子商务认证技术。

案例导入

7.1 电子商务网站概述

一、电子商务网站的构成要素

从不同的角度考察,电子商务网站的构成要素具有不同的组合。

(一) 电子商务网站功能要素

一般意义上的网站由三部分组成,即域名、空间、网页。从网站功能角度考虑,电子商务网站的构成要素,除了包含一般网站的三要素外,还包括商品目录、购物车、付款台、留言板/论坛、会员管理、库存管理、商品配送、报表系统等一些特殊的要素。

1. 网站域名

互联网是基于 TCP/IP 协议进行通信和连接的,每一台主机都有一个唯一的标识固定的 IP 地址,这个与网络上的数字型 IP 地址相对应的字符型地址,就被称为网站域名

(Domain Name),如 www.jd.com 是京东的域名。域名通常由一串用点分隔的字符组成，代表互联网上某一台计算机或计算机组的名称，用于在数据传输时标识计算机的电子方位，就相当于一个家庭的门牌号码。

企业要在互联网上开展电子商务，首先必须拥有一个 Web 地址，即人们通常讲的网址或域名，它是互联网上的重要标识，具有唯一性。

域名可分为顶级域名、二级域名或中文域名、网络实名等多种形式，企业可以根据其业务范围和目标顾客，选择注册所需域名。企业向域名注册代理机构缴纳一定的管理费用，域名注册代理机构为其提供域名注册、变更、删除服务和相关帮助，同时提供域名注册处理情况的查询及域名统计信息和域名申请授权代理的信息。

我国域名体系是在顶级域名"CN"之外暂设"中国""公司"和"网络"3 个中文顶级域名，在顶级域名 CN 之下设"类别域名"和"行政区域名"两类英文二级域名。其中，"类别域名"包括 ac(科研机构)、com(企业)、edu(教育机构)、gov(政府部门)、mil(军事机构)等7 个，"行政区域名"34 个，主要以其汉语拼音的第一个字母命名，如北京市域名为 BJ，上海市域名为 SH。

各级国际域名长度限制在 20 个合法字符(汉字、英文 a～z、A～Z、数字 0～9 和连字符-)。中文域名同英文域名一样是互联网上的门牌号码，中文域名不能是纯英文或数字，应至少有一个汉字。

小知识

.CN 域名和.COM 的域名有什么区别？

流行的通用域名格式，全球的用户超过 1 000 万个。所有国际化公司都会注册.com 域名；当然也可以选择.NET/.org。个人和企业都可以注册.cn 为中华人民共和国国家及地区顶级域的域名，目前个人和企业都可以注册，但是注册不是实时开通的，要经过 CNNIC 实名认证审核，一般大概是 1 个工作日左右。

2. 网站空间

网站空间是指能够在互联网上存放网页内容的容量。一般用户通常选择虚拟空间，省去购买软硬件开销，不过前提是先注册域名。当然还可以通过其他方式，如服务器托管、服务器租用等方式获得网站空间。

3. 网站页面

简单地说，网页就是让互联网用户浏览的网站内容。一般的网页上都会有文本、图片等信息，而复杂一些的网页上还会有声音、视频、动画等多媒体内容，为网页增添了丰富的色彩和动感。几乎所有的网页都含有链接，可以轻而易举地进入同一网站的其他网页或是相关的网站。

4. 网站商品目录

如何建立商品的目录结构？网站应提供何种导航和搜索功能，才能使得用户可以快速、便利地寻找到所需要的商品和相关信息，需根据企业的具体情况确定。企业网站商品目录可以是二维的,也可以设计成三维的。网站三维商品目录可以充分利用三维资源,在线为各经营机构提供一种电子化展示商品、深层次挖掘客户、几何式降低成本的专业性服务。企业可以通过网站三维商品目录获得多重商机,领先对手一步,取得战略上的优势和生意上的成功。

5. 网站购物车

网站购物车是电子商务网站为广大用户提供的一种快捷购物工具,是连接商品和付款台的关键环节。通过购物车,顾客可以在网站一次性批量购买多个商品,并可一次性通过网站所支持的支付工具完成付款。通过购物车选购商品,用户无须登录,也无须下单,即可在其终端上随时保存或查看所有想要购买的商品,从而为广大用户带来了一种全新的、方便快捷的网络购物体验。

6. 付款台

付款台通常也称收银台,即网站提供在线支付功能的系统入口。支付系统是网络交易的重要环节。首先,电子商务网站支付系统所提供的付款方式应多样化,如信用卡付款、邮局划拨、货到付款等方式,让客户可依需求来选择;其次,应采用妥善的安全机制来确保交易的安全性,这不但关系到顾客的切身利益,同时也直接关系到商业经营的安全可靠。

7. 留言板/论坛

留言板/论坛服务是电子商务网站一种极为常见的互动交流服务。论坛可以向用户提供开放性的分类专题讨论区服务,顾客可以在此发表感受、交流技术、经验乃至人生的感悟与忧欢,亦可以作为商家与顾客交流的渠道。电子留言板可以让客户用最快的速度留下反馈意见和联系方式,并存入系统数据库;网站后台管理员可查询新的反馈信息并进行回复。

8. 库存商品的管理

后勤保证是任何商业运作的基础。无论网上商店还是真实商店,货物都是一样真实的,对库存货物的存储和管理也一样是真实的。

9. 商品配送

商品配送是实现商品最终到达用户的重要环节,一般可以依靠邮政、快递、第三方物流公司或其他可靠的系统将货物送到消费者手中。

此外,还有会员管理、报表系统等功能要素。

(二)电子商务网站的系统要素

从技术的角度,电子商务网站的基本要素包括客户端、网络、服务器、应用集成、企业数据与应用等。

二、电子商务网站的定义和主要功能

电子商务是信息时代的产物,随着 Internet 技术与应用的不断发展,人类进入信息化社会的步伐大大加快。互联网带给人们的好处不仅在于可以通过网络了解和获得大量的信息,还在于可以通过网络进行跨地区的远程通信、网上办公、网上教学,并可以进行各种跨越时间和空间的商务活动。

(一)电子商务网站的定义

电子商务网站在软、硬件基础设施的支持下,由一系列网页、制作工具、编程技术、后台数据库等构成,具有实现不同电子商务应用的各种功能,可以发挥广告宣传、经销代理、银行与运输公司中介、信息交流平台等方面的作用。

电子商务网站建设,是指应用各种网页设计技术,为企事业单位、公司或个人在互联网上建设自己的站点并发布信息。网站是企业展示自身形象、发布产品信息、把握市场动态的新平台。

(二)电子商务网站的功能

(1)企业形象宣传。

(2)新闻发布、供求信息发布。

(3)产品和服务项目展示。

(4)商品和服务订购。

(5)转账与支付、运输。

(6)信息搜索与查询。

(7)客户信息管理。

(8)销售业务信息管理。

三、电子商务网站的类型和组成

(一)电子商务网站的类型

1. 按照商务目的和业务功能分类

按照商务目的和业务功能分类,分为基本型商务网站、宣传型商务网站、客户服务型商务网站和完全电子商务运作型网站。

(1)基本型商务网站。

基本型商务网站通过网络媒体和电子商务的基本手段进行公司宣传和客户服务。这类网站适合于专业人员力量薄弱,又需要提供电子商务服务的小型企业。其特点是网站构建价格低廉,性价比高。例如,http://www.puer10000.com/index.html,普洱茶官方网站(见图 7 - 1)。

图 7-1　普洱茶官方网站

（2）宣传型商务网站。

网站可以作为企业公共关系的重要窗口，宣传企业的最新动态和经营状况。这类网站主要由国内外的一些上市公司，在这些公司的官方网站上设有公司新闻和投资者专递等栏目，成为企业对外公布消息的正式渠道和准则来源。宣传型商务网站适合于各类企业，尤其是外贸企业。例如，http://www.h-d.cn/，常熟华东汽车有限公司的网站（见图 7-2）。

图 7-2　常熟华东汽车有限公司网站

（3）客户服务型商务网站。

这类网站可以提供售后服务和动态服务状态查询，更高层次地满足客户需求。例如，http://antivirus.rising.com.cn/，瑞星查毒网（见图 7-3）。

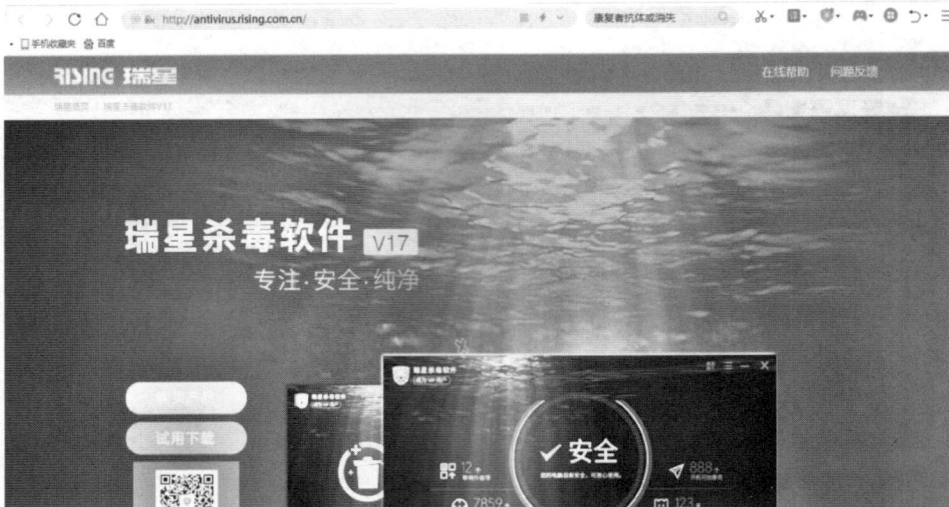

图 7-3　瑞星查毒网

（4）完全电子商务运作型网站。

完全电子商务运作型网站涉及电子商务的各个方面，如分销管理、网上采购、网上招聘等。这类网站更确切地说是一套业务管理系统软件。例如，https://www.dell.com/support/home/zh-cn？c=cn&l=zh&s=bsd，戴尔公司网站（见图 7-4）。

图 7-4　戴尔公司网站

2. 按照构建网站的主体分类

按照构建网站的主体分类，分为行业电子商务网站、企业电子商务网站、政府电子商务网站和服务机构电子商务网站。

（1）行业电子商务网站。

行业电子商务网站是指以行业机构为主体，构建一个大型的电子商务网站，以便为本行业的企业和部门进行电子化贸易提供信息发布、商品订购、客户交流等活动的平台。例如，http://www.jx.cn/，中国机械网（见图 7-5）。

图 7-5 中国机械网

（2）企业电子商务网站。

企业电子商务网站是指以企业为主体构建网站来实施电子商务活动,根据企业生产的主导产品和提供的主要服务的不同可进一步分为各种不同类型的网站。例如,https://www.haier.com/cn/,海尔集团网站(见图 7-6)。

图 7-6 海尔集团网站

（3）政府电子商务网站。

政府电子商务网站以政府机构为主体构建网站来实施电子商务活动。例如，http://www.shz.gov.cn/，石河子政府网（见图7-7）。

图7-7　石河子政府网

（4）服务机构电子商务网站。

服务机构电子商务网站以服务机构为主体构建网站来实施电子商务活动。例如，http://www.chinapost.com.cn/，中国邮政网（见图7-8）。

图7-8　中国邮政网

3. 按照站点拥有者的职能分类

按照站点拥有者的职能分类,分为生产型商务网站和流通型商务网站。

(1)生产型商务网站。

生产型电子商务网站主要是由生产产品或提供服务的企业建立,目的在于宣传和推广其生产的产品与服务,实现在线采购、在线销售和在线技术支持等功能。浏览者如果对产品感兴趣,可以直接在页面上下订单,然后付款,完成整个交易过程。这类网站的网页都比较实用,特点是信息量大,并提供大额订单,如 http://www.fangda.com/,方大集团股份有限公司(见图 7-9)。

图 7-9　方大集团股份有限公司

(2)流通型商务网站。

流通型商务网站主要是由流通企业建立,目的在于宣传和推广其销售的产品和服务,较好地展示产品的外观和功能,使顾客更好地了解产品的性能和用途,促使顾客在线购买。这类网站的网页一般都制作精美,动感十足,很容易吸引浏览者,能起到很好的广告及促销效果,如 https://www.taobao.com/,淘宝网(见图 7-10)。

图 7-10　淘宝网

4. 按照网站运作的广度和深度分类

按照网站运作的广度和深度分类,分为垂直型电子商务网站、水平型电子商务网站、专门型电子商务网站和公司型电子商务网站。

(1)垂直型电子商务网站。

这类网站是指提供某一类产品及其相关产品(互补产品)的一系列服务的网站,也就是一站式服务的商务网站。这种网站的优势是产品的互补性,顾客在网站上的平均滞留时间较长,如一个汽车类的网站可以提供如订购汽车、报名驾校培训班、汽车零配件购买、汽车保险、车友俱乐部社区等一揽子在线服务。例如,https://www.hmlan.com/auction/search.htm? q=&noex=,中国兰花交易网(见图7-11)。

图7-11　中国兰花交易网

(2)水平型电子商务网站。

这种类型的网站类似于网上购物中心或超市,优势在于其产品线的宽度,顾客在这里可以很容易地实现"货比三家",买到自己能接受的价格水平的商品。缺点是产品深度和配套性不够。网站的角色是中间商,在产品价格上处于不利地位。例如,https://www.1688.com/,1688网站(见图7-12)。

图 7 - 12　1688 网站

（3）专门型电子商务网站。

这类网站能提供某一类产品的最优产品，类似于专卖店。专门代理销售高档优质价廉的产品。除了直接面对消费者外，该类网站也面对很多垂直型和水平型网站的供应商。对于这一类网站来说，其生存的关键是能否提供品质优良、价格合理、品牌知名度高的产品。例如，https://www.samsung.com/cn/，三星网（见图 7 - 13）。

图 7 - 13　三星网

（4）公司型电子商务网站。

这类商务网站是指以销售本企业的产品和服务为主的网站,相当于公司的网上店面。这类站点的缺陷是产品服务过于单一,顾客的选择面太窄。除了少数品牌知名度极高、市场份额较大的公司外,该类站点的发展空间将十分有限。从产品的形态看,提供一些无形化产品或服务的行业(如金融服务、电子产品、旅游、教育培训、咨询、传媒等行业)更适合开展电子商务。因为这些行业的共同特点是产品的无形化,不存在实物的流动,不需要相应的配送体系,特别适合在网上开展业务。例如,https://www.dell.com/zh-cn,戴尔公司网站(见图 7 - 14)。

图 7 - 14　戴尔公司网站

5. 按照业务范畴和运作方式分类

按照业务范畴和运作方式分类,分为非交易型电子商务网站、半交易型电子商务网站和全交易型电子商务网站。

（1）非交易型电子商务网站。

这类网站就是在网站上提供了商贸信息源的一个信息发布和查询系统。对于供应商来说,就是建立自己的网页,并加入同行业一些著名的网站中,然后积极组织本企业产品信息动态发布;对于需求商来说,则是需要上网到一些本行业著名网站中查询所需要的新产品信息。这类网站只是在向供需双方提供沟通信息的机会,并不参加后续的交易过程,所以不存在安全性、保密性等问题,如 http://www.neusoft.com,东软集团网站(见图 7 - 15)。

图 7 – 15　东软集团网站

（2）半交易型电子商务网站。

这类网站是在非交易型网站的基础上更近一步,使之完成商贸单证和票据交换的过程,如索要报价单、洽谈商定价格等业务细节、填送订购单、支付购货费用、出具发货通知等一系列单证和票据交换过程,如 http://www.ctrip.com,携程网(见图 7 – 16)。

图 7 – 16　携程网

（3）全交易型电子商务网站。

这类网站是在非交易网站和半交易网站的基础上再进一步,使之能够实现资金的支付、清算、承运、发到货管理等,如 http://www.amazon.cn,亚马逊网上书店(见图 7 – 17)。

图 7-17　亚马逊网上书店

（二）电子商务网站的组成

1. 电子商务网站的架构

广义的电子商务网站由一系列网页和具有商务功能的软件系统、数据库等组成。狭义的电子商务网站是由主页面、公司组织结构和员工组成等背景资料页面、产品或服务页面、购买交流页面、滚动交流页面、广告宣传页面、客户反馈页面等众多页面构成。

2. 电子商务网站的构成要素

（1）网站域名。

网站域名是什么？通俗地说，域名就是网站在互联网上一个通用的名字；官方说，域名是由若干个从 a 到 z 的 26 个拉丁字母及 0 到 9 的 10 个阿拉伯数字及连字符"-"."符号构成并按一定的层次和逻辑排列，与互联网协议（IP）地址相对应的一串容易记忆的字符。

域名按照类型划分有国际域名和国内域名。

国际域名，又称为国际顶级域名（International Top-level Domain-names，iTDs），使用最早、最广泛的域名。例如，zhanhelp 这样的域名表示工商企业的，表示网络提供商的，表示非营利组织的等。

国内域名，又称为国内顶级域名（National Top-level Domainnames，nTLDs），即按照国家的不同分配不同后缀的国内顶级域名。目前 200 多个国家和地区都按照 ISO 3166 国家代码分配了顶级域名，如中国是 cn，美国是 us，日本是 jp 等。

域名根据等级划分有顶级域名、二级域名、三级域名等。顶级域名是相对二级域名、三级域名而言的，如 yunyingzhe 就是顶级域名，而 bbs.yunyingzhe 就是二级域名，zixun.bbs.yunyingzhe 就是三级域名。

域名结尾不同的代表意义：

ac——科研机构。

com——Commercial Organizations，工、商、金融等企业。

edu——Educational Institutions，教育机构。

gov——Governmental Entities，政府部门。

mil——Military，军事机构。

arpa——Come from ARPANet，由 ARPANET（美国国防部高级研究计划局建立的计算机网）沿留的名称，被用于互联网内部功能。

net——Network Operations and Service Centers，互联网络、接入网络的信息中心（NIC）和运行中心（NOC）。

org——Other Organizations，各种非营利性的组织。

biz——Web Business Guide，网络商务向导，适用于商业公司（注：biz 是 business 的习惯缩用）。

info——Infomation，提供信息服务的企业。

pro——Professional，适用于医生、律师、会计师等专业人员的通用顶级域名。

name——Name，适用于个人注册的通用顶级域名。

coop——Cooperation，适用于商业合作社的专用顶级域名。

aero——Aero，适用于航空运输业的专用顶级域名。

museum——Museum，适用于博物馆的专用顶级域名。

mobi——适用于手机网络的域名。

asia——适用于亚洲地区的域名。

tel——适用于电话方面的域名。

int——International Organizations，国际组织。

cc——原是岛国"Cocos（Keeling）Islands"的缩写，但也可把它看成"Commercial Company"（商业公司）的缩写，所以现已开放为全球性国际顶级域名，主要应用在商业领域内。简短、容易记忆、漂亮、容易输入，是新一代域名的新秀。

tv——原是太平洋岛国图瓦卢"Tuvalu"的国家代码顶级域名，但因为它也是"Television"（电视）的缩写，所以现已开放为全球性国际顶级域名，主要应用在视听、电影、电视等全球无线电与广播电台领域内。

us——类型表示美国，全球注册量排名第二。

travel——旅游域名，国际域名。

idv——用于个人。

（2）网站物理地点。

网络中的地址分为物理地址和逻辑地址两类，与网络层的 IP 地址、传输层的端口号以及应用层的用户名相比较，局域网的 MAC 层地址是由硬件来处理的，叫作物理地址或硬件地址。IP 地址、传输层的端口号以及应用层的用户名是逻辑地址（由软件处理）。MAC 地址就是物理地址。

大多数局域网通过为网卡分配一个硬件地址来标识一个联网的计算机或其他设备。

所谓物理地址是指固化在网卡 EPROM 中的地址,这个地址应该保证在全网是唯一的。IEEE 注册委员会为每一个生产厂商分配物理地址的前三字节,即公司标识。后面三字节由厂商自行分配。即一个厂商获得一个前三字节的地址可以生产的网卡数量是 16 777 216 块。即一块网卡对应一个物理地址,也就是说对应物理地址的前三字节可以知道它的生产厂商。

如果固化在网卡中的地址为 002514895423,那么这块网卡插到主机 A 中,主机 A 的地址就是 002514895423,不管主机 A 是连接在局域网 1 上还是在局域网 2 上,也不管这台计算机移到什么位置,主机 A 的物理地址就是 002514895423。它是不变的,而且不会和世界上任何一台计算机相同。当主机 A 发送一帧时,网卡执行发送程序时,直接将这个地址作为源地址写入该帧。当主机 A 接收一帧时,直接将这个地址与接收帧目的地址比较,以决定是否接收。物理地址一般记作 00 - 25 - 14 - 89 - 54 - 23(主机 A 的地址是 002514895423)。

(3)网页。

网页是用 HTML 语言编写,通过 WWW 传播,并被 WEB 浏览器翻译成为可以显示出来的集文本、超链接、图片、声音和动画、视频等信息元素为一体的页面文件,是网站的基本单位。

网页制作的常用工具软件有 Dreamweaver、FrontPage、firework、Photoshop、Flash。网页正文区＜BODY＞＜/BODY＞和文件头＜HEAD＞＜/HEAD＞的位置关系,文件头内的唯一一个必须出现的标记是哪一个标记? title～

```
<html>    html 文件开始
    <head>    文件头开始
    文件头
    </head>    文件头结束
    <body>    文件体开始
    文件体
    </body>    文件体结束
    </html>    html 文件结束
```

```
<HTML>    HTML 文件开始
<HEAD>    文件头开始
<TITLE>…</TITLE>    网页标题区
</HEAD>    文件头开始结束
<BODY>    网页正文区开始
网页正文区内容
</BODY>    网页正文区结束
</HTML>    HTML 文件结束
```

(4)货款结算。

货款结算主要运用电子支付方式,电子支付系统的基本构成如图 7-18 所示。

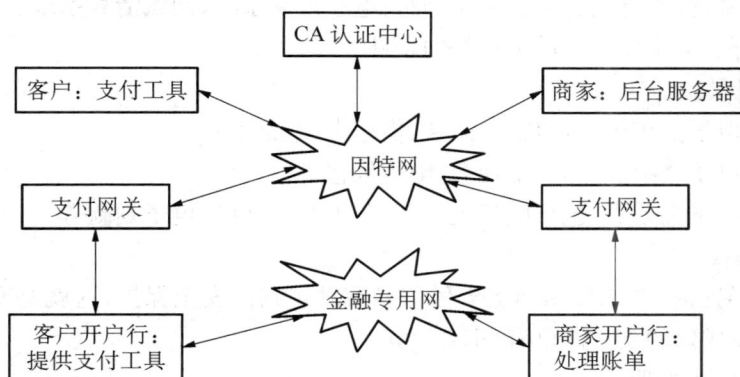

图 7-18 电子支付系统的基本构成

① 客户。

客户一般是指利用电子交易手段与企业或商家进行电子交易活动的单位或个人。它们通过电子交易平台与商家交流信息,签订交易合同,用自己拥有的网络支付工具进行支付。

② 商家。

商家是指向客户提供商品或服务的单位或个人。在电子支付系统中,它必须能够根据客户发出的支付指令向金融机构请求结算,这一过程一般是由商家设置的一台专门的服务器来处理的,其中包括认证和不同支付工具的处理。

③ 认证中心。

认证中心是交易各方都信任的公正的第三方中介机构,它主要负责为参与电子交易活动的各方发放和维护数字证书,以确认各方的真实身份,保证电子交易整个过程安全稳定进行。

④ 支付网关。

支付网关是公用网和金融专用网之间的接口,支付信息只有通过支付网关才能进入银行的支付系统。其主要作用是完成两者的直接通信、协议、转换和进行数据加密、解密,以保护银行内部网的安全。

⑤ 客户开户行。

客户开户行是指客户在其中拥有自己账户的银行,客户所拥有的支付工具一般都是由开户行来提供的,客户的开户行在提供支付工具的同时也提供了银行的信用,保证了支付工具的兑付。在信用卡体系中,客户的开户行也称为发卡行。

⑥ 商家开户行。

商家开户行是指商家在其中拥有自己账户的银行。商家将客户的支付指令提交给其开户行后,就由商家开户行进行支付授权的请求以及银行间的清算等工作。商家开户行是依据商家提供的合法账单(客户的支付指令)来操作的,因此又称为收单银行。

⑦ 金融专用网。

金融专用网是银行内部及银行间进行通信的网络,具有非常高的安全性,包括中国国家现代化支付系统、银行电子联行系统、商行电子汇兑系统、同城清算系统、银行卡授权系统等,它们为开展电子商务提供了良好的条件。

⑧ 支付工具。

第一类是电子信用卡类,包括智能卡、借记卡、电话卡;

第二类是电子货币类,如电子现金、电子钱包等;

第三类是电子支票类,包括电子支票、电子汇款(EFT)、电子划款等。

⑨ 支付协议。

互联网交易必须考虑公用网上支付信息流动规则及安全保护,这就是支付协议的责任。目前,比较成熟的支付协议有 SET 等。

(5)客户资料管理。

营销公司通过网站信息、市场信息的收集、产品销售合同等过程收集客户的资料。客户资料应包括客户公司营业执照、税务登记等法人资质资料;客户联系方式,包括电话、联系人、网址等;客户信用状况描述;客户生产工艺、生产规模、使用原料、企业生产投资等信息;客户以往交易记录等。

(6)商品数据库管理。

商品数据库管理包括商品信息、商家信息、入库出库信息、日志信息。商品由商品编号标识,商家信息由商家编号标识,入库出库根据商品信息、商家信息来标识。在进行商品数据库管理时,要分析功能需求、数据字典等相关内容。

7.2　电子商务网站规划

一、需求分析

(一)需求分析基本概念

网站建设的需求分析是网站建设的第一阶段,其总的目的是根据调查分析,明确建设电子商务网站的目的与内容,使网站建设能根据企业经济等实力,并满足企业真实需求和客户需求,以提高企业市场竞争率和经济效益。

(二)需求分析基本内容及方法

网站需求分析的内容主要包括企业需求调查、目标客户调查与分析、竞争对手调查分析、网站构建的市场定位分析、可行性分析、收益分析、风险分析。

1. 企业需求调查

企业需求调查的目的是充分了解用户需求、业务内容和业务流程,是下一步进行需求分析的前提条件。需求调查方法有两个。

(1)了解企业。通过调查和直接咨询企业负责人、查看宣传画册等手段,对企业的基本情况和管理手段等有进一步的了解。

（2）了解企业网站需求。通过对企业和部门等负责人的沟通，了解企业对网站建设的需求（需要达到的效果与目的）。

2. 目标客户调查与分析

（1）目的。调查与分析目标客户，了解网站可能的服务对象和他们的需求，规划与设计符合目标客户群的商务网站，为他们提供所需的产品和服务，以及满足他们的兴趣和爱好，这样的商业网站才能满足客户的需求，成功的可能性才高。

（2）分析内容。

① 个体客户：考虑老客户是否喜欢新技术和经常上网及他们受教育的程度与未来购买倾向；分析目前大多数网民网上购物倾向、未来发展的趋势与本企业产品的接近程度。网民对待上网的态度、付款方式、送货方式的选择对网络销售有较大的影响（货到付款、EMS 为主）。

② 公司客户：了解原公司客户上网情况、业务流程与网络结合程度、对网上交易的主要需求、所处的商业环境、公司员工的业务素质与文化程度、对新技术的接受能力等。目前大多数上网公司的目的、所处的行业状况、区域分布、这些公司客户需求与本企业可能提供的产品和服务是否接近。

（3）方法：分析原有客户资料与中国互联网信息中心（CNNIC）所做的统计报告，了解原有客户上网及网上购物的可能性；定期跟踪分析 CNNIC 统计报告，了解网民变化情况和网上购物的发展趋势；通过专门的咨询公司或者自己进行实地调查研究；利用 ISP 或有影响的行业网站进行网上调查研究。

（4）注意：对网上目标客户进行分析，不仅要找出表面的、内在的、具有可塑性的各种需求，而且要挖掘出客户在需求信息方面的各种需求。在借用传统经营分析方法对网上目标客户分析的同时，必须充分考虑电子商务在贸易区域和贸易行为上的不确定性，不断研究在支付和配送可实现的情况下如何培养自己的目标客户。

目标客户分析是一项长期的工作。网站建设后，需不断跟踪与了解本企业满足客户需求的反馈情况，分析研究客户新需求，以便修正与完善企业网站的结构与功能。

3. 竞争对手调查分析

（1）目的。了解原先的竞争对手是否上网，洞察网上已经开展了业务的竞争对手情况，分析现有和潜在的竞争对手的优势和劣势，研究竞争对手网站运行和电子商务运作的效果，以便制定自己的发展战略、网站设计方案和战胜竞争对手的方法。

（2）主要内容。

① 确认网上的竞争对手。

● 选择竞争对手的两个标准。

行业标准：从一群提供一种或者一类彼此类似或密切相关的产品的企业中寻找；

市场标准：从一些力图满足相同顾客群需求或者服务于同一顾客群的企业中寻找。

● 寻找竞争对手的三种方法。

直接将原来竞争对手的公司名称或主导产品名称作为主要域名进行模糊查找；

利用搜索引擎从分类或者关键词入手进行查找；

利用行业协会网站的链接进行查找。

② 了解竞争对手电子商务战略和所开展的主要网上业务。

③ 研究竞争对手网站的设计构架与运行效果(如功能、信息结构、设计风格、提供的产品和服务特色等)。

4.网站构建的市场定位分析

(1) 目的意义。

市场定位是在目标客户的心目中为本企业和产品及服务创造一定的特色,赋予一定的形象,以满足与适应客户一定的需求与偏好。

市场定位分析是以目标客户分析和竞争对手分析为基础,寻求企业竞争优势的分析方法。

(2) 网络环境下的企业竞争优势。

同等条件下能否比竞争对手定出更低的价格;能否提供有别于竞争对手的特色产品或服务;电子商务模式与流程的设计特色、网站使用的便利性、网站功能的完善性、网站风格的可接受性、网站信息发布与管理的效率、网站推广途径等因素。

(3) 内容。

① 竞争性分析。目的是确定企业的竞争优势。包括分析同类商品市场最大容量和在网上可以推广销售的程度;了解竞争对手的势力和地位,比较本企业的商品所占的分量与地位;研究消费者对各个企业所提供的商品与服务特色所能接受的程度,找出自己的竞争优势或劣势,选择本企业的市场定位。

② 主要竞争对手网站内容结构与运行效果分析。目的是确定本企业网站架构(如内容结构、系统功能、运行效果、硬件换代和网页翻新周期、网站成功的关键因素)。

③ 新产品市场开拓分析。目的是确定企业未来发展方向,从中探讨本企业网站的市场定位是否合理及发展趋势。

(4) 方法。

问卷调查法、空缺分析法、多向量分析法、优势对比法、网上链接统计分析法。

5.可行性分析

(1) 主要内容及内涵。

技术可行性分析主要是指构建与运行电子商务网站所必需的硬件、软件及相关技术对电子商务业务流程的支撑分析。

经济可行性分析是指构建与运行网站的投入与产出效益分析。

组织人员可行性分析是指保证网站构建与运行所需要的人力资源以及组织设计和管理制度的分析。

(2) 技术可行性分析。

可选择的电子商务技术:EDI 技术、条形码技术、电子邮件、WWW 技术、数据仓库和数据挖掘技术、电子表格技术。

技术可行性分析内容:与企业原有技术或者系统衔接程度的分析(技术选择要与原有系统相衔接);技术的选择与利用对于网站功能实现的支持分析(要按网站功能选择相关技术与实施)。

（3）经济可行性分析（成本构成与测算）。

构建成本的测算包括软件成本和硬件成本。软件成本的测算是最难确定的，可建立在对过去项目成本情况进行分析的基础上，分两步走：① 测算软件规模和程序量；② 利用有关经验参数模型测算出该规模软件成本。也可用专家判定法测算软件成本。

软件成本估算方法：① 参照类似的已经完成的项目估算，将大的项目分解，估算各个子系统的开发成本和工作量，再汇总；② 将软件按网站建设的生命周期分解，分别估算软件开发在各阶段的工作量和成本，最后汇总；③ 根据实验或历史数据给出软件开发工作量或成本的经验估算公式。

6. 收益分析

（1）直接收益：通过在线销售网上信息或服务而获取。

来源：① 网站信息收益，包括游览查询信息收费（数据查询、资料软件下载、娱乐欣赏收费等）；② 宣传推介性信息收益（广告收入、收费的企业宣传、网上中介信息收费等）；③ 网站功能的收益，包括独立性功能收益（信息加工、处理、分析等收入）、专门性功能收益（金融、证券等）。

（2）间接收益：网站通过相关业务而获取的收益（网上采购、推销、业务推广等）。

（3）品牌收益：知名度、点击率等。

7. 风险分析

（1）必要性。

如果企业的大部分业务通过网上完成，企业电子商务网站的风险分析就有必要。

（2）风险分析方法。

① 技术风险分析。分析企业商务网站外在的危险，包括黑客破坏、计算机病毒、计算机故障等。可根据严重性计算网络服务失效带来的损失，以便网站设计者在设计阶段考虑预防和补救。

② 商业风险分析。分析使用电子商务网站后，由于网站与企业商务需求存在偏差等因素，造成使用电子商务网站反而降低生产力和生产效率的情况。

二、网站定位

从主题和功能两个方面对网站的定位进行说明。

（一）主题定位

1. 主题要小而精

定位要小，内容要精。要想制作一个包罗万象的站点，把所有精彩的东西都放在上面，往往会事与愿违，给人的感觉是没有主题，没有特色，样样有却样样都很肤浅，因为制作者不可能有那么多的精力去维护它。网络的最大特点就是新和快，目前最热门的个人主页都是天天更新甚至几小时更新一次。而最新的调查结果也显示，网络上的"主题站"比"万全站"更受人们喜爱，就好比专卖店和百货商店，如果需要买某方面的东西，肯定会选择专卖店。

2. 题材最好是自己擅长或者喜爱的内容

比如:擅长编程,就可以建立一个编程爱好者网站;对足球感兴趣,可以报道最新的战况、球星动态等。这样在制作时,才不会觉得无聊或者力不从心。兴趣是制作网站的动力,没有热情,就很难设计制作出优秀的作品。

3. 要有创新

尽量不要做那些与别人完全雷同的主题,可以参考别人的主题,然后加入自己的创新。

有了好的网站主题还要给网站起一个合适的名字,网站的名称应该与主题相关联,最好能在一定程度上体现企业的文化,这样的名称就会在以后的站点推广和网站形象上提供便利。一般情况下网站名称的选择要遵循以下的原则:

(1)易记。名称尽量短小容易记忆,不宜太长。

(2)合法健康。不能使用反动的、色情的、迷信的及违反国家法律法规的词汇作为网站的名称。

(3)要有特色。名称平实就可以接受,如果能体现一定的内涵,给浏览者更多的视觉冲击和空间想象力,则为上品。

总之,定位题材和名称是设计一个网站的第一步,也是很重要的一部分。如果能找到一个满意的名称,花再多的时间也是值得的。

(二)功能定位

1. 企业网站应充分展示企业的经营理念、产品或服务特色

企业网站是企业根据自身经营的需要建立起来的,因此首先应当适应企业经营的需要,为企业的经营和营销服务。企业网站应充分展示企业主营业务的特色和优势,通过文字、图案、颜色甚至声音等媒介,让用户能在最短的时间内抓住企业所要传递给目标消费者的核心思想,而不是让人陷入一个"迷茫的海洋",甚至产生错觉。

2. 处理好信息服务与销售的关系

企业网站的定位并不意味着一定要实现在线销售网络和电子商务,其最大优势在于信息的传递,而在线销售尚有支付手段、信用体系、安全立法、物流配送等诸多环境因素的制约。在企业网站上提供丰富的相关产品信息、专业知识介绍和售前售后服务,通过开展网上营销活动,促进网下销售额的增长,这是大多数成功网站的共同特点。

3. 处理好商务与技术的关系

技术本身不是目的,任何技术都是为商务目的来服务的,技术的价值只有通过商务才能实现,只有当它促进商务目标实现的时候才有价值。商务功能定位准确的网站并不是越美观越华丽就好,技术也并不是越新就越好。网页是静态的好还是动态的好,要不要使用数据库技术,这应当根据网站建设所处的阶段以及企业的规模与业务量的大小来确定。不能为了炫耀技术而牺牲网页下载的速度,不能不顾企业信息化水平和员工素质的现状而盲目追求高新技术,不能不顾产品不适合在网上销售的特点,以及该行业互联网觉醒度还比较低,开展网络交易相关的支付安全、信用等问题还比较突出的特点,一味追求网上销售的实现,这样只能事倍功半甚至适得其反。

网络和网站技术只是实现企业经营目标的一种工具，只是企业开展经营和营销的手段和媒体。技术只有和商务，特别是企业的主营业务，有机结合从而促进商务活动的开展时，才能创造价值并带来效益。否则，极有可能沦为可有可无的摆设，甚至成为妨碍企业发展的陷阱和吞噬资金的黑洞。

4. 网站应最大限度地满足顾客需求

因为企业的商务目标需要通过满足消费者的需求才能实现，所以企业网站不仅要适合自身特点，还应最大限度地满足顾客需求。

三、总体设计

主要介绍网站的内容规划，包括网站的总体结构设计和常用功能模块。

（一）总体结构设计

一个优秀的网站在目录结构的建立方面一般遵循以下几个原则：

（1）按栏目内容建立子目录。首先按主菜单栏目建立子目录；其他的次要栏目，如果需要经常更新的可以建立独立的子目录；而一些相关性强、不需要经常更新的栏目，可以合并放在一个统一目录下；所有程序一般都存放在特定目录下。

（2）在每个主栏目目录下都建立独立的 images 目录。为每个主栏目建立一个独立的 images 目录是最方便管理的；而根目录下的 images 目录只是用来放首页和一些次要栏目的图片。

（3）目录的层次不要太深。目录的层次建议不要超过 3 层，这样，方便维护管理。

（4）不使用中文目录和名字过长的目录。

网站的链接结构有两种基本形式：

（1）树状链接结构。类似 DOS 的目录结构，首页链接指向一级页面，一级页面链接指向二级页面。这样的链接结构浏览时，一级级进入，一级级退出。优点是条理清晰，访问者明确知道自己在什么位置，不会"迷路"。缺点是浏览效率低，一个栏目下的子页面到另一个栏目下的子页面，必须绕经首页。

（2）星状链接结构。类似网络服务器的链接，每个页面相互之间都建立有链接。这种链接结构的优点是浏览方便，随时可以到达自己喜欢的页面。缺点是链接太多，容易使浏览者迷路，搞不清自己在什么位置，看了多少内容。

（二）模块设计

1. 新闻管理模块

新闻管理模块是将网站中的某些需要经常变动的栏目和信息，类似新闻、产品和业界动态等集中管理，并通过信息的某些共性进行分类，最后系统化、标准化发布到网站上的网站应用程序，它是各类网站必备的功能模块之一。

2. 产品管理模块

产品管理模块实际上是一套基于数据库的即时发布系统，可用于各类产品的实时发布,前台用户可通过页面浏览查询,后台管理可以分类,发布产品型号、价格、简介、样图、相关下载文档等多类信息。特别是在产品发布量很大、更新频繁的时候。管理员使用产品发布管理系统,能方便快捷添加、修改、删除产品信息。同时该系统还可以与网上购物模块相结合实现企业的网上购物商城。

3. 会员注册/管理模块

此模块能够把客户资源有效地管理起来。通过网站会员管理模块,可以收集完整的会员资料,对会员进行管理,根据会员的等级给予不同的权限,并为会员提供与网站的产品或服务相关的具体功能。

4. 网上购物模块

购物系统主要是网上购物的模拟实现,可以在线查看商品,进行在线购物,在线订单处理、在线结账。结账的方式可能是在线实现银行卡付账,也可能是货到付款速递的方式,根据不同公司考虑不同情况。

5. 留言反馈模块

留言反馈模块用来收集浏览网站的客户的一些意见或建议。在网络用户交流中有很大的作用,别人可以将他的资料和要求等保留在一个页面上,以供其他人观看。客户反馈及留言系统可以提供完备的信息反馈和发布功能,有助于客户收集网站的反馈信息,是客户通过网络收集信息的有力工具。

6. 在线调查模块

对客户进行调查是企业实施市场策略的重要手段之一。通过开展行业问卷调查,可以迅速了解社会不同层次、不同行业的人员需求,客观地收集需求信息,调整修正产品策略、营销策略,满足不同的需求。可以在网站上进行不同方面的调查,如针对某种主要产品、政策、企业行为等,进行网上投票,答案一般设为几种(是、不是、其他或同意、不同意、其他等,可自由定制),让决策者们迅速广泛地了解到市场意见或支持率,以便及时调整政策。

7. 信息检索模块

站内信息检索系统贯穿于整个网站,它有利于网站的浏览者按照自己喜欢的查找方式(如按栏目、标题、内容、分类、日期等),在庞大的信息库中最快捷地找到自己想要的资源;它既可以实现按照分类、关键词等进行查询,也可以实现基于全文内容的全文检索或者对任意字段的复杂组合检索;支持中英文混合检索;支持智能化模糊检索等。

四、网站建设的技术解决方案

(一) 网络平台选择

电子商务网站并不是一个孤立的内部系统,它必须介入互联网才能正常地工作,目前主要的互联网接入方式一般有专线接入、服务器托管、虚拟主机等几种。

专线接入是指通过专门的线路接到 Internet,按连接线路的方式分为:DDN 专线、帧中继以及光纤等形式。专线接入的优点是服务器位于自己企业中,维护方便,并且还可以构建电子邮件服务器、Web 和 FTP 服务器以及代理服务器等；缺点是价格昂贵。

服务器托管是指将服务器放置到提供托管服务的网络公司，让其代为管理，这种方式收费较专线接入大大降低，只是需要对系统进行远程维护，技术难度较大。

虚拟主机是指租用一些 ISP 商家的网络宽带和硬盘空间，这种方式不用购买专门的服务器，但由于没有对服务器的自主权，所以受限制也就特别多，如远程管理和软件安装等方面的限制。

（二）服务支撑体系

电子商务支撑环境包括电子认证、在线支付、现代物流、信用服务和标准规范体系，是网络化经济活动的基础，它的建立需要国家和各行业的共同努力才可以实现。

电子认证方面，重点是电子证书的安全、推广应用及相互认证问题。

在线支付方面，重点是在线支付业务的规范化、标准化，发展第三方在线支付服务，实现与银行的业务协同。

现代物流方面，重点是建设围绕信息发布、服务交易、过程优化与跟踪等物流服务，支持建设物流公共信息服务平台。

信用服务方面，重点发展在线信用信息服务，探索政府相关部门、各类市场主体相互间信用信息资源共享机制的实现方式。

标准规范方面，重点研究制定产品和服务编码、电子单证、信息交换、业务流程等电子商务关键技术标准和规范，参与国际标准制修订工作，完善电子商务国家标准体系。

（三）数据库设计

数据库设计是指对于一个给定的应用环境，构造最优的数据库模式，建立数据库及其应用系统，使之能够有效地存储数据，满足用户的应用需求，包括信息管理要求和数据操作要求。对于电子商务网站，数据库的设计一般包括 4 个阶段：

（1）用户需求分析。对现实世界的调查分析。

（2）概念结构设计。从现实世界向信息世界的转换，根据用户需求进行数据库建模，也称为概念模型。

（3）逻辑结构设计。从信息世界向数据世界的转换，将概念模型转换为某种数据库管理系统支持的数据模型。

（4）物理结构设计。为数据模型选择合适的存储结构和存储方法，具体过程如图 7-19 所示。

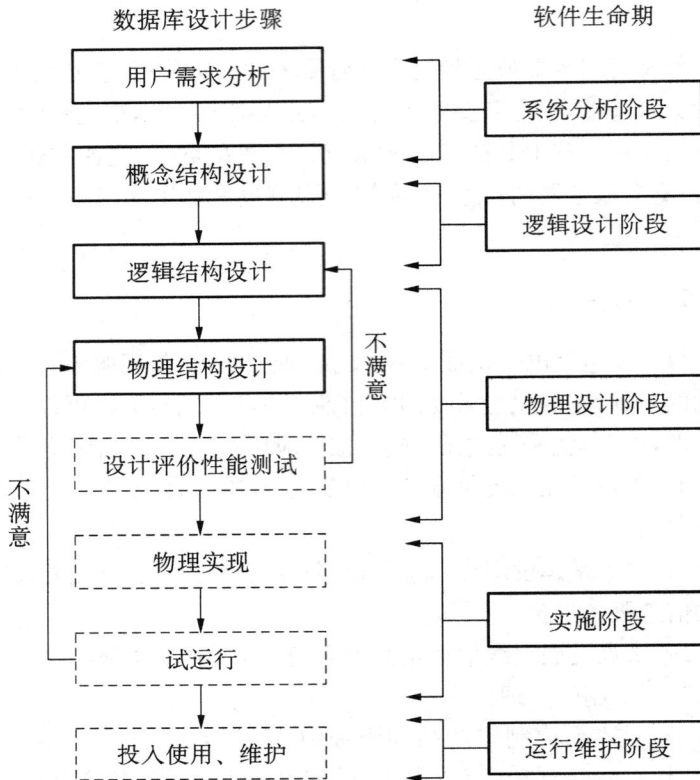

图 7-19　物理结构设计

五、网站安全设计

(一) Web 服务器安全问题及对策

电子商务网站建设中首要的问题是网站 Web 服务器的使用。通常情况下,开展电子商务的企业会采用自建服务器方案来完成电子商务的各项功能。因此,为了满足电子商务网站的特殊需要,企业会自己租用通信专线,架设 Web 服务器。

1. Web 服务器上的漏洞

Web 服务器上的漏洞可以从以下几方面考虑:

(1) 在 Web 服务器上客户得不到要访问的秘密文件、目录或重要数据;

(2) 从远程用户向服务器发送信息时,特别是信用卡之类的东西时,中途遭不法分子非法拦截;

(3) Web 服务器本身存在一些漏洞使得一些人能侵入主机系统,破坏一些重要的数据,甚至造成系统瘫痪;

（4）Web 服务器的一些扩展组件存在漏洞，可能导致网络安全和信息泄漏。

因此，不管是配置服务器，还是在编写网站程序时都要注意系统的安全性。尽量堵住任何可能存在的漏洞，创造安全的环境。

2. Web 服务器安全预防措施

（1）对 Web 服务软件经常进行升级，安装相应的安全补丁，可以最大限度地堵住系统漏洞。

（2）限制在 Web 服务器开账户，在口令长度及定期更改方面做出要求，防止被盗用，定期删除一些中断进程的用户。

（3）尽量去掉无用的 Web 组件，防止被他人非法利用。

（4）尽量使 ftp、Mail 等服务器与之分开，去掉 ftp.sendmail、tftp.NIS、NFS.finger、netstat 等一些无关的应用。

（5）在 Web 服务器上去掉一些绝对不用的如 SHELL 之类的解释器，即在 CGI 的程序中没用到 PERL 时就尽量把 PERL 在系统解释器中删除掉。

（6）定期查看服务器中的日志 logs 文件，分析一切可疑事件。

（7）设置好 Web 服务器上系统文件的权限和属性，对可让他人访问的文档分配一个公用的组，如 www，并只分配它只读的权利。把所有的 HTML 文件归属 www 组，由 Web 管理员管理 www 组。对于 Web 的配置文件仅对 Web 管理员有写的权利。

（8）有些 Web 服务器把 Web 的文档目录与 FTP 目录指定在同一目录下时，应该注意不要把 FTP 的目录与 CGI - BIN 指定在一个目录之下。这样是为了防止一些用户通过 FTP 上传一些如 PERL 或 SH 之类的程序，并用 Web 的 CGIBIN 去执行，造成不良后果。

（9）通过限制许可访问用户 JP 或 DNS。

（10）通过杀毒软件和防火墙保证服务器安全。

（二）网站程序安全问题及对策

电子商务网站程序的安全是许多企业忽视的问题，也是导致企业信息泄漏的最主要途径之一。

1. 代码漏洞安全问题

产生这种漏洞的主要原因是网站程序代码编写得不完善造成的，而这种不完善的代码极有可能会暴露网站的数据库或后台管理等重要的安全信息。

（1）数据库连接字串的某些错误导致 Web 服务器错误提示，而这些错误提示中可能会含有数据库或表等重要信息。

（2）企业后台管理程序中只有主程序要求管理员的身份信息，而其他管理页面却忽视了身份验证信息，这种疏忽使非法用户可能通过直接输入后台的某个管理页面的形式进入到后台管理中去，如果正好有管理员密码修改的页面出现此问题，则会导致网站后台的完全暴露。

（3）对页面参数不做任何判定导致所谓的 SQL Injection，即 SQL 注入从而泄漏用户信息。这种安全漏洞是 2004 年以来网站信息安全的最大隐患，而国内许多电子商务网站并没有采取相应的安全措施，导致电子商务网站很容易被攻破。

2. 后台管理程序文件的安全问题

现在大多数企业采用后台管理的方式对电子商务网站进行管理,电子商务网站后台的入口安全是很多企业忽视的问题。比如许多电子商务网站后台入口通常会采用 Admin.asp、Login.asp、Logout.asp 等常见形式,也有的网站竟然在网面上链接出管理入口,这样,非法用户很容易就能找到网站的后台管理入口,成为电子商务网站安全的重大隐患。

对于以上安全问题的解决方法是更改网站的后台入口路径,最好是设定一个不易被猜解到的目录和文件名,同时尽可能不要在前台页面上暴露出后台的管理入口。

3. 弱口令和口令加密安全问题

尽管大多数企业认识到了口令的安全问题,但还是有不少的企业忽视了这个问题。

(1)网站管理口令安全问题。① 弱口令问题。有些管理员为了记忆方便,会以 Admin、Admin888、manager、webmaster 等作为管理员的用户名。同样,也有用 Admin、Admin888、12345、888888 等来作为管理员密码,数据库以 sa 为用户名,留空密码等,这些弱口令很容易被黑客猜测到。② 明文密码问题。很多企业的管理员密码都采用明文来保存,这样的明文密码是不安全的因素之一,通过 SQL 注入很容易就能猎取数据库中的明文密码。③ 简单口令加密问题。一些网站设计人员有时只是对口令进行简单的对称加密,这种经过简单的对称加密密文用现在的 PC 机器可以在较短的时间内解密成明文,因此也是不可取的。

(2)网站管理口令安全策略。① 杜绝使用弱口令,以避免安全隐患,可以采用字母+数字+符号字符,并超过 8 位以上的密码。② 强制对所有用户密码加密,最好采用非对称加密或采用不可逆的运算,如使用 32 位的 MD5 码。

(三)数据库安全问题

目前国内的网站大多数采用 ASP+Access 或 SQLServer 的形式构建,而数据库是一个电子商务网站的核心,因此数据库的安全也成为电子商务网站安全的首要问题。

1. 数据库位置和名称安全

以往许多网站设计人员会把数据库放在 Data 或 Database 等目录下,对数据库的文件名也通常采用 Data、Mydata、Database、DataShq 等,这种做法很容易被非法用户猜解到并下载用户数据库,从而使电子商务网站的所有数据被窃取。解决方案:可以采用字母+数字并超过 8 位的组合作为数据文件目录或文件名,对于 Access 文件最好更改其扩展名 .MDB 为 ASP 以加强安全性。

2. 数据库结构安全问题

(1)数据表的命名问题。为了安全需要,不要直接用类似 Admin、User、Product 等作为表名,可以使用 XX-Admin-XX 等形式,用字母和数字组合作为表名的前后缀,以防止 SQL 注入时被猜解出表名。

(2)数据字段的命名问题。在对数据字段命名时,也不要直接用 Admin、UserName、Pwd、UserPwd 等作为敏感字段名,可以采用一些难以猜解的字母和数字组合来作为字段名以加强数据的安全性。

（3）数据库权限安全问题。尽量不要把数据库密码留空或使用弱口令作为数据库密码，合理使用 10 位以上的数据库密码会进一步加强数据库的安全。

3.数据库连接字串安全问题

这类安全问题主要是两个方面：一是在数据库连接字串中不直接出现明文密码，采用对称加密密码可以提高数据库的安全；二是数据连接文件不要用常见的 Conn、DbConn 作为文件名，避免使用.inc、.asa、.txt 作为扩展名，同时也不要把文件放在类似 Inc、Data、Conn 等目录下，以防数据库连接被非法下载。

六、人力资源调配

一个完整的电子商务网站建设所需的人力资源如下：

（1）系统策划师。确定系统的目标、策略及总体规划，要有网站建设目标书、策划书。

（2）网站设计师。按照策划书形成的文档，对网站进行总体的设计，如网站功能、结构、风格等，最后要有网站总体设计书。

（3）程序员。网站建设涉及许多软件开发、程序编写，程序员要按照网站总体设计书的要求完成相关程序的编写。

（4）美工师。按照网站设计书的要求做出漂亮、实用的网页。

（5）录入员。一个完整的电子商务网站需要大量的资料，这些资料要由录入人员按要求输入。

（6）项目经理。项目经理是电子商务网站建设的负责人，主要是负责项目的管理，包括人员分配、组织、资源的规划、进度的控制以及质量的审核等。

七、网站建设进度规划

电子商务网站的建设流程一般可分为如下几个阶段，每一个阶段都有不同的目标和要求：

（1）策划阶段。主要进行战略策划，确定网站建立的目标、实施策略、准备资源等。

（2）技术实现阶段。这一阶段的主要任务是注册域名、选择服务器、建立电子商务网站的软硬件平台，确定网站的信息和结构，以及网站的页面设计、程序编写，使网站实现的功能。

（3）完善阶段。这一阶段的主要任务是丰富和完善网站的功能，把网站与其他 Web 站点进行链接，如搜索引擎、相关类型的网站等，以便于网站的宣传和推广。

（4）运营阶段。把网站正式向目标市场推出使用，以实现预期的功能要求。

（5）更新阶段。经过一段时间的使用以及调查分析对网站的各方面进行评估，并做出相应的改进。

根据进度规划，可以进一步制定出更为详细的时间安排表，包括网站建设各项工作内容及其时间安排；各成员的工作内容及其时间安排；定期开会讨论研究的时间安排等。在时间表制定完后，就可按照预定的计划开始网站的建设。当然，在计划实际执行过程中，可能会出现偏差，这时就要主动进行调整以使得计划可以顺利执行。

7.3 电子商务网站制作

电子商务网站的建设是一个系统工程,必须有计划、有步骤,按流程进行,才能保证网站的制作工期和质量。很多网站制作爱好者,制作初期激情澎湃,越做越无精打采,多少次从头再来,最后不了了之。

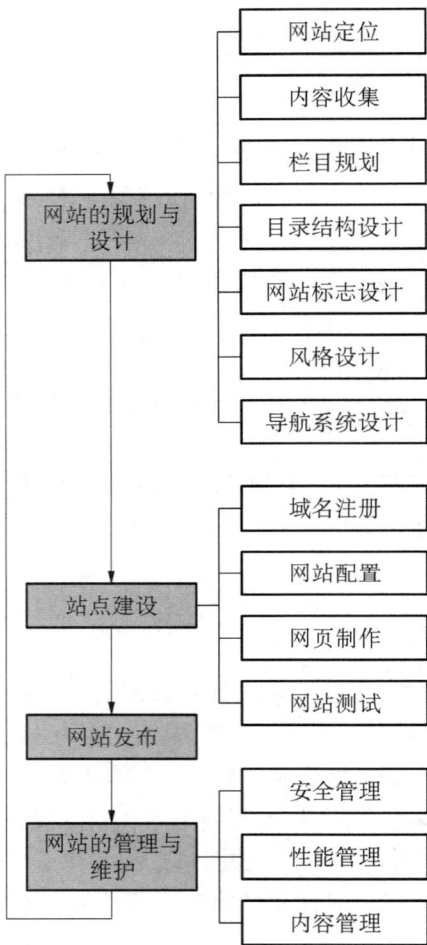

图 7-20 网站建设的步骤

一、总体概述

网站建设总的来说需要经历四个步骤,分别是网站的规划与设计、站点建设、网站发布和网站的管理与维护,如图 7-20 所示。

网站的规划与设计是网站建设的第一步。在这一步中需要对网站进行整体的分析,明确网站的建设目标,确定网站的访问对象、网站应提供的内容与服务及网站的域名,设计网站的标志、网站的风格、网站的目录结构等各方面的内容。这一步是网站建设成功与否的前提,因为所有的后续步骤都必须按照第一步的规划与设计来实施。

网站的规划与设计完成之后,接着进入具体的站点建设步骤。这个步骤主要包括域名注册、网站配置、网页制作和网站测试四个部分。除了网站测试必须要在其他三项内容开始之后才能进行之外,域名注册、网站配置和网页制作相对独立,可以同时进行。

相关的内容都建设好后,就可以正式地发布网站,也就是说将网站放到 Internet 上允许用户通过网站的域名进行访问。

网站的管理与维护虽然是最后一个步骤,但实际上贯穿网站建设的全过程,只要网站没有停止运行,就需要对其进行管理和维护,所以这一步也是最为费劲的一步。网站的管理和维护主要包括安全管理、性能管理和内容管理三个方面。

另外从图 7-20 也可以看到,网站建设是一个循环的过程,并不是说一次过后就结束了。它需要随着需求的变化不断地对网站进行再次规划与设计,进而不断地建设和发布新的内容与服务,不断地升级服务器和网络环境以保障网站的运行性能。

二、网站的规划与设计

在网站建设之前,需要对网站进行一系列的分析和估计,然后根据分析的结果提出合理的建设方案,这就是网站的规划与设计。网站的规划与设计可分为网站定位、栏目规划、目录结构设计、风格设计、导航系统设计几个环节。

(一) 网站的定位

网站的定位就是确定网站的建设目标,它通常需要确定三个方面:网站的建设目的、网站的访问对象和网站的内容与服务。用更通俗的话来说,就是回答"为什么要建立这个网站? 这个网站为谁服务? 网站提供哪些方面的内容和服务?"这三个问题。

不同性质的站点有不同的建设目的,比如电子商务站点主要是为了在企业与企业、企业与个人消费者之间建立更为直接和高效的商务通道;电子政务网站代表的是政府部门,所以主要是通过它来宣传政府的形象,实现政务公开,向社会提供有价值的公益和导向信息,以及实现网上政务;而个人站点则主要是为了介绍个人的兴趣爱好,通过共享信息来结识更多的朋友。

(二) 栏目规划及其任务

栏目规划的主要任务是对所收集的大量内容进行有效的筛选,并将它们组织成一个合理的便于理解的逻辑结构,即建立网站的逻辑结构,在这其中不仅需要为整个网站建立层次型结构,还需要为每一个栏目或者子栏目设计合理的逻辑结构。除此之外,栏目规划还需要确定哪些是重点栏目、哪些是需要实时更新的栏目、需要提供哪些功能性栏目等。

成功的栏目规划不仅能给用户的访问带来极大的便利,帮助用户准确地了解网站所提供的内容和服务和快速地找到自己所感兴趣的网页,而且能帮助网站管理员对网站进行更为高效的管理。

1. 确定必需的栏目

栏目规划的第一步就是要确定哪些是必需的栏目,这通常取决于网站的性质。比如对于一个企业网站来说,公司简介、产品介绍、服务内容、联系方式、技术支持等栏目是必不可少的,而对于政府网站来说政务、政策法规、地方经济、百姓生活、观光旅游等栏目都是必需的。个人网站相对来说比较随意,往往取决于所收集的内容,但个人简介、个人收藏等栏目通常不能缺少。

除了内容栏目之外,网站还应该包含另外两类栏目,分别是用户指南类栏目和交互性栏目。用户指南类栏目的目的是为了帮助用户了解这个网站的背景、性质、目的、功能及发展历程,了解如何更好地对网站进行访问,了解网站建设的最新动态。这类栏目通常以"帮助""关于网站""网站地图""最新动态"等名称出现。

交互性栏目是能与用户进行双向交流的栏目,通过它不仅可以解答用户的疑问、了解用户的需求,还可以获得用户对网站的建议和看法,让用户与网站、用户与用户之间建立良好的沟通,以便更好地帮助网站建设与发展。交互性栏目最常见的方式就是留言板。

2. 确定重点栏目

在确定完需要设置哪些栏目之后,接着需要做的是从这些栏目中挑选出最为重要的几个栏目,然后对它们进行更为详细的规划,这种选择往往取决于网站的目的与功能。比如企业网站,其目的可能是为了更好地推销自己的产品,所以产品介绍便是它的重点栏目。因此为了更好地介绍产品,它除了基本的产品介绍之外,可能还需要设立价格信息、网上定购、产品动态等相关栏目。

3. 建立层次型结构

建立层次型结构是一个递进的过程,即从上到下一级一级地确定每一层的栏目。首先是确定第一层,即网站所必需的栏目,然后对其中的重点栏目进行进一步的规划,确定它们所必需的子栏目,以此类推直至不需要再细分为止。将所有的栏目及其子栏目连在一起就形成了网站的层次型结构。

(1)线型结构。

线型结构是最为简单的逻辑结构,如图 7-21 所示,它将多个网页按照一定的先后顺序链接起来,使得用户在没有完成上一个网页的访问之前无法进入下一个网页。

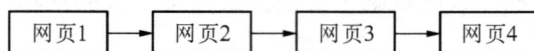

图 7-21 线性结构

(2)层次型结构。

相对于按先后顺序组织而成的线型结构,层次型结构是按照网页之间的包含关系组织而成。

层次型结构简单而且直观,能将所有的内容划分得非常清晰且便于理解,所以几乎所有的网站都采用这种结构来进行总体的栏目规划,即将所有的内容先分成若干个大栏目,然后再将每个大栏目细分成若干个小栏目,以此类推直到不用再细分为止。

层次型结构也有不好的地方,就是用户如果要访问最底层的网页就不得不按照层次从上到下一级一级地访问,最终到达想要访问的网页。如果层次型结构的层次很深,比如有五层或者六层,那么所带来的麻烦就大大降低了层次型网络所具有的优点。又比如图 7-22 所示的例子,用户想从网页 A 转到网页 B,很可能不得不先从网页 A 一级一级地返回到网页 C,然后再一级一级地往下走直到网页 B。

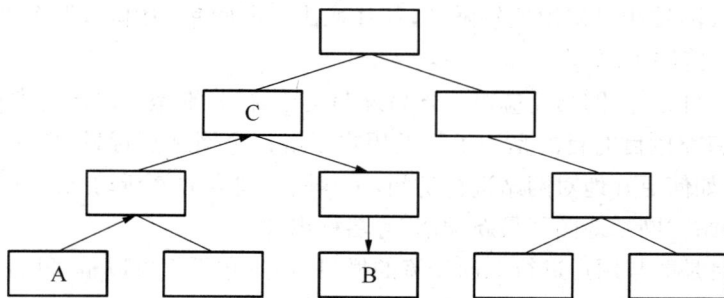

图 7-22 层次型结构说明图

所以过深、过于复杂的层次型结构反而会带来很多不良的影响,最好的深度就是三层,最多不要超过五层。另外,建立一个良好的导航系统也可以弥补层次型结构这方面的缺点。

（3）网络型结构。

如图 7-23 所示,网络型结构是指多个网页相互之间都超链接的一种结构,这些网页可以是层次结构上的任意网页,但是因为导航的需要或者内容上的相关性而链接在一起。

网络型结构的实现就在于在所有相关的网页上保留到其他网页的超链接。这种结构使用户能更方便地在网站上游弋,但同时也带来一个庞大超链接数的问题。我们可以简单地计算一下,总的超链接数应该等于网页数乘以网页数减一,所以三个网页的网络型结构的超链接总数为 $3 \times 2 = 6$,10 个网页的网络型结构的超链接总数就到达 $10 \times 9 = 99$。

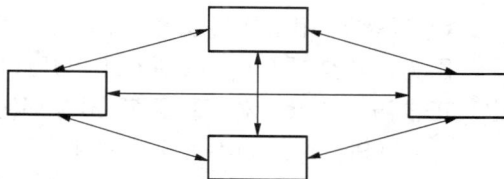

图 7-23　网络型结构

这么庞大的超链接数维护起来相当麻烦,某个网页的改动（如改名、删除、增加）就可能同时需要对所有的网页进行相应的修改,这是谁都不愿意做的事情,所以在网站中需要谨慎使用网络型结构。

（三）网站目录结构设计

目录结构又称为物理结构,它的设计解决的是如何在硬盘上更好地存放包括网页、图片、Flash 动画、Java Applet、数据库等各种资源在内的所有网站资源。

目录结构是否合理,对网站的创建效率会产生较大的影响,但更主要的,会对未来网站的性能、网站的维护及扩展产生很大的影响。

不建议将所有的网页文件和资源文件都放在同一个目录底下。当文件很多时,WWW 服务器的性能就会急剧下降,因为查找一个网页文件需要很长的时间,而且网站管理员在区分不同性质的文件和查找某一个特定的文件时也会变得非常麻烦。

目录结构对用户来说是不可见的,它只针对网站管理员,所以它的设计是为了网站管理员能从文件的角度更好地管理网站的所有资源。

目录结构的设计通常需要遵循以下原则:

（1）不要将所有的文件都放在根目录下。

有的管理员为了图方便,将所有的文件都放在根目录下。正像前面刚提到的,这么做很容易造成文件管理混乱。而且当文件很多时,会非常影响 WWW 服务器的索引速度。因为服务器通常需要为根目录建立一个索引,而且每增加一个新的文件时都需要重新建立索引,所以很明显,文件越多,建立索引的时间也就越长。

（2）根据栏目规划来设计目录结构。

一般情况下,可以按照网站的栏目规划来设计目录结构,使两者有一一对应的关系。但是这么做,也会导致一个安全问题,就是访问者很容易猜测出网站的目录结构,也就容易对网站实施攻击。所以在设计目录结构的时候,尽量避免目录名和栏目名相一致,可以

a 的方式来提高目录名的猜测难度。

(3) 每个目录下都建立独立的 images 子目录。

将图片及资源文件都放在一个独立的 images 目录下,可以使目录结构更加清晰。如果很多网页都需要用到同一个图片,比如网站标志图片,那么将这个图片放到所有这些网页共有的最高层目录的 images 子目录下。

(4) 目录的层次不要太深。

(5) 不要使用中文目录名。

因为站点是对 Internet 所有用户开放的,所以得考虑到使用非中文操作系统的客户也能正常访问站点。对于目录名,最好都使用英文。

(6) 可执行文件和不可执行文件分开放置。

将可执行的动态服务器网页文件和不可执行的静态网页文件与动态网页文件分别放在两个目录下,然后将存放可执行网页文件的目录设为不可读和执行。这么做的好处就是可以避免动态服务器网页文件被读取。

(7) 数据库文件单独放置。

数据库文件因为安全需求很高,所以最好放置在 HTTP 所不能访问到的目录底下。这样就可以避免恶意的用户通过 HTTP 方式获取到数据库文件。

(四) 风格设计

风格设计包含很多内容,为了体现个人风格,符合网站的名称和定位,需要在色彩搭配和版面布局方面做一些规划和设计。

1. 色彩搭配

网站的色彩是最影响网站整体风格的因素,也是站点美工设计中最令人头疼的问题。许多网页设计者都缺乏色彩搭配的基本知识,所以在制作网页之前往往有一个很好的想法,但是却不知如何搭配网页的颜色来表达预想的效果。因此,在介绍色彩搭配之前,先来看看色彩的基本知识,如图 7 - 24 所示。

(1) 色彩的基本知识。

在物理学中,颜色是因为光的折射而产生的。颜色不同,光的波长也就不同。红、绿、蓝是自然界的三原色,它们不同程度的组合可以形成各种颜色。所以在网页中,也就用它们的不同颜色值来表示各种颜色。

网页中的颜色通常采用 6 位十六进制的数值来表示,每两位代表一种颜色,从左到右依次表示红色、绿色和蓝色。颜色值越高表示这种颜色越深。比如红色,其数值为"＃FF0000",白色,其数值为"＃FFFFFF",黑色,其数值为"＃000000"。也可以采用三个以","相隔的十进制数来表示某一颜色,比如红色,其十进制表示为 color(255,0,0)。

在传统的色彩理论中,颜色一般分为彩色和非彩色(或称为灰色)两大色系。非彩色是指黑、白和所有灰色,彩色是指除非彩色外所有的颜色。在网页中,如果三种颜色的数值相等,就显示为灰色。

太阳光是彩色的,按颜色的色调通常将其划分为七种颜色:红、橙、黄、绿、青、蓝、紫。如果将这七种颜色按这个顺序渐变为一条色带的话,越靠近红色,给人的感觉越温暖,越靠近蓝色和紫色,给人的感觉越寒冷。所以红、橙、黄的组合又称为暖色调,青、蓝、紫的组合又称为冷色调。

除了冷暖的差别外,不同的单个颜色也会给人带来不同的感觉。

红色是一种激奋的色彩,给人以冲动、愤怒、热情和活力的感觉。

绿色介于冷暖两种色彩的中间,以显得和睦、宁静、健康、安全。它和金黄、淡白搭配,可以产生优雅、舒适的气氛。

橙色也是一种激奋的色彩,具有轻快、欢欣、热烈、温馨和时尚的效果。

黄色充满快乐、希望、智慧和轻快,它也是最亮的一种颜色。

蓝色是最具凉爽、清新、专业的色彩。它和白色混合,能体现柔顺、淡雅、浪漫的气息(如天空的色彩)。

白色给人以洁白、明快、纯真和干净的感觉。

黑色通常是深沉、神秘、寂静、悲哀和压抑的代表。

灰色给人以中庸、平凡、温和、谦让、中立和高雅的感觉,它可以和任何一种颜色进行搭配。

HUE / TONE	R	YR	Y	GY	G	BG	B	PB	P	RP		Neutral
V	ff0033	ff9900	ffff00	99ff33	00ffcc	00ffff	0099ff	3366ff	cc33ff	ff33cc	N9.5	ffffff
S	cc3333	ff6600	cccc00	99cc00	33cc99	33cccc	0099cc	3333ff	9900cc	cc3399	N8	cccccc
B	ff6666	ff9933	ffff66	ccff00	33ffcc	66ffff	3399ff	0066ff	cc66ff	ff66cc	N6	999999
P	ff9999	ff9966	ffff99	ccff66	66ffcc	99ffff	33ccff	6666ff	cc99ff	ff99cc	N4	666666
VP	ffcccc	ffcc99	ffffcc	ccff99	ccffcc	ccffff	99ccff	9999ff	ccccff	ffccff	N2	333333
Lgr	cc9999	cc9966	cccc99	99cc99	99ffcc	99cccc	66ccff	6699ff	9999cc	cc99cc	N1	000000
L	cc6666	cc9933	cccc66	99cc66	66cc99	66cccc	3399cc	0066cc	9966cc	cc6699		
Gr	996666	996600	999966	669966	339966	669999	6699cc	6666cc	666699	996699		
Dl	990033	cc6600	999933	669933	009966	339999	336699	3366cc	9933cc	993399		
Dp	993333	996633	666600	669900	006633	006699	0066cc	0033cc	660066	990066		
Dk	660033	663300	333300	336600	003300	336666	003366	003399	330066	663366		

图 7-24　色彩图版

(2) 网站的色彩搭配。

网站的色彩搭配通常分为两个步骤,第一步就是为整个网站选取一种主色调,然后再为主色调搭配多种适合的颜色。主色调指的是整个网站给人印象最深的颜色,或者说除白色之外用得最多的颜色。

正如前面所述,不同的颜色给人的感受是不一样的,所以主色调选取的一个最基本的原则就是保证所选的颜色与网站的主题或者形象相符,进一步地,能够通过这种颜色加深用户对网站的印象。

比如蓝色是一种让人感觉非常专业的颜色,所以许多高科技公司都喜欢使用蓝色作为公司网站的颜色。最典型的当数微软公司(www.microsoft.com),蓝色极大地加强了人们对他们产品的信任感,如图7-25所示。又比如使用红色的北京市政府网站(www.beijing.gov.cn),是通过红色来向人们传达北京作为中国首都大气和热情的气质。IBM公司主页(www.ibm.com)就采用了黑色和蓝色为主色调,如图7-26所示。

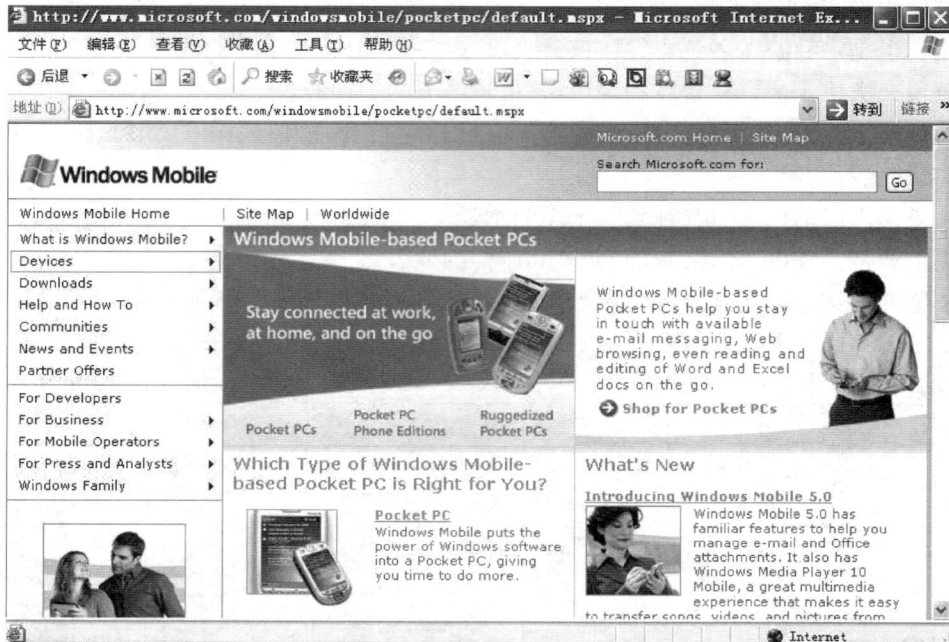

图 7 - 25　微软公司主页

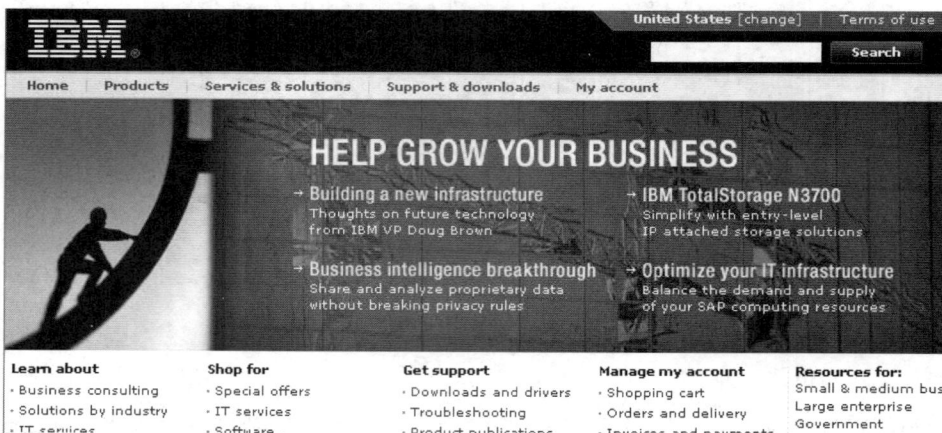

图 7 - 26　IBM 公司主页

(3) 企业在选取主色调的时候需要考虑符合企业自身的形象。

选好主色调之后,接下来要考虑的就是在什么地方使用主色调。从前面的几个例子也可以看到,主色调最常表现在三个位置,首先是头部,也就是网页最上面的部分,通常包含导航条。头部是最能体现主色调的地方,所以所有的网站都会在头部表现主色调。其次是栏目索引条上,栏目索引条虽然面积小,但是出现在网页的各个部位,所以能非常有效地渲染主色调。最后是网页上的文字,文字笔画虽细,但大面积的文字也能很好地突出主色调。接着要考虑的是别的地方使用什么颜色去搭配这种主色调,比如背景色、文字颜色、导航条颜色、插图颜色等都使用什么颜色。色彩搭配是一项非常精细的工作,因为往往一个细节就会影响整个网页的色彩均衡。

(4) 选取背景色。

大多数的网站都会选取白色作为背景色。白色使得狭小的屏幕空间显得很大,再多的信息在白色的背景下,其排放也可以显得很整齐,其页面也可以显得非常干净和整洁。

(5) 导航条的颜色。

导航条是对网站栏目的一个索引,它通常以一个水平长条的形式出现在网页头部的下边。导航条作为头部的一部分,经常采用主色调,另一方面,导航条因为介于网页的头部和内容部分的中间,所以也经常作为头部和内容部分的过渡,这种情况下通常采用灰色系。

(6) 栏目索引条的颜色。

栏目索引条因为分布在网页的各个部位,所以经常采用主色调中不同深度的颜色来烘托整体的效果。

(7) 文字的颜色。

文字在一个网页上是无处不在的,但是文字的笔画比较单薄,所以文字通常用来进一步突出主色调,或者用来过渡和缓解页面的颜色。文字的颜色主要根据文字的背景色进行搭配,它与背景色应有较大的反差,如白底黑字、蓝底白字等,以便能清楚地显示文字。其次文字的颜色搭配还得兼顾文字周围物体的颜色。

(8) 插图的颜色。

网页的插图通常尺寸都比较小,所以它的颜色可以绚丽、丰富一些,这样一来可以使页面变得活泼,二来可以点缀整个页面。但是在选择有背景的图片时要特别小心,不要和网页的背景色及图所插区域的背景色相冲突。解决这个问题一般有两种方法,一种是采用可透明的 GIF 图,另一种是将图片的背景色做成和网页背景色一样的颜色。

2. 版面布局设计

报纸、杂志通常分为不同的版面,不同的版面需要不同的布局,比如报纸的头版最为重要,它的布局通常都围绕醒目的大标题展开以吸引人们对它的注意,而其他版面以内容为主,所以它们的布局相对简单,通常都根据内容文字的多少而自然分割。同报纸、杂志一样,网站也分为很多不同的网页,比如主页、栏目首页、内容网页等,网站在版面布局上的一个特点,那就是从网站层次型结构的顶层主页到最底层的内容网页,版面布局不断简化。如果将这个特点反过来,便得到了网站在进行版面布局设计时应采用的原则。

第一步,对主页进行版面布局,然后在主页布局的基础上对栏目首页进行版面布局,接着往下,最后对内容网页进行版面布局。

第二步,在网页的不同区域上安排不同的内容。不同的网页内容自然是不一样的,所以在这里只是向大家介绍内容编排上的一个基本知识,那就是人们在浏览一个网页的时候,通常会把第一眼停留在网页的左上角或中间的地方,如图 7 - 27 所示,然后才会浏览其他部分。这个部分通常称为焦点，所以在布局内容的时候，应该把最能传达信息、最能吸引人的内容放在这些地方，比如网站标志和最新新闻。

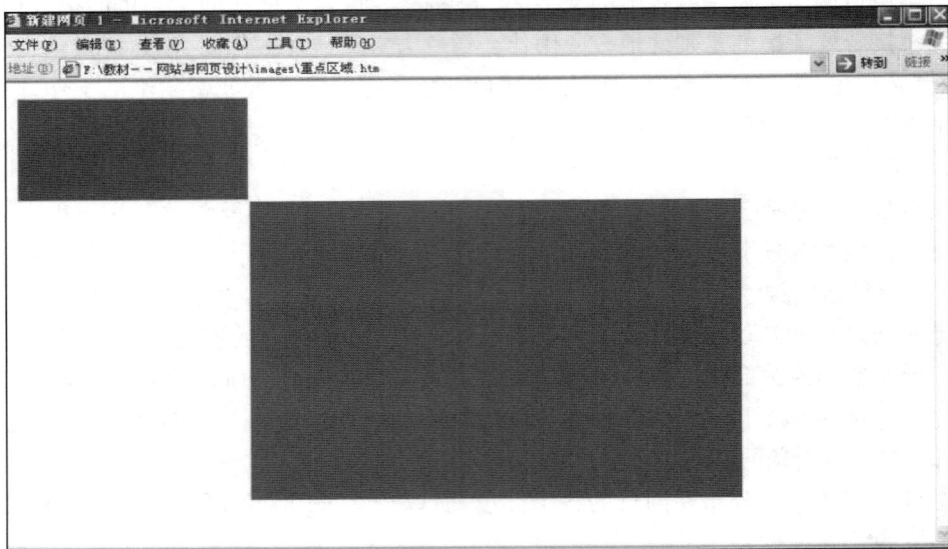

图 7－27　网页设计重点区域

版面布局的基本方法：

熟悉网页制作的人在拿到网页的相关内容后，也许很快就可以在脑海里形成大概的布局，并且可以直接用网页制作工具开始制作。但是对不熟悉网页布局的人来说，这么做有相当大的困难，所以这时，就需要借助于其他的方法来进行网页布局。第一种方法是用手工的方式在纸上画草图，这种方法可以大概地描绘出网页的框架，但是也只能到此为止，不能再进行更细的工作，如配色、摆放文字和图片等。第二种方法是用专业制图软件来进行布局，建议使用 Photoshop。Photoshop 是一个非常优秀的图片处理工具。用它可以像设计一幅图片、一幅招贴画、一幅广告一样去设计一个网页的界面，然后再考虑如何用网页制作工具去实现这个网页。

（五）导航系统设计

在访问网站的时候也一样，用户期望在任何一个网页上都能清楚地知道目前所处的位置，并且能快速地从这个网页切换到另一网页。因此网站导航对于一个网站来说非常必要和重要，它是衡量一个网站是否优秀的重要标准。

1. 导航的实现方法

导航最常用的实现方法就是导航条。在导航条中，所有超链接所对应的网页在网站的层次型结构中是并列的，所以通过它可以快速地切换到并列的其他网页。比如图 7－28 所示的新浪网首页中就有很多导航条。首先是网站第一层分类栏目的导航条，这个导航条几乎出现在新浪网的所有网页中，所以在任何一个网页通过它都可以立即跳转到新闻、UC 聊天、体育等各个栏目的首页。

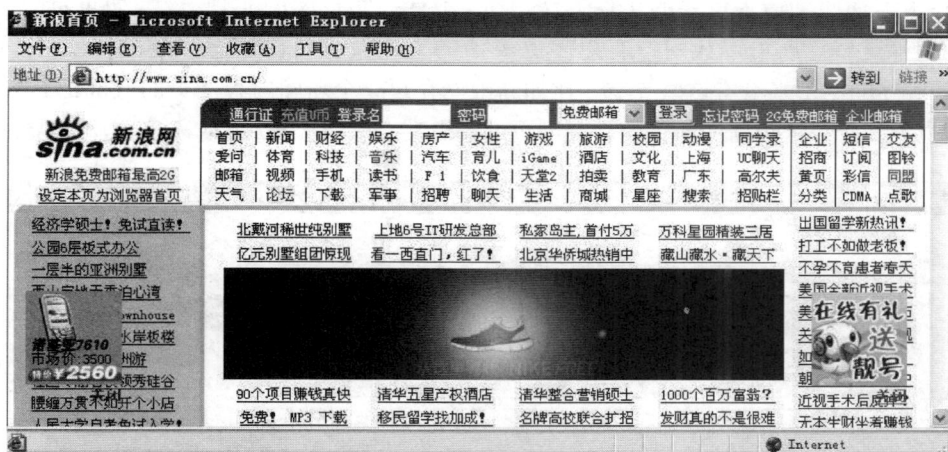

图 7‑28　新浪网导航条

　　几乎在所有的网站上都可以找到类似的导航条，不同之处可能只在表现形式上。比如当当网的导航条采用类似图片按钮的形式，而首都之窗网站、微软公司网站、新浪网等的导航条则直接采用文字超链接的形式。

　　除了普通的导航条之外，导航另一种非常重要的实现方法是路径导航，即在网页上显示这个网页在网站层次型结构上的位置。通过路径导航，用户不仅可以了解当前所处的位置，还可以快速地返回到当前网页以上的任何一层网页。

　　比如图 7‑29 所示的新浪网读书栏目上就有路径导航，从这个导航可以清楚地看到这个网页归属于读书栏目下的沈从文小说——《边城》子栏目，而且通过它还可以直接跳转到新浪首页、读书栏目首页。

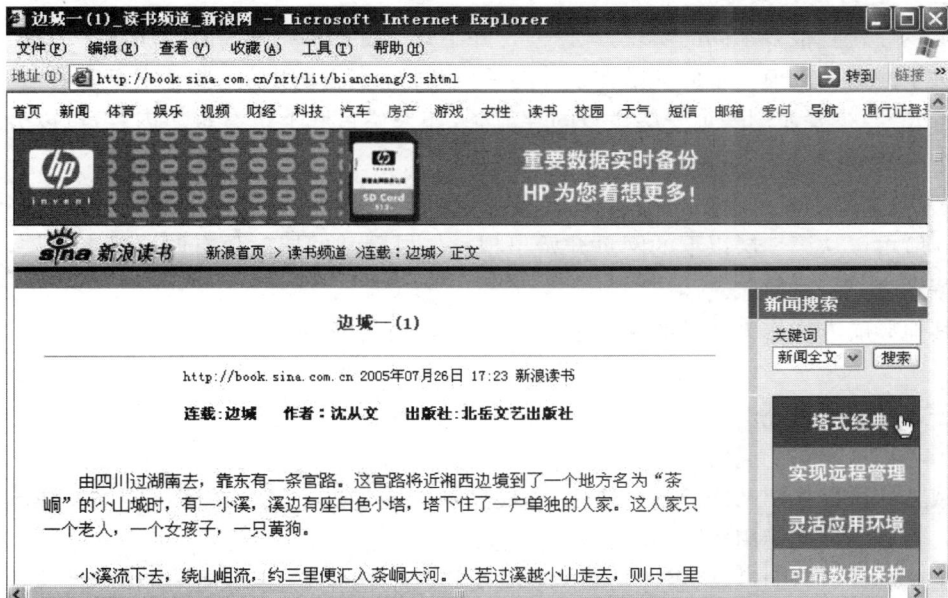

图 7‑29　新浪网读书栏目路径导航条

除了上述两种最为重要的实现方法之外,还有一些扩展的实现方法,如重点导航、相关导航等,这些导航可以让用户有更多更灵活的方式找到自己所感兴趣的网页。下面我们通过实际的例子来看看这些导航。比如新浪网在每一个新闻内容网页的底部都有一个区域,里边罗列着与这个新闻相关的新闻网页的超链接,如图 7-30 所示,这就是相关导航。

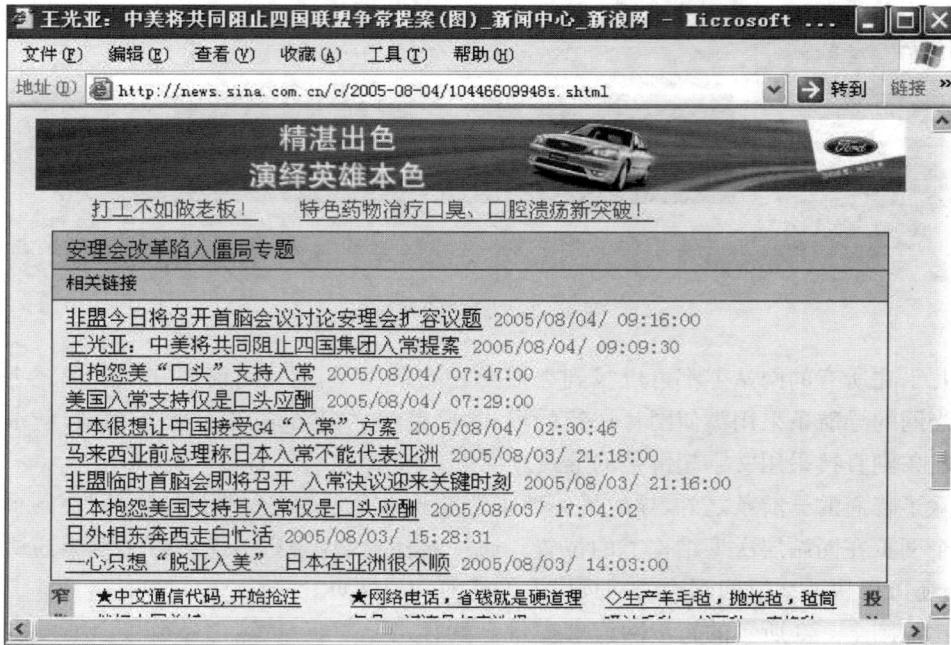

图 7-30　相关导航举例

2.导航的设计策略

虽然导航有很多不同的实现方法,但是并不是所有的网站都需要使用这些方法,这通常取决于网站的规模。下面就是在设计网站导航时,可以采用的一些基本策略:

首先,至少要使用一个一层栏目的导航条,如果栏目底下也有很多内容,可以分为很多子类的话,那么可以进一步设计栏目下的导航条。

其次,如果网站的层次很深,比如三层以上(主页作为第一层),最好使用路径导航。路径导航可以从第三层以下的网页开始出现。如果网站的层次只有两层或者三层,那么不是特别需要路径导航。

其他导航方式作为辅助的导航手段,视实际需要而定。

三、域名注册

域名注册是将网站的域名合法化,以便用户能通过这个域名访问该网站。注册完之后别人就不能再次使用相同的域名来进行注册。

企业选择域名的策略:企业的发展规模及其商业范畴、公司、企业、组织的性质或信息内容的性质、简洁、易记、标识性强,具有一定的内涵,域名的注册还应注意域名抢注与域名冲突的问题。

例如,"江苏复兴塑料机械厂",企业通常会购买类似 www.jsfx.com 之类的域名,其实最好的域名可以是 http://www.fuxin-plastic.com/或者 http://www.fuxincorp.com/,这样采购商可以从域名了解到该厂叫 Fuxin,生产与塑料行业有关的产品。

确定好网站的域名之后,还需要经过注册才能使这个域名真正有效。注册域名可以到域名管理中心或其授权的公司进行办理。中国的域名管理中心是中国互联网络信息中心 CNNIC(http://www.cnnic.net.cn/),可以在这里或者它授权的域名认证注册服务机构(万网志向、商务中国、新网数码、中资源、广东时代互联)进行域名的注册。

四、网页制作技术

网页制作指的就是使用网页制作工具来制作每一个网页。网页文件是一种特殊的文本文件,所以它的制作工具非常广泛,比如记事本、Ultraedit、Word 等都可以用来制作一个网页。但是最为主要的还是使用专用的网页制作工具,其中最为主流的是 Macromedia 公司开发的 Dreamweaver 系列和微软公司开发的 FrontPage。

网页制作通常需要用到很多网页制作技术,总的来说分为三类:静态网页技术、动态网页技术和动态服务器网页技术。

静态网页技术指的就是:HTML(HyperText Markup Language)技术,即超文本标记语言技术。HTML 是网页的基本语言,也是其他网页制作技术的基础,所以如果要学习如何做网页,那么首先就必须从 HTML 开始学起。

动态网页技术就是我们常说的 DHTML 技术。DHTML 是一种在网页下载到浏览器以后仍然能够控制网页中各个 HTML 元素,使其随时变换的 HTML。通过这种变换能使网页产生各种特殊的效果,比如当鼠标移至某段文字上时能弹出一个快捷菜单,又比如一个图片能慢慢显现出来等。DHTML 在实现时并不是独立的,它通常需要和脚本语言(Javagcript、VaScript 和 JScript)、层叠样式表(CSS)及层技术组合在一起使用。

动态服务器网页技术指的是作用于 WWW 服务器端的动态网页技术,而上面所说的动态网页技术作用于客户端,即浏览器。动态服务器网页技术不是一种产生变形、消失、变色等动画效果的技术,而是一种动态生成网页的技术。在这种技术的支持下,静态的 HTML 网页由动态网页所替代,网页的数据存放在数据库中。当用户访问这个网页时,动态网页才从数据库中取出相应的数据并放在指定的位置,并形成一个新的 HTML 网页。

五、网站测试

在所有网页都制作完成之后,在正式对外发布网站之前,还有一步非常重要的工作就是网站测试。网站测试的目的就是为了保证在网站发布之后所有的用户都能正常地浏览网页和使用所提供的服务。

在图 7-31 中显示了网站测试所要进行的工作,

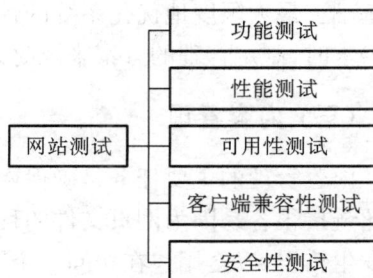

图 7-31 网站测试

通常包括五个方面：功能测试、性能测试、可用性测试、客户端兼容性测试和安全性测试。

六、站点发布和网站的管理与维护

当网页基本制作完毕、网站测试基本通过之后，即可发布网站，以便让所有的因特网用户都能通过因特网访问这个网站。网站发布最基本的工作就是将网页传送到 WWW 服务器之上，最常用的方式就是使用 FTP。另外有些强大的网页制作工具也具有网页发布的功能，比如微软公司的 FrontPage 和 Macromedia 公司的 Dreamweaver。

网站管理和维护是一项非常繁重的工作，从网站建立开始一直到网站停止运行，网站管理和维护就需要一直进行。网站建设得是否合理往往会对网站的管理和维护产生非常大的影响，网站建设得好，那么管理和维护起来会非常简单；网站建设得不好，那么管理和维护起来就非常麻烦且浪费时间。

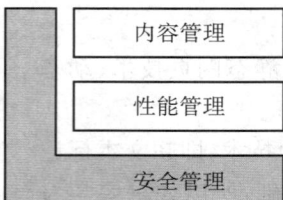

```
┌─────────────┐
│   内容管理   │
├─────────────┤
│   性能管理   │
├─────────────┤
│   安全管理   │
└─────────────┘
```

图 7 - 32　网站的管理
与维护

网站的管理和维护，其目的只有一个，就是为了保证网站的正常运行。管理和维护的内容主要分为三个方面：安全管理、性能管理和内容管理。图 7 - 32 很好地描述了这三个方面管理之间的关系。从这个图中可以看出，安全管理是基础也是关键，它贯穿整个网站，从最底层的硬件到最高层的网页，每一个环节都离不开安全管理。性能管理是内容管理的前提，只有在整个网站系统稳定高效运行的前提下才能更好地对内容进行管理和维护。

（一）安全管理

安全一直是困扰因特网发展的重要问题，即使是普通的因特网用户也避免不了恶作剧的网络攻击，更何况是向所有因特网用户开放的网站。如果受到攻击，数据受到破坏，就很可能会造成难以估计的损失。比如 2001 年 7 月 4 日微软的 MSN 网站出现故障，到 7 月 6 日不过两天的时间就有近 3 000 万的用户受到不同程度的影响，其造成的损失程度可想而知。

（二）性能管理

性能管理的主要任务是保证操作系统和 WWW 服务器的正常运行，然后在正常运行的基础上最大限度地优化系统的性能。另外，当系统的负荷满足不了日益增长的用户访问需求时，制定合理的方案来及时升级系统的配置。

（三）内容管理

内容管理的主要任务是确保网页内容、数据和超链接的正确及数据的及时更新。比如超链接很容易因为网页文件的移动、删除或重命名，网页编辑软件的修改和人员的疏忽而发生错误，以至用户在访问一个网站时经常打不开网页，所以网站管理者必须时常检查网页之间的超链接以确保用户正常访问。

静态的内容不会改变,看几次也就够了,用户通常不会频繁地访问来获取相同的信息,所以只有经常更新网站的内容才能不断吸引用户的访问。

7.4 电子商务平台开发

一、网站运行平台的要求

(一)网站运行环境的要求

(1)网站必须有良好的可扩充性;

(2)高效的开发处理能力;

(3)强大的管理工具;

(4)具有良好的容错性能;

(5)与企业已有的资源整合;

(6)网站必须确保提供7天24小时的服务;

(7)能支持多种客户终端。

(二)网站运行平台构造技术的选择原则

企业选择网站系统构建技术和产品的基本依据是:首先要考察这些产品和技术是否能满足需要,如图7-33所示。此外,还有一些因素也是必须考虑的,包括以下几个方面:

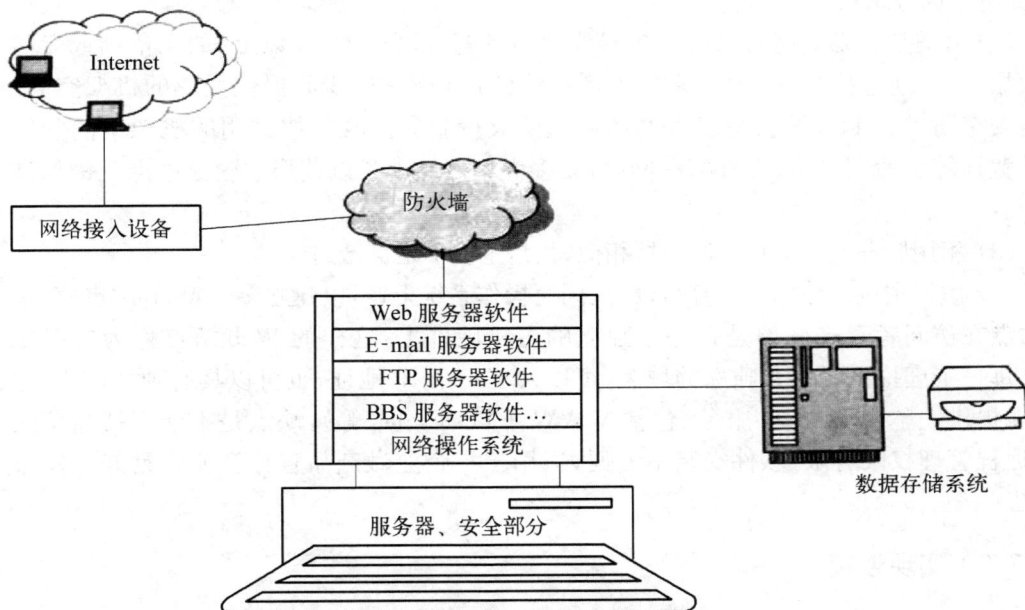

图7-33 电子商务网站运行平台基本构成图

(1) 符合各种主流的技术标准；

(2) 符合企业信息化的整体技术战略；

(3) 符合未来技术的发展方向；

(4) 满足开放性、可扩充性的要求；

(5) 与现有的应用系统具有良好的兼容性；

(6) 具有成功的应用先例。

（三）组件按照功能可分为六个部分

(1) 网络接入部分；

(2) 服务器的部分；

(3) 数据存储部分；

(4) 应用服务器软件；

(5) 商务应用软件；

(6) 安全部分。

二、网站平台配置

网站配置首先要做的就是为网站选择合适的发布平台，即选择适合网站规模的各种软硬件资源，包括确定服务器解决方案，确定软件平台等。

（一）服务器解决方案

(1) 自建服务器。易于控制，安全，但需要申请专线接入，适用于处理敏感数据的站点，如电子商务站点。

(2) 托管服务器。将自己的服务器放到高带宽入网（100 M 以上）的电信局或专门的数据中心，通过拨号、ISDN、DDN 等低速线路远程维护。ISP 提供优越的机架空间、网络安全防护、UPS 供电、恒温恒湿环境及防火设施等。收费按占用的机架空间和接入带宽计算。适用于中、大规模的网站，许多大型网站就是以此形式建立站点及镜像站点的。

(3) 租用服务器。与托管服务器相似，只是主机不是自己的。

(4) 虚拟主机。在同一计算机硬件、同一操作系统上，可以建立多个 Web 站点，每一个站点在访问者看来好像是在一个独立的主机硬件上，这样的 Web 站点称为虚拟主机。每一个虚拟主机具有独立的域名，可以共享一个 IP 地址，也可以具有独立的 IP 地址，能提供完整的 Internet 服务（包括 WWW、FTP、E-mail 等），缺点是不能支持高访问量、远程管理权限有限、软件安装不方便，适用于小企业做产品宣传和业余爱好者发布数据。

（二）实现连接

与 Internet 连接的方式有以下几种：

（1）拨号接入：56 Kbps。

（2）ISDN 接入：128 Kbps。

（3）DDN 接入：64 Kbps～2 Mbps。

（4）ADSL 接入：ADSL 是 Asymmetric Digital Subscriber Line（非对称数字订户线路）的缩写，ADSL 使用电话线路，信号不通过电话交换机设备，不需要拨号，一直在线，上行速率 512 Kbps～1.5 Mbps，下行速率 1.5 Mbps～8 Mbps，有效传输距离在 3～5 千米以内。

（5）T1 接入：1.544 Mbps；T3 接入：44.736 Mbps。

（6）OC 接入：OC 是 Optical Carrier（光缆）的缩写。OC-1：51.84 Mbps；OC-48：2.488 Gbps。

（三）带宽估算

（1）统计 Web Server 日志文件中 HTTP 操作记录的总行数。

（2）确定日志文件运行的天数。

（3）将总行数除以天数，得到每天操作次数。

（4）将每天操作次数除以 86 400 秒（一天的秒数），得到每秒操作次数。

（5）将每秒操作次数乘以 3，得到每秒峰值操作次数。

（6）将 128 Kbps 乘以每秒峰值操作次数，得到所需的带宽。128 Kbps 是个经验值。

（四）服务器性能

对做 Web 服务器的主机，服务速度主要取决于 CPU、内存、网络 I/O 和磁盘 I/O。

为提高 Web 服务器的性能，开发服务、搜索引擎服务、数据库服务应另建服务器，不要建在同一个主机上。因为这些服务要占用大量的 CPU 资源和内存资源，削弱 Web 服务的能力。

（五）确定服务器解决方案

（1）购买服务器，建立独立的电子商务站点。

（2）成本较高。

（3）适合对信息量和网站功能要求较高的大中型企业。

（六）租用虚拟主机

虚拟主机是使用计算机软件技术，把一台运行在 Internet 上的服务器主机分隔成多台"虚拟"主机，每一台虚拟主机都各自具有独立的域名和 IP 地址，具有比较完善的 Internet 服务器功能，如图 7-34 所示。

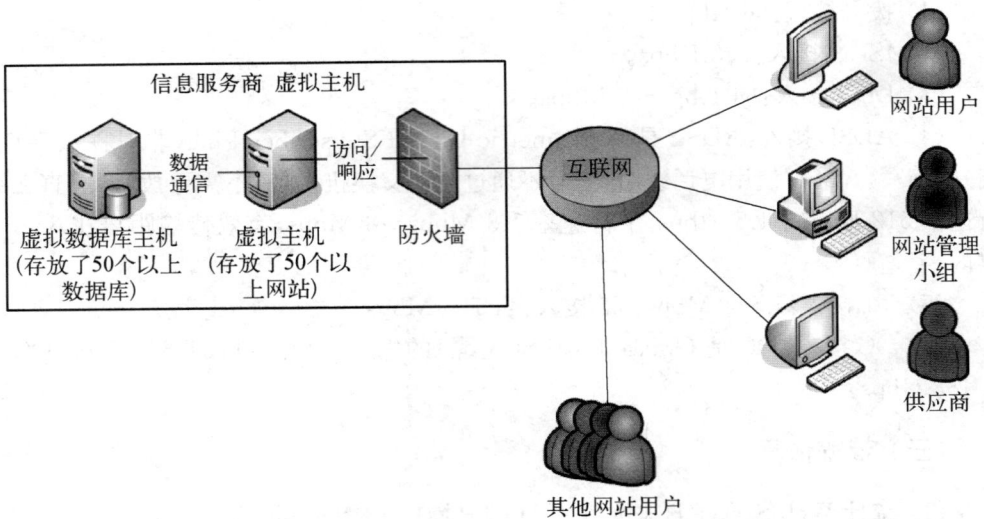

图 7－34　虚拟主机就是由很多人一起租用一台服务器

优点：采用虚拟主机技术的用户只需对自己的信息进行远程维护，而无须对硬件、操作系统及通信线路进行维护。因此虚拟主机技术可以为广大中小型企业或初次建立网站的企业节省大量人力物力及一系列烦琐的工作，是企业发布信息较好的方式。

特点：采用虚拟主机方式建立电子商务网站具有投资小、建立速度快、安全可靠、无须软硬件配置及投资、无须拥有技术支持等特点。

选择虚拟主机主要考虑七点服务内容。

（1）存储空间：越大越好；

（2）电子邮件：提供的电子邮箱个数；

（3）网页制作；

（4）IP 地址：提供独立的 IP 地址，并支持多个域名指向同一个 IP 地址；

（5）文件传输（FTP）：支持网页上传；

（6）时间：提供不间断服务的时间；

（7）速度：重点考虑网络带宽问题。

（七）软件平台

操作系统软件有：UNIX 操作系统（技术成熟、开放性好、可靠性高、网络功能强大）；Linux 操作系统（免费的操作系统）；Windows 操作系统。

（八）Web 服务器软件

选用 Web 服务器软件时的参考的性能参数：

（1）相应能力。Web 服务器对多个用户浏览信息的相应速度。

（2）与后端服务器的集成。

（3）管理的难易程度。管理 Web 服务器；利用 Web 界面进行网络管理。

（4）信息开发的难易程度。

（5）稳定性。

（6）可靠性。

（7）安全性。是否泄密；防止黑客的攻击。

（8）与其他系统的搭配。Windows 2000＋IIS＋ASP＋SQLSERVE；Linux＋apache＋PHP＋MYSQL。

（九）数据库软件

关系型数据库，面向对象，如 DB2，Oracle，Sybase，MS SQL Server，MySQL。

三、开发举例

（一）"可口可乐"互动世界网站

1. 建站背景

可口可乐公司（www.cokecce.com）作为拥有诸多全球知名品牌的企业，企业知名度之高是不言而喻的。为顺应网络信息时代的需求，其宣传媒介的侧重点也由原先的传统媒体逐渐转移至网上媒体，希望借助网络优势能够准确、实时地提供公司动态信息，进一步提升企业的竞争实力（见图 7 - 35）。

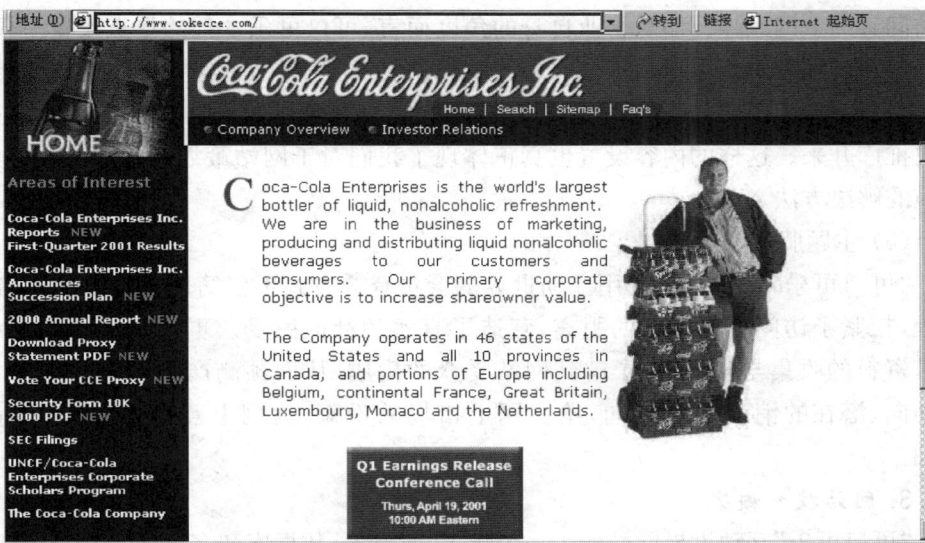

图 7 - 35　可口可乐"互动世界"网站主页

2. 网站策划主旨

体现企业历史文化，开拓企业网上商机，建企业全新形象，提升企业整体实力。

（1）产品设计目标。

从受众群的定位角度出发，利用计算机网络多媒体化、互动性的特征来吸引网上用户访问,通过寓教于乐的网上漫游过程,利用网络的时效性和便捷性,使受众足不出户便能全面了解企业的产品与文化。

(2)定位与目标。

基于产品自身的定位、产品的资源优势,以及相关的市场调研结果,"可口可乐"互动世界网站设计以企业的 CI 形象标准为基点,低年龄段的上网群体为主,以可口可乐公司的相关客户为辅进行网站构架与风格设定。具体特征为:

具有会员登录、网上交友、聊天室、公告栏等社区服务功能;

具有包括网上游戏、动画、音效等相关的多媒体服务;

具有一定的搜寻服务功能。

(3)网页形式风格设定。

在强调产品形象色和标志符号的前提下,"可口可乐"互动世界网站的设计者利用首页的三维效果图和导航栏上的金属效果充分体现了数码时代、网络时代下品牌的新形象,同时也符合了现今青年的欣赏口味,同时将企业的标识与产品的形象有机地结合起来。而每个页面下方的线框形式的插图既显轻松活泼,又使诸多页面相互统一,通过图形符号和文字的链接,实现各功能之间的导航浏览,并与首页上的符号形成了呼应之势。

(4)网站内容构架。

基于受众群的品位与爱好,"可口可乐"互动世界网站对普通上网者提供了以时尚、电影、流行音乐、体育、旅游、漫画、教育等主题的分类网页,以及网上游戏下载的服务,增强了访问者的上网兴趣。而从企业自身的角度而言,可口可乐本部的重点设置不仅仅提供了客户与访问者对于可口可乐公司最新动态的全面了解,通过典藏海报的欣赏与企业历史的简介等单元内容的安排,适应了不同群体的需求,利用网上生动的界面将企业文化与历史推广开来。这样的内容设置也真正体现了我们对于网站策划过程中全局规划、细节实施的解决方法。

(5)主题服务。

"可口可乐"互动世界利用互动世界的会员登录方式不仅简化了网络访问者的网上进程,拉紧了访问者与网站的距离,营造了真实的社区感受。更为重要的是,企业通过会员资料的收集与整理,能了解到网站受众的构成,从而预测产品的未来走向、消费者的动向、潜在的消费群体趋向,抢占网上市场的份额,为网上互动的在线营销奠定了基础。

3. 网站技术概况

"可口可乐"互动世界网站作为一个集 Web 技术、数据库和多媒体制作技术于一体的综合性 Web 站点,在界面的技术应用上,设计人员利用 Flash 动画、JAVA APPLET 所制作的特殊效果,使用户可以在网站上得到全新的互动体验。而对于系统管理而言,在会员统计、网页内容的更新与维护的基础上,网站将进行定期的系统运行状况,数据备份及出错时原始数据恢复等工作以及服务器紧急状态处理,确保整个网站一直处于良好的运作状态下。

（二）信诺立公司的电子商务解决方案

信诺立公司根据自己多年的电子商务应用实践和 Internet/Intranet 应用开发经验，结合国际先进技术和国内企业的特点，开发了一套适合中小企业使用的电子商务解决方案 NetsShop。NetsShop 以国际通用浏览器/服务器工作模式进行设计，可直接运行于 Internet/Intranet 环境下。其简易而功能强大的接口让使用者通过网络可以轻松地建立并管理自设的网络商店，无须购买昂贵的软硬件设备和聘用专业的设计人员。所有网站建置和管理只需上网后通过浏览器即可完成。任何人皆可在网上建立自己独有的电子商务交易平台，为消费者提供了安全、便捷的购物方式；为商家提供了交易处理和丰富的管理统计功能，并且该系统支持多种商家接入方式和支付手段。NetsShop 具有用户界面友好、使用简洁方便、运行速度快、远程维护方便、系统稳定可靠、易于扩展等特点。

NetsShop 的主要功能包括企业的商品录入、商品查询、在线购物、在线支付、订单查询、库存管理、订单管理、配送管理、销售统计分析、访问统计、供货商管理、产品消息发布、售后服务支持、权限管理等全套 B2C 的电子商务功能，相当完整。

1. 系统功能特点分析

（1）强大的网站个性化定制功能。

系统提供的"网站精灵"引导帮助初次使用者建立网站，并提供内建的数十种各类形式的网页样本供用户选择。所有的网页可按用户的喜好和需求自行设定，包括网页的美术设计，公司的商标及产品的照片，可以管理用户的产品目录，设定运费及销售税，设定各种付款方式，以及增加或删除网页等。

（2）超大容量的商品记录及多种检索方法。

系统提供的商品记录容量可达 1 000 万种，商品可用树型结构进行分类组织，用户可以通过分类目录查询，用户能根据产品的类型、制造商等逐级进入分类目录，最终找到需要的产品。系统允许用户通过关键字快速进行查询，关键字可以用产品名称、制造商名称或其他关键字，同时可用多个关键字综合查询。

（3）强大的销售管理功能。

系统提供订单管理、发货管理、退货管理、库存管理等完备的销售管理流程。库存管理包括货物进出库、库存过多或过少报警、库存时间过长报警、对供货商的应付款（代销或订金方式向供货商进货）等。当用户下完订单后，系统将立即自动向销售人员发出订单通知信，并更新订单库内容，操作人员可以根据订单的执行情况随时更新订单库内容。系统还可以根据订单库的内容和库存的内容提供动态的查询功能，供管理人员随时掌握本商店的销售及库存情况。

（4）灵活的价格管理体系。

系统提供对会员进行分组管理，如可以分为普通会员、银卡会员、金卡会员等。对每种产品针对不同的会员定义不同的优惠价格，会员在购物时，系统会自动根据其所属的会员组（可享受的折扣）自动计算购物金额。

（5）详细的访问统计系统。

系统对商城的所有栏目都能够根据用户需要的不同情况调配栏目分配和补充，最大限度地满足浏览者的爱好。

（6）智能销售统计及分析功能。

系统提供的统计分析功能包括可以按产品分类统计、按产品统计、按会员组统计、按会员统计。提供的统计分析报表包括统计日报、周报、月报、季报和年报等。通过统计分析及时为企业做出物流量化的分析，帮助企业改善销售策略和营销方式。并且系统根据商品销售状况自动生成销售排行榜，在首页的"热销产品"栏目中展示。

（7）功能完备的新闻发布系统。

系统采用先进的在线技术，所发布的首页新闻不再是简单的数据库信息的显示，而是对站点内容的一种完善和补充。

（8）全面的安全控制。

系统向用户提供的安全措施包括如下：

SSL 安全加密；

数据库级的安全控制；

跟踪记录每个操作动作、IP 地址和操作员；

系统的维护和备份。

（9）可以与用户现有系统集成。

系统可以让用户输入网下的销售数据库资料，从而整合原有的管理系统。支持线上实时或传统交易处理系统的整合。

2. 系统运行环境

（1）服务器端。

Windows Nt Server 4.0 以上。

MS-IIS 4.0。

MS-SQL Server 7.0。

（2）客户端。

Windows 95/98/NT。

Internet Explore 4.0 以上。

（3）客户购物流程图。

客户购物流程图如图 7-36 所示。

3. 订单管理流程图

订单管理流程图参见图 7-37。

4. 后台管理系统功能模块

后台管理系统功能模块参见图 7-38。

```
                          ┌─────────┐
                          │  进入   │
                          └────┬────┘
                               │
                          ◇─────────◇          不是    ┌─────────┐
                          ◇ 是注册会员吗? ◇ ──────────→ │  注册   │
                          ◇─────────◇                   └────┬────┘
                               │ 是                          │
                          ┌─────────────────────┐           │
                          │  登录或去收银台后登录  │ ←─────────┘
                          └──────────┬──────────┘
                                     │
    ┌──────────────────────→ ┌─────────────┐
    │                        │   进入购物区  │
    │                        └──────┬──────┘
    │         ┌──────────┬──────────┼──────────┬──────────┐
    │    ┌─────────┐ ┌─────────┐ ┌─────────┐ ┌─────────┐
    │    │关键字检索│ │分类检索 │ │最新商品 │ │推荐商品 │
    │    └─────────┘ └─────────┘ └─────────┘ └─────────┘
    │                        │
    │                   ┌─────────┐
    │                   │ 挑选商品 │
    │                   └────┬────┘
    │                   ┌─────────┐
    │                   │ 购物车  │
    │                   └────┬────┘
    │         是              │
    └──────────── ◇─────────◇
                  ◇ 继续购物吗? ◇ ←──────────────┐
                  ◇─────────◇                   │
                       │ 否                      │
              ┌─────────┐    ┌─────────────┐    │
              │ 确认订单 │    │ 修改购物车   │ ───┘
              └────┬────┘    └─────────────┘
                   │
              ┌─────────┐         ┌─────────┐
              │ 去收银台 │ ──────→ │ 会员登录 │
              └────┬────┘         └────┬────┘
                   │                   │
         ┌──────────────────────┐     │
         │  填写或者修改顾客信息   │ ←───┘
         └──────────┬───────────┘
              ┌─────────────┐
              │ 选择送货方式 │
              └──────┬──────┘
              ┌─────────────┐
              │ 选择付款方式 │
              └──────┬──────┘
              ┌─────────┐
              │ 完成订单 │
              └────┬────┘
              ┌─────────┐
              │ 订单查询 │
              └─────────┘
```

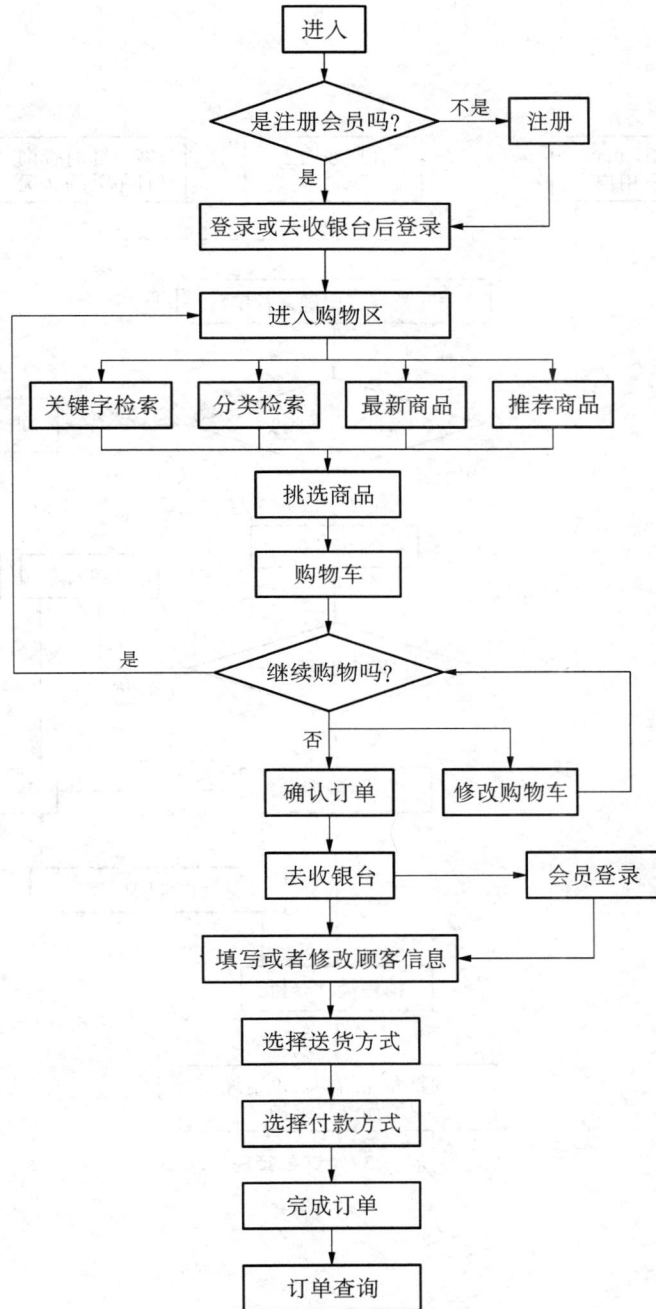

图 7 - 36　客户购物流程图

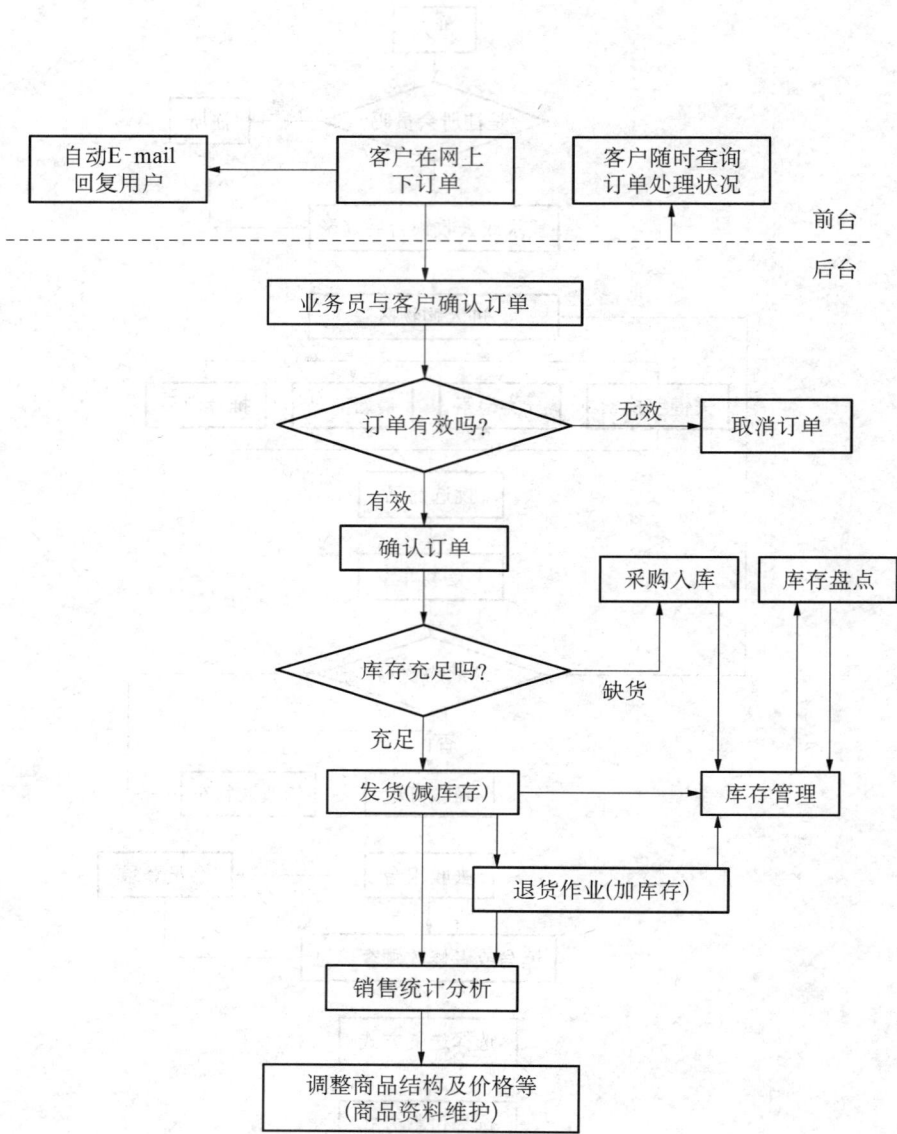

图 7-37 订单管理流程

		新产品登记、修改、删除
管理者登录	商品管理	产品分类登记、修改、删除
		供货商资料维护新增、修改、删除
	商店管理	运输方式登记、修改、删除
		支付方式登记、修改、删除
		店主信息管理
		商店外观管理
	订单管理	订单查询
		新订单处理(确认或取消)
		发货作业(减库存)
		退货作业(增库存)
	库存管理	进货入库作业
		库存盘点作业
		库存查询
	销售统计	按产品分类统计
		按产品统计
		按会员组统计
		按会员统计
	会员管理	会员优惠分类登记、修改、删除
		会员资料维护
	系统管理	管理员资料维护及权限设定
		管理员密码修改

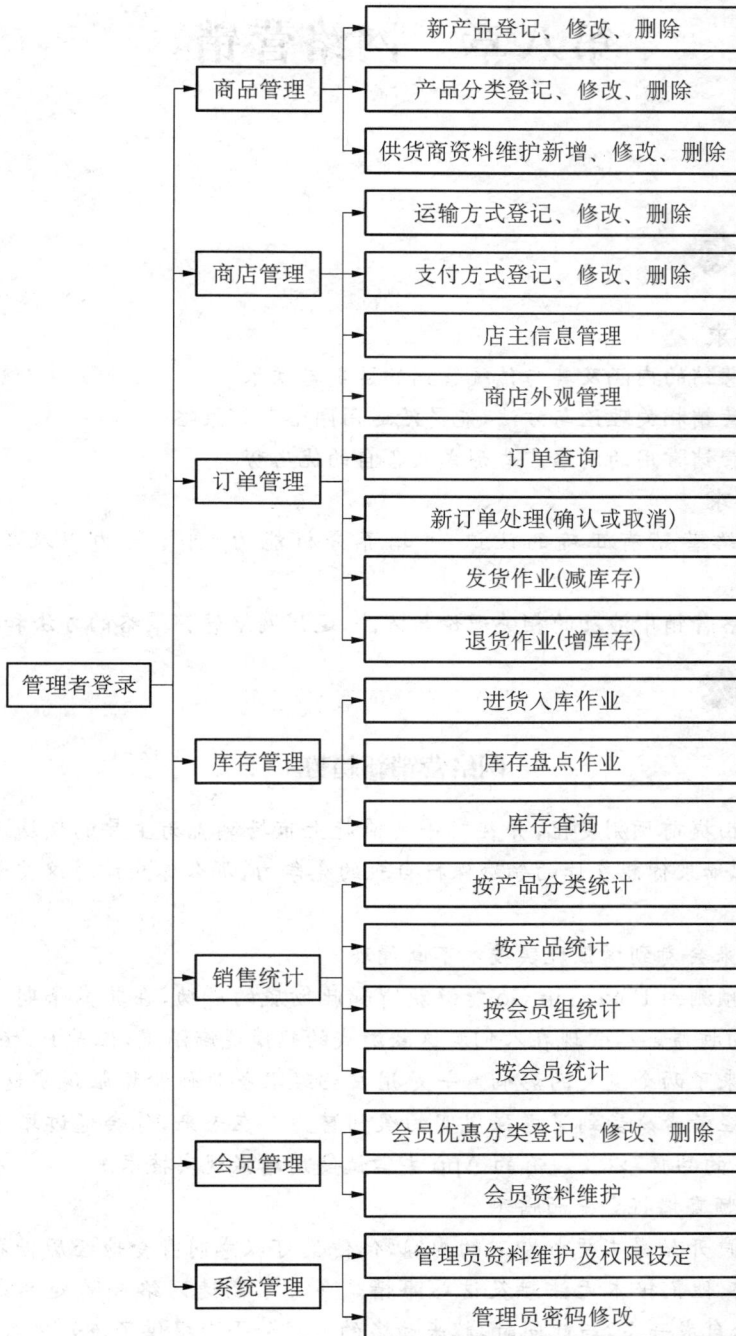

图 7‑38 后台管理系统功能模块

第八章　网络营销

（一）知识要求

● 认识网络营销的内涵及其与传统营销的区别与联系。

● 了解网络营销相关理论与方法，能灵活运用网络营销策略。

● 熟悉网络营销常用的网络广告形式及各自的优劣势。

（二）能力要求

● 能够对网络营销有正确的认识，并培养分析能力、自学能力以及收集资料的能力。

● 能够对网络营销中涉及的相关理论与方法，运用网络营销策略的方法和技巧。

案例导入

网络营销新趋势

营销是一个由提前预测变化，并在对手之前赶上市场潮流为主导的领域。你不需要追随每个趋势，但如果你想在你的领域保持自我的竞争力，那么你应该对这些趋势有一个清楚的认知。

1. 我们在将来会看到增强现实技术不断涌现

很少有人能预测到 Pokémon Go 能够获得如此彻底的成功，在其巅峰期曾一天收获了 1 000 万美元的收益。尽管现在人们对这款游戏的热情逐渐消退，但是 Pokémon Go 给网络营销市场带来了两个重大的影响。一是用户已经准备好体验增强现实这一技术，二是这项技术使得经营者感受到了增强现实的盈利潜力。在未来，你会通过增强现实的游戏、广告看到更多的品牌，以及现有的 App 去尝试使用增强现实技术。

2. 流媒体视频直播将会全面腾飞

社交媒体用户开始寻求更加即时的内容，使他们可以感同身受地经历世界其他地方发生的事，在之前，他们根本无法触及这些事情。多亏了高速网络和随处可见的移动设备，视频直播开始自成一系，与此同时，越来越多的应用和平台提供了流媒体直播的功能。今年的第一场总统大选辩论也通过流媒体直播放送，吸引了成千上万人的关注。视频直播在过去的几年里一直持上升态势，但我认为视频直播在 2017 年将为各大品牌和个体利用，成为其全面腾飞的一年。

3. 数据可视化工具将会极大发展，对其需求也会不断增长

作为经营者，数据是我们的生机所在。我们需要一定量的数据来告诉我们，谁在什么时候买了什么，为什么会买，以及对于他们怎样宣传是最有效的。可是就算是数据分析师也经常会不理解数据究竟想表达什么，因为我们的大脑并不适宜处理大量未处理过的数据。现在，科学技术终于可以对数据分析工作进行"翻译"。市场上现在已经存在一些数据可视化的工具，但是在2017年，各行各业都会开始使用这些工具，那些不使用这些工具的企业会劣势骤现。科学技术会越来越复杂，数据分析的需求也会远超以前。

4. 原生广告将会占据主导

没错，原生广告是这个榜单上最为"古老"的趋势之一。很多品牌多年来一直使用这个简单的办法让自己的产品看起来很自然。随着顾客不断地忽视甚至厌恶传统广告，原生广告呈现了上升的趋势，它可以更有效地吸引顾客注意力，但比以前的做法更加隐蔽。我们也可能会看到一些发行者以更加新颖的形式发布的原生广告。

5. 一些品牌将会把小众市场作为目标

线上营销变得越来越"拥挤"。虽然消费者数目大致保持稳定，但是成千上万的新企业都涌入这个行业想要分一杯羹，在内容分享和社交媒体市场中表现得更为明显。一个最好的解决方案就是将目标着眼于更明确的小众市场，用一些特定的标题来吸引一些小众用户，因此，我们一定会看到一些公司尝试投放更加精准的乃至针对个人的内容和广告。

6. 我们将会看到"身临其境"的内容营销崛起

用户们也渴望更多的身临其境的体验，让他们感觉自己可以做得更多，而不仅仅局限于盯着手机或者电脑屏幕。增强现实技术和虚拟现实技术是推动这个想法的动力（我在上文已经谈论过增强现实了），但是不要忘记一些其他的方法也可以达到同样的效果。你可以给你的用户提供360度的视频让他们感觉自己正在经历这件事，或者主持一个网络研讨会或讲习班让他人与你一同参与。关键就在于提供某种程度上的互动来让人感觉自己是群体中的一份子。

7. 密集型内容将会成为屏蔽无用信息的关键

我们像金鱼一样不能持续保持注意力。随着科技的不断进步，我们变得越来越没有耐心，要求也越来越高。社交媒体上无穷无尽的新闻推送和我们关注的每个品牌或个人永不停歇的内容流迫使我们筛选出大量的无用"白噪音"。我们粗略地阅读文章和帖子，甚至刚刚读完标题就把文章分享了出去。应这些要求，经营者应该明白密集型内容是使每行每字都有价值的关键所在。

笔者说明发表的这些趋势是基于其现有的信息发布的，包括去年的流行趋势，新技术的简介以及对经营者如何看待即将到来的2017年的所见所闻的总结。绝非轻率地研究它们，而是进行详细调查，为将其融入你的商业活动中提供策略，或在开始运营的时候进行补充。

（资料来源：199IT；编选：中国电子商务研究中心。）

8.1 网络营销的基本概念

网络营销（On-line Marketing 或 E-Marketing）是企业整体营销战略的一个组成部分，是为实现企业总体经营目标所进行的，以互联网为基本手段营造网上经营环境的各种活动。总体来讲，凡是以互联网或移动互联为主要平台开展的各种营销活动，都可称之为网络营销。

具体网络营销的内涵，可以从以下五个认识误区来进行解析：

（1）网络营销就是网络推广。

网络营销和网络推广之间是包含与被包含的关系，网络营销包含了网络推广，网络推广是网络营销其中的一个环节。网络推广重在"推广"，是通过各种手段把网站或者产品服务推到网络的各个平台，从而带来点击量访问量。而网络营销相比来说注重的是营销范畴，包含了创意、预算、评估、分析、故事等，涵盖了整个营销活动周期，以投入产出比来评估整个营销是否成功，是否为企业带来了直接的经济效益。

（2）网络营销就是做个网站。

很多企业的领导人说：我们也做网络营销了，已经建设了网站。其实建个网站挂到网上只是网络营销最基础的事情，甚至远远谈不上网络营销。单纯地做个网站放到网上，就好像做了一张海报放到柜子里一样，很难有什么实际作用。网站在网络营销中只是一个基础，网站需要推广才有意义。如果不推广，不更新，不维护，不优化，那网站什么都不是。

（3）网络营销就是百度推广。

不可否认百度推广对于很多企业来说是一个非常不错的网络营销方式，但是百度推广不是全部。很多人误认为做了网站、投放了竞价就是网络营销了。其实远远不是，更何况对于很多企业来说竞价的投放还是很"吃钱"的，一个关键词点击一下，你一天的饭钱就没有了。对于有些企业来说，如果有一定的财力投放了百度推广还可以投放其他的搜索引擎，如果预算够多还可以组建网络营销团队，从而更加全面、更加系统地把网络营销做起来。

（4）网络营销就是发帖。

发帖是网络营销中最基础的工作，但是如果仅仅是发帖（像民工似的只知道出体力）而不动脑子、不用创意、不学技术的话，那是非常可悲的。发帖子看似谁都能做，其实不然，同样的两个人效果也会不同，关键是发帖的技巧和思路。发帖子能带来业务量并且有时候对网站优化也有一定帮助，但是发帖依然是网络营销中的一项工作，而非全部。

（5）网络营销就是电子商务。

网络营销和电子商务有一定的联系，但是两者并不同。网络营销是一种营销活动，而电子商务是电子交易方式。两者既有联系又有区别，电子商务中需要网络营销，而网络营销也需要电子商务。电子商务更强调的是网络交易的结果，一种网上交易活动，而网络营销更强调交易前的推广和宣传。所以两者并不是一回事，是完全不同的两个概念，我们必须用辩证的观点来看待。

一、网络营销的基本职能

（一）网络品牌

网络营销的重要任务之一就是在互联网上建立并推广企业的品牌，知名企业的网下品牌可以在网上得以延伸，一般企业则可以通过互联网快速树立品牌形象，并提升企业整体形象。网络品牌建设是以企业网站建设为基础，通过一系列的推广措施，达到顾客和公众对企业的认知和认可。在一定程度上说，网络品牌的价值甚至高于通过网络获得的直接收益。与网络品牌建设相关的内容包括专业性的企业网站、域名、搜索引擎排名、网络广告、电子邮件、会员社区等。网络营销的重要任务之一就是在互联网上建立并推广企业的品牌，以及让企业的网下品牌在网上得以延伸和拓展。

（二）销售促进

营销的基本目的是为增加销售提供帮助，网络营销也不例外，大部分网络营销方法都与直接或间接促进销售有关，但促进销售并不限于促进网上销售，事实上，网络营销在很多情况下对于促进网下销售十分有价值。

（三）网上销售

一个具备网上交易功能的企业网站本身就是一个网上交易场所，网上销售是企业销售渠道在网上的延伸。网上销售渠道建设也不限于网站本身，还包括建立在综合电子商务平台上的网上商店，以及与其他电子商务网站不同形式的合作等。因此，网上销售并不仅仅是大型企业才能开展，不同规模的企业都有可能拥有适合自己需要的在线销售渠道。

（四）网站运营

网站运营是指一切为了提升网站服务于用户的效率，而从事与网站后期运作、经营有关的行为工作；范畴通常包括网站内容更新维护、网站服务器维护、网站优化、数据挖掘分析、用户研究管理、网站营销策划等，网站运营常用的指标：PV、IP、注册用户、在线用户、网站跳出率、转化率、付费用户、在线时长、购买频次、ARPU 值。对企业网站流量的跟踪分析，不仅有助于了解和评价网络营销效果，同时也为发现其中所存在的问题提供了依据。

（五）网站推广

这是网络营销最基本的职能之一，网站所有功能的发挥都要一定的访问量为基础，所以，网站推广是网络营销的核心工作。获得必要的访问量是网络营销取得成效的基础，尤其对于中小企业，由于经营资源的限制，发布新闻、投放广告、开展大规模促销活动等宣传机会比较少，因此通过互联网手段进行网站推广的意义显得更为重要，这也是中小企业对于网络营销更为热衷的主要原因。即使对于大型企业，网站推广也是非常必要的，事实上许多大型企业虽然有较高的知名度，但网站访问量并不高。

（六）信息发布

网站是一种信息载体,通过网站发布信息是网络营销的主要方法之一,同时,信息发布也是网络营销的基本职能,所以也可以这样理解,无论哪种网络营销方式,结果都是将一定的信息传递给目标人群,包括顾客/潜在顾客、媒体、合作伙伴、竞争者,等等。

信息发布需要一定的信息渠道资源,这些资源可分为内部资源和外部资源。内部资源包括企业网站、注册用户电子邮箱等;外部资源包括搜索引擎、供求信息发布平台、网络广告服务资源、合作伙伴的网络营销资源等。掌握尽可能多的网络营销资源,并充分了解各种网络营销资源的特点,向潜在用户传递尽可能多的有价值的信息,是网络营销取得良好效果的基础。

（七）顾客服务

互联网提供了更加方便的在线顾客服务手段,从形式最简单的 FAQ（常见问题解答）,到邮件列表,以及 BBS、聊天室等各种即时信息服务,顾客服务质量对于网络营销效果具有重要影响。

互联网提供了更加方便的在线顾客服务手段,包括从形式最简单的常见问题解答,到电子邮件、邮件列表,以及在线论坛和各种即时信息服务等。在线顾客服务具有成本低、效率高的优点,在提高顾客服务水平方面具有重要作用,同时也直接影响到网络营销的效果,因此在线顾客服务成为网络营销的基本组成内容。

（八）顾客关系

良好的顾客关系是网络营销取得成效的必要条件,通过网站的交互性、顾客参与等方式在开展顾客服务的同时增进了顾客关系。

顾客关系是与顾客服务相伴而产生的一种结果,良好的顾客服务才能带来稳固的顾客关系。顾客关系对于开发顾客的长期价值具有至关重要的作用,以顾客关系为核心的营销方式成为企业创造和保持竞争优势的重要策略。

（九）网上调研

通过在线调查表或者电子邮件等方式,可以完成网络市场调研,相对传统市场调研,网上调研具有高效率、低成本的特点,因此,网上调研成为网络营销的主要职能之一。

主要的实现方式包括通过企业网站设立的在线调查问卷、通过电子邮件发送的调查问卷,以及与大型网站或专业市场研究机构合作开展专项调查等。网络市场调研具有调查周期短、成本低的特点。网上调研不仅为制定网络营销策略提供支持,也是整个市场研究活动的辅助手段之一。合理利用网络市场调研手段对于市场营销策略具有重要价值。

（十）资源合作

资源合作是独具特色的网络营销手段,为了获得更好的网上推广效果,需要与供应商、经销商、客户网站以及其他内容、功能互补或者相关的企业建立资源合作关系,实现资源共享到利益共享的目的。如果没有企业网站,便失去了很多积累网络营销资源的机会,没有资源,合作就无从谈起。常见的资源合作形式包括交换链接、交换广告、内容合作、客户资源合作等。

以上十个职能中,网站推广、信息发布、顾客关系、顾客服务、网上调研、网站运营、资源合作这七个是基础,属于营销资源的投入和建立;而网络品牌、销售促进、网上销售这三个是目的,属于网络营销最终的效果。

网络营销的职能是通过各种网络营销方法来实现的,同一个职能可能需要多种网络营销方法共同作用,而同一种网络营销方法也可能适用于多个网络营销职能。

二、网络营销的工具

(一)企业站点开发工具

企业站点开发工具包括网站(网页)开发工具(软件)、数据库开发软件、手机 App(网页)开发软件、图像处理软件、音频视频编辑软件、电子书、管理信息系统程序开发软件等。这些工具大部分都是开发型工具,也是网络营销技术型人才必备的核心技能。

(二)企业信息发布管理工具

按其运营方式分为官方站点类和第三方站点类进行区别,其中官方站点类包括企业自主运营的官方网站、官方博客、企业 App 和各种关联网站等,第三方站点类包括第三方提供的博客、微博、微信公众平台、各类 B2B、B2C 电子商务平台。该类型的工具在企业网络营销中占据核心位置,对于信息发布、品牌建设方面具有其他网络营销功能无法替代的作用。

(三)网络信息传递型工具

网络信息传递型工具主要包括一些松散型以信息传递为主的第三方平台,基于互联网服务的广告资源的搜索引擎、网络新闻、门户网站、网络分类信息、网站联盟平台等;以及基于搜索引擎服务的开放式在线百科(WIKI)、互动式知识问答平台、互动式文档分享平台等资源;和基于社会化网络服务的 SNS 网站、论坛、贴吧、视频分享、直播平台等。此类型的网络营销工具在企业网络营销中负责企业营销信息源的扩散和传播作用,企业可以快速借助相应的平台达到扩大产品和品牌的知名度,增加销售额的目的。

(四)在线沟通交互工具

在线沟通交互工具包括电子邮件、邮件列表、即时通信软件、手机短信、微信、在线客服工具、博客微博站内信,以 QQ、朋友圈为代表各种社群等,可实现一对一、一对多的信息传递和交互。此类型的网络营销工具可以起到维系顾客关系,提供在线顾客服务,增加顾客满意度的目的。

（五）管理分析工具

如网站专业性诊断、网站访问统计分析、搜索引擎 SEO 分析、网络广告点击率及转化率分析、网店管理工具等，这些大多数是第三方提供的服务，企业也可以自主开发。此类型的网络营销工具可以起到检查网络营销绩效、网络营销数据收集和分析的目的，从而为网络营销策略持续改进提供支撑。

以上五种网络营销工具，正是对应着企业信息流处理的一个完整闭环：信息的开发、发布、传递、交互、分析。

三、网络营销的方法

（一）企业站点营销

企业站点营销就是围绕企业网站进行的网络营销活动，主要包括营销型企业网站建设、搜索引擎营销、SEO 网站优化、网站运营与管理等方面的内容。企业可以通过站点营销打造符合现代营销观点的企业网站。营销型网站是对网站的发展，整合了各种网络营销理念和网站运营管理方法，不仅注重网站建设的专业性，更加注重网站优化设计、搜索引擎营销和网站运营管理的整个过程，是企业网站建设与运营维护一体化的全程网络营销模式。

（二）内容营销

内容营销是一个总称，包括所有的营销方式，涉及建立或共享的内容，目的是接触影响现有的和潜在的消费者。内容营销并不是网络营销特有的形式，传统媒体也有内容营销，如在阅读报纸、收听广播的同时，插入一定的广告信息，产生营销效果。而互联网上内容的形式更为多样，可能是网页中的文字、视频信息，也可能电子邮件的邮件信息、微信公众号信息、网络分享的文档信息等。内容营销通常包括微信公众号营销、电子邮件营销、搜索营销、博客营销、论坛营销、SNS 营销和资源分享式营销等。

（三）网络广告

网络广告是原始的网络营销方法之一，在网络营销方法体系中具有举足轻重的地位，事实上多种网络营销方法也都可以理解为网络广告的具体表现形式，并不仅仅限于放置在网页上的各种规格的展示性广告，如搜索引擎广告、电子邮件广告、数字杂志类广告、游戏嵌入广告、IM 即时通信广告等都可以理解为网络广告的表现形式。

（四）社交媒体营销

社交媒体是人们彼此之间用来分享意见、见解、经验和观点的工具和平台，现阶段主要包括社交网站、微博、微信、博客、论坛、播客等。而社交媒体营销就是利用社交媒体进行的营销活动，它带有强烈的关系营销特征。目前社交媒体涉及领域形成了即时通信、微博、社群的三足鼎立的格局，所以它通常也可以分为即时通信营销、微博营销和社群营销三大类。

8.2 内容营销

内容营销是指以改变顾客的购买行为和销售培养为目的,由企业向目标顾客传递相关有价值的信息的营销活动。做好内容营销的关键是做好有价值的信息工作,通过这些信息传达已理解他们的需要并愿意与他们建立某种联系。

一、微信公众号营销

微信公众号是开发者或商家在微信公众平台上申请的应用账号,该账号与 QQ 账号互通,通过公众号,商家可在微信平台上实现和特定群体的文字、图片、语音、视频的全方位沟通、互动。利用公众账号平台进行自媒体活动,简单来说就是进行一对多的媒体性行为活动,如商家通过申请公众微信服务号二次开发展示商家微官网、微会员、微推送、微支付、微活动、微报名、微分享、微名片等,已经形成了一种主流的线上线下微信互动营销方式。

(一)微信公众号的分类及特点

(1)订阅号。主要偏于为用户传达资讯(类似报纸杂志,为用户提供新闻信息或娱乐趣事)。认证前后都是每天只可以群发一条消息,如果想简单地发送消息,达到宣传效果,建议可选择订阅号。订阅号通过微信认证资质审核通过后有一次升级为服务号的入口,升级成功后类型不可再变。

(2)服务号。主要偏于服务交互(类似银行、114,提供服务查询)。认证前后都是每个月可群发 4 条消息,如果想进行商品销售,建议可申请服务号。另外,服务号不可变更成订阅号。

(3)企业号。主要用于公司内部通信使用,需要先验证身份才可以关注成功企业号。如果想用来管理内部企业员工、团队,对内使用,可申请企业号。

(二)微信公众号的运营策略

1. 做好内容的规划

要让公众号形成自己特有的个性,让公众号与其他的公众号有差异化。把公众号要推送 1~3 个月的内容计划好,甚至可以把一年的内容都计划好。这样的公众号对于读者来说价值很大,可以长时间通过公众号详细了解一个行业里的专业知识,而不是杂乱没有联系的文章内容。每篇都原创难度很大,但是可以招募一些投稿者,从中选取一些优秀的稿件推送。另外也可与原创文章内容的作者,相互合作。

2. 内容形式的差异化

内容形式的差异化表现是语音或视频推送,长期的文字内容推送容易引起读者视觉疲劳,试着用语音或者视频的展现形式来组织内容,如果能做成互动游戏的形式更好。罗胖的逻辑思维就应用得非常好,每一天 60 秒的内容语音导读,关键词自动回复内容,语音跟内容完美结合。可以关注一些这方面做得比较好的公众号,取长补短。

3.让粉丝产生依赖性

注意推送的时间,每一天都要按时推送内容,假如每一天推送内容的时间为 6:15 分,那么一定要在 6:15 分推送给读者,还有每一次推送内容的间隔天数。例如,每两天推送内容一次,那么过两天就一定要推送内容,长期这样读者就会形成习惯,到了时间就会主动去阅读公众号里面的内容。

二、搜索引擎营销

通过搜索引擎平台向潜在客户推销产品或者服务的行为,称之为搜索引擎营销,即 SEM。

(一)搜索引擎营销的基本内容

(1)构造适合于搜索引擎检索的信息源。
(2)创造网站/网页被搜索引擎收录的机会。
(3)让网站信息出现在搜索结果中靠前位置。
(4)以搜索结果中有限的信息获得用户关注。
(5)为用户获取信息提供方便。

(二)搜索引擎营销的方法

1.关键词广告

关键词广告(Adwords)也称为"关键词检索",简单来说就是当用户利用某一关键词进行检索,在检索结果页面会出现与该关键词相关的广告内容。如图 8-1 所示为百度关键词广告的展示位置。

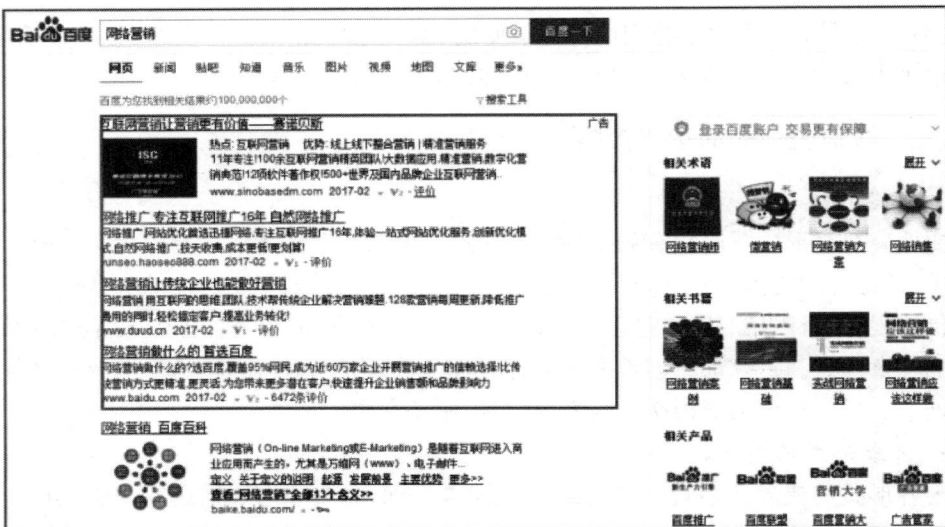

图 8-1 百度关键词广告的展示位置

百度的关键词广告是以竞价排名方式开展的,在百度竞价排名页面注册和付款后就可以在百度平台上进行关键词竞价,只要支付足够的费用且广告内容不违反搜索引擎制定的相关条款,就可以取得任意想要的排名位置。

2. 搜索引擎联盟广告

简单地说,搜索引擎联盟就是一个中间人,帮助商家挑选合适的网站投放广告,并且帮助提升广告效果;另一方面,拓展了很多网站的广告收入来源。搜索引擎联盟实现了对网站资源更高效的整合,更精细的管理,为推广商户提供了一系列标准化(从推广媒体管理、推广信息制作到统一的数据报告)的广告服务。

搜索引擎联盟广告与普通联盟广告最大的区别在于搜索引擎联盟广告基于用户的历史搜索、访问行为而在联盟网站上向特定的用户展示其关注的广告内容,精准性是其他联盟广告所不具备的。

3. 搜索引擎优化

搜索引擎优化 SEO(Search Engine Optimization)是一种利用搜索引擎的搜索规则来提高目前网站在有关搜索引擎内的自然排名的方式。简单地说,SEO 就是通过调整网站的内容和组织,使自己更容易被搜索引擎关注和推荐给用户。

搜索引擎优化是为了从搜索引擎中获得更多的免费流量,从网站结构、内容建设方案、用户互动传播、页面等角度进行合理规划,使网站更适合搜索引擎的索引原则的行为。

SEO 的优势在于比竞价排名的成本更低,更具持久性,不用为"无效点击"买单;缺点就是施工时间长,效果很难确定,受搜索引擎影响很大,比较被动。

三、资源分享式营销

资源分享式营销是利用互联网资源共享的传播方法,将个人或企业所拥有的有价值资源(包括用户的内容:文档、图片、视频、电子书等,用户的知识:思想、经验、研究成果等)以用户分享模式为主的内容营销形式。

资源分享式营销可分为内容型分享和知识型分享两种主要形式。在资源分享的过程中,潜在用户可逐渐形成对企业品牌和产品的认知,最终转化为用户。所以说,资源分享式营销也是植入式营销的重要载体。知识型分享常用的有百科营销、问答营销等;内容型分享常用的有图片分享、视频分享、文档分享等。

8.3　社交媒体营销

社交媒体是人们彼此之间用来分享意见、见解、经验和观点的工具和平台,现阶段主要包括社交网站、微博、微信、博客、论坛、播客等。

一、社交媒体营销的特征

(一) 降低了企业的营销门槛

微信、微博这些第三方平台为企业和个人提供了网络营销的便捷手段,只需一部智能手机,注册一个微信号、微博号就能开展社交媒体营销。还有很重要的一点,在淘宝、天猫等传统电商平台上所沉淀的客户都是属于平台的,而在移动社交平台上所有沉淀下来的客户都是企业自己的。

(二) 拉近了与消费者的距离

因为社交媒体平台首先是基于兴趣或者熟人关系的社交平台,其次才是购物交易的平台,成立在关系基础上的交易自然更加亲近。跟着移动互联网的成长,品牌的人格化成为一个成长趋势,愈加人性化,越发贴心,越发温情。

(三) 让企业和消费之间的信任度更强

不管是微信还是微博,无论什么形态的社交媒体营销都是以信任为基点的,尝试成本越高的产品,对信任度的要求就越高,好比非标准产品和高端产品。尝试本钱越高,口碑效应越明显,越适合社交媒体营销。

(四) 社交媒体营销让网络营销的转化率更高

降低了运营门槛,拉近了交易双方的间隔,增强了信任度,接下来,转化率的提高就是水到渠成的工作。社交媒体营销就是基于关系的商业模式,基于关系的商业模式最大的特点就是转化率和反复购买率更高。

二、社交媒体营销的主要形式

(一) 即时通信营销

即时通信营销又叫 IM(Instant Messaging)营销,是企业通过即时通信 IM 推广产品、服务和品牌,以实现目标客户挖掘和转化的网络营销方式。

目前,国内比较流行的 IM 软件有腾讯的 QQ/TM、微信,阿里巴巴的阿里旺旺、来往、阿里钉钉,还有 YY 语音、陌陌、QT 语音等,国外比较流行的有 AIM、Google Talk、MSN、雅虎即时通等。

(二) 微博营销

微博营销是指通过微博平台为商家、个人等创造价值而执行的一种营销方式,也是商家或个人通过微博平台发现并满足用户的各类需求的商业行为方式。

企业利用更新自己的微型博客向网友传播企业信息、产品信息,树立良好的企业形象和产品形象,该营销方式注重价值的传递、内容的互动、系统的布局、准确的定位。微博营销涉及的范围包括认证、有效粉丝、朋友、话题、名博、开放平台、整体运营等。

(三) 网络社群营销

网络社群一般指规模较小、交往密切而关系松散的群体,如腾讯 QQ 群、微信群、微博好友圈、微信朋友圈、同一话题、同一应用参与者等。

网络社群营销将内容营销、精准营销、整合营销、情感营销结合成一体,帮助群成员认知产品,为群成员提供体验产品的机会,使群成员认同产品,继而向更多的消费者推荐。

(四) 内容型社交营销

内容型社交营销即内容营销中具有社交功能的营销方式,常见的有博客营销、百科营销、问答营销、资源分享营销等。例如,博客营销除了日常撰写博客发布内容外,还可以与博客读者互动、交流,对于博客营销的效果提升也非常明显。

(五) 垂直型社交营销

垂直型社交是指社交媒体的垂直细分领域,如图 8 - 2 所示,穷游网 http://www.qyer.com 就是一个垂直型(旅游领域)社交模式为主的旅游网站,除了在线订购旅游服务外,分享或评论旅游照片、游记等社交功能是该网站的一大亮点。

图 8 - 2　垂直社交网站——穷游网

三、社交媒体营销的内容

(一) 确定社交媒体的定位

首先,社交媒体的核心应定位为经营"人",努力经营粉丝,和用户交流互动,彼此产生信任关系,才能实现商业价值。其次,应确定盈利为社交媒体营销的最终目的,品牌和用户通过交流是可以产生交易的,交易的实现再反向促进品牌与用户的交流,最终实现粉丝影响品牌,品牌因粉丝而改变。最后,应选择适合自己的社交媒体,中小企业适合从微信公众号开始切入移动互联网,经济实力较强的企业,可以采取微信公众号＋品牌 App 结合的运营方法,通过微信公众号带动 App 的装机。

(二)吸引用户关注

社交媒体营销正是要从用户关注开始,目前可以获取用户关注的社交媒体主要是微信、微博、QQ 空间、百度贴吧等。

(三)与用户交流

社交媒体营销的核心是让品牌的粉丝与品牌进行交流互动并且参与到各种品牌决策中来。没有粉丝和品牌的重复与持续交流,就建立不了信任关系,就很难达成交易。

(四)交易的实现

交易的实现是检验品牌与粉丝是否建立信任度的标尺,用户实现了交易,说明用户对品牌有了忠诚度。

(五)激发用户分享

社交媒体让我们将有价值的信息不断分享出去,分享内容的格调、品位和见识,会使信任关系不断积累和沉淀,而这种社交分享就是产生价值的商业模式。常见的激发用户分享的社交媒体方法有支付宝的找人代付、微信朋友圈的送礼功能、众筹模式等。

四、微博营销

(一)明确微博营销的定位与目标

1.理解企业的定位

无论企业的微博营销是外包或半外包给专门的营销公司来操作,还是由自己企业的员工来操作,操作人员、负责团队都必须充分地理解要做微博营销的企业的定位。

建议将企业定位和竞争者的定位区分开来,并考虑使用的相关情境,比如百度的定位是"全球最大的中文搜索引擎、最大的中文网站";生产尿布的企业可以定位为"××范围内最大的育婴服务企业";生产轮胎的企业可以定位为"××范围内最好地提供驾车或旅游体验的企业"。

2.明确微博在企业整体营销中的定位

首先必须理解对应企业的整体营销策略,然后与制定企业整体营销策略的管理者进行讨论和沟通,在理解微博的特点及可实现的主要功能的同时,结合企业的实际特点及需要,明确微博能在企业整体营销方案中发挥什么作用,也就是微博在企业整体营销中的定位。

3.明确微博营销目标

应该与企业的主要管理者沟通以明确在不同的阶段可以完成的具体目标。这些目标可能有：赢得新客户（或新注册用户的增加数），企业微博的粉丝数，品牌的互动率（转发数与评论数），产品或服务的市场引导效果，新产品或服务的推广，传递企业相关信息，发布公关报道并对外界产生影响，促进官方网站的流量增加，促进产品或服务的销售（提高转化率）等。

对于微博营销的目标有如下几点基本建议：第一，刚开始时的目标不宜过多；第二，一些目标要分阶段分步骤实现；第三，相关的目标制定要结合企业的具体情况；第四，不同的目标实现情况要与将来的评估方法相结合，并不断地进行目标的合理调整。

（二）微博营销的内容策略

1. 企业官方微博的内容策略

企业官方微博的内容策略包括主要内容栏目（或话题）、这些内容的明确目的及能带来的利益、这些内容的表现形式（文字、图片、音频及视频等，是动态还是静态）、这些内容的来源和维护更新方式。

在企业官方微博的内容栏目中，可能涉及企业或品牌的故事，企业的经营理念，引导市场需求的信息，企业所在行业的信息，新产品或新服务的信息，促销活动信息，市场调查信息，招聘信息等。对这些信息持续的收集、改写及更新需要有明确的规划，同时对所有信息内容发布的目的与发布后能带来的利益均需要认真思考。

2. 企业用户微博内容激励策略

激发用户创造内容的方式有很多，既可以用市场调查、广告语征集、疑问句及造句体等方式进行，也可以组织一些展现用户创意的活动。例如，美国国家地理频道通过微博策划的"亲水爱地球"成都站主题跑活动，如图 8-3 所示。

图 8-3　国家地理"亲水爱地球"主题跑活动

（三）微博营销提升影响力策略

1. 信息传递及微博病毒营销计划

要很好地计划信息传递的内容及形式，策划具有爆发能量的病毒营销计划。其中，需要根据参与者的偏好来调整内容，并借助微博超快的传播速度与强大的传播能力，让消费者自愿得像散播病毒那样与别人互相分享信息。

如果想让微博参与者自愿关注并自愿向别人分享你的微博信息，就必须考虑趣味性（Interesting）、价值性（Interests）及互动性（Interactive），针对不同的具体的竞争市场来分析用户的内容需求，并适当地注意发送信息的频率和时机，以及回复信息的时机与效率。例如，被粉丝冠名"雨神"的萧敬腾被中央气象局关注，显然效果会出人意料，如图 8 - 4 所示。

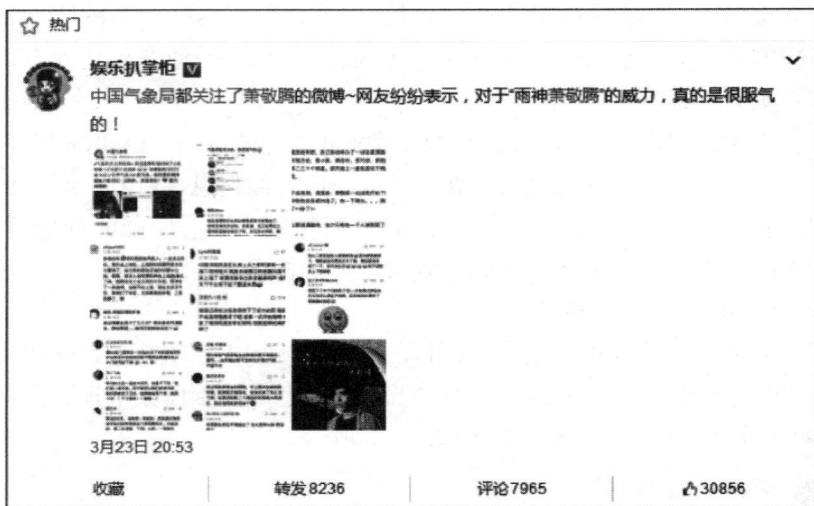

图 8 - 4　娱乐扒掌柜微博

2. 社交媒体影响力计划

对于新闻事件，消费者的反应永远比企业快，要试着去影响话题，而不是命令别人该怎么说。例如，王功权私奔事件的微博一时间转发量高达 7 万多，被网友们戏称为私奔体。杜蕾斯敏锐地捕捉到这条热点微博中的关键词"男女""私奔""幸福"，发现都与杜蕾斯品牌调性相关。在第二天下午便原创一条微博引发网友们热议，如图 8 - 5 所示。

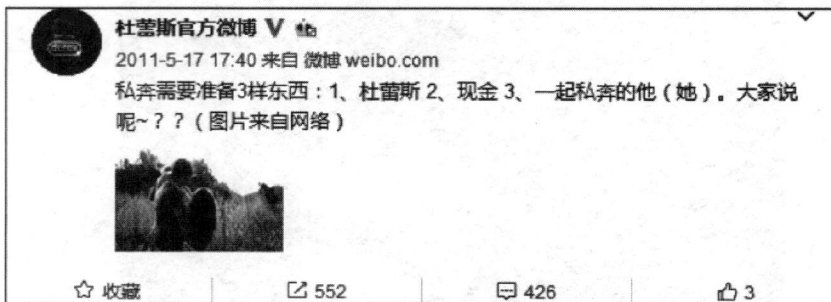

图 8 - 5　利用热门事件提高影响力的案例

在提高影响力时,应注意三大元素:速度、语气及公开性。注意速度,是因为微博一类的社交媒体永远要比企业变化得快;注意语气,是因为微博之类的新媒体上的影响力来自对话;注意公开性,是因为与微博参与者保持开诚布公才能获得更多的信任。

8.4 典型营销案例

一、星巴克自然醒 Refresha:音乐推送

(一)具体实施过程

星巴克首先从全国的门店开始,让经常光顾星巴克的顾客关注星巴克微信公众号成为粉丝,推出 Refresha 活动,粉丝只需给公众号发送一个表情符号,如图 8-6 所示,星巴克将立刻根据此刻心情调配《自然醒》音乐专辑中的曲目推送给顾客。然后让粉丝自主推荐给自己的朋友,使得星巴克微信公众平台的粉丝数量短时间内暴增。

图 8-6 星巴克:自然醒 Refresha

(二)分析与总结

星巴克针对目标人群的特点进行了细致入微的分析,同时对微信公共平台功能也进行了充分开发,不仅破除了传统商业经营模式辐射面积小、用户参与度不高、受时间地点等制约的弊端,还具有了轻松时尚、趣味性高、商家与用户互动性强等优势,让用户能尽享商家带来的轻松惬意。可以说,星巴克的这个案例将微信的及时性、个性化、互动性的优势充分发挥了出来。

星巴克依靠这个案例的完美执行,不仅将所有老客户牢牢地抓在自己手中,也让游荡

于各种咖啡厅的客户更加信赖它。同时在推广方面也起到了事半功倍的效果,活跃的目标人群粉丝让星巴克的微信公众平台持续释放威力。

二、飘柔微信公众号:陪聊式营销

(一)具体实施过程

飘柔在微信中以"小飘"自称,用户关注"飘柔 Rejoice"后,就可根据选择进入聊天模式(见图8-7)。这时,用户会发现"小飘"不仅仅能陪聊、唱歌,就连星座运程指导也是样样精通。对于用户来说,一个能陪你聊天、给你唱歌、跟你分享星座运程的人性化品牌自然令人垂爱有加。

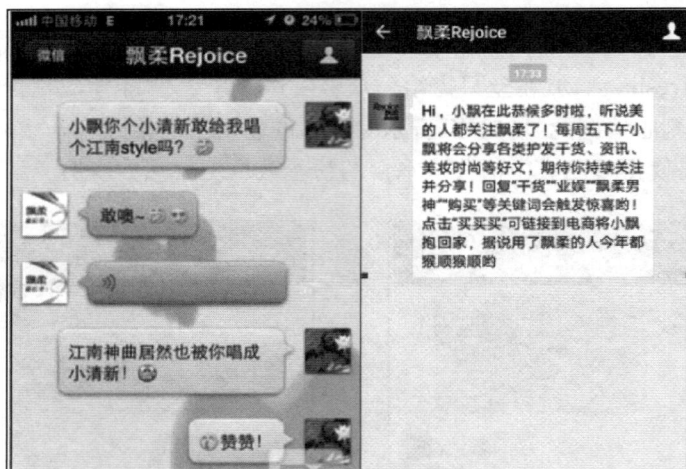

图8-7 飘柔:陪聊式营销

(二)分析和总结

陪聊式微信对话满足了许多用户希望私密聊天的需求,因而广受欢迎。会话功能让品牌与用户之间进行密切互动,但由于陪聊式的对话更强调针对性,因此这种方式带来的挑战也比较大。当品牌收听者达到一定数量级以后,需要更多的专职陪聊人员来维护,当人员不足的时候,很可能会影响收听者的体验,因此当收听者达到一定数量后,品牌需要进一步考虑该如何改良这一模式。

第九章　电子商务创新之路

学 习 目 标

(一)知识要求
- 了解跨境电子商务。
- 了解移动电子商务。
- 了解旅游电子商务。
- 了解社交电子商务。

(二)能力要求
- 能够结合实际进行电子商务的创新。

9.1　跨境电子商务平台

一、跨境电子商务平台概述

(一)跨境电子商务平台的含义

跨境电子商务是指企业利用互联网和电子信息技术在全球范围内从事各类经营活动的行为。一般而言,不同国家、关境的贸易主体通过互联网平台达成交易协议,于线上完成支付结算,并通过国际跨境物流运送商品。为用户提供跨境电子商务服务的平台即为跨境电子商务平台。跨境电子商务具有以下特点。

1.国际化

跨境电子商务是一种基于互联网的全球性的交易行为,通过跨境电子商务平台可实现全球采购交易和消费,不受国界束缚。相比于传统的交易方式,跨境电子商务避开了传统的地理因素限制,形成一种无边界的交易模式,任何人只要具备一定的技术手段,通过接入互联网,让信息在网络中传输,都可以达到线上交易的目的。

2.即时性

因为跨境电子商务的运营空间为互联网,相比于传统的信息交流方式(如信函),其交易信息的传输速度与地理距离无关,交易双方在线上所交流的信息,可实现瞬时同步,一方发出消息后,另一方可即时接收,信息交流高效准确。

3. 无纸化

跨境电子商务主要采取无纸化操作的方式,通过互联网和信息系统,对交易信息进行处理。在运行过程中,所有的信息数据都被记录在电子计算机、跨境电子商务平台服务器、云空间等,完全取代了以往传统的纸质交易文件,使得交易信息的传输摆脱了纸张的限制,达到实时共享、即时存储的目的。

小知识

跨境电商与传统外贸的区别

国内跨境电商和传统外贸都是把产品销售到除本国外的其他国家,也可以说,广义上的跨境电商包括传统的外贸电商,但是跨境电商并不等同于传统外贸电商。

(1)交易流程的区别。

传统外贸中一国的进/出口商通过另一国的出/进口商集中进/出口大批量货物,需要经过生产制造企业、出口商、进口商、渠道商、批发商、零售商和客户。但是,跨境电商出口环节少,流程简单,客户通过跨境卖家的网站下单,跨境卖家平台就直接将货发到客户手里。

(2)形式上的区别。

传统外贸是出口企业通过发布产品信息,通过一些传统外贸网站寻找求购商,形式上走的是信息流。跨境电商是通过跨境平台直接将产品销售给客户,形式上是商品流。

(3)成本上的区别。

跨境电商企业可实现一件代发,解决了传统外贸企业由于库存、物流、清关等带来的成本增加的问题。

(二)常见的跨境电子商务平台

1. 敦煌网

敦煌网成立于 2004 年,是中国第一个 B2B 跨境电子商务平台。敦煌网开创了"为成功付费"的在线交易模式,突破性地采取佣金制,免注册费,只在买卖双方交易成功后收取费用。敦煌网一直致力于帮助中国中小企业通过跨境电子商务平台走向全球市场,开辟了一条全新的国际贸易通道,让在线交易变得更加简单、安全、高效。

作为中国 B2B 跨境电子商务平台的首创者,敦煌网致力于引领产业升级。传统信息平台式的电子商务已不能适应市场需求,真正的电子商务不仅要解决交易问题,还要提供专业化的,具有行业纵深、区域纵深、服务纵深的服务以及最好的客户体验。

敦煌网作为中国最领先的在线外贸交易品牌,是商务部重点推荐的中国对外贸易第三方电子商务平台之一。工信部电子商务机构管理认证中心已经将其列为示范推广单位。

目前,敦煌网已经实现 170 多万在线国内供应商、770 万种商品,遍布全球 222 个国家和地区以及 1 500 万买家在线购买的规模。每小时有 10 万买家实时在线采购,每 1.6 秒产生一张订单。

2. 香港易极供应链

香港易极供应链是一家集海外采购、品牌引进、仓储保税、国际货运以及运营平台于一体的高新技术贸易型企业,公司旗下跨境电子商务品牌——海外帮,致力于为全球商家及消费者提供专业、完整、高效的跨境贸易综合服务。海外帮深耕欧洲市场,投巨资建成了海外仓储网络,包括德国、荷兰等,组建了欧洲专业采购团队,国内则建立了完善的保税仓网络,拥有广州、杭州、郑州、重庆及多个合作保税仓,大批量＋大仓储＋大物流,大幅度提高了效率,具备全行业更大的采购、物流优势。公司不仅为国内大中型在线 B2C 电商平台提供海外品牌采购、海外仓储、国际货运等供应链购销服务,同时在线平台海外帮(www.hwbang.hk)面向国内中小型海淘商家提供保税代发、快件直邮等服务,成立至今,拥有长期活跃商家 6 000 余家。

3. 笨土豆电商

笨土豆电商是一家主打进口食品的 B2B 采购和供应链服务提供平台。笨土豆在美国拥有总面积超过 100 000 平方英尺的仓储中心,位于美国洛杉矶东北部,紧邻机场及洛杉矶室内奥特莱斯,采用恒温仓设计,欧洲仓储在建,韩国仓储筹建,配置先进,具备优秀的仓储运作能力,为国内的大量跨境电商企业及进出口公司提供海外仓储、备货、集货、商品代管等多项完善服务,并完美解决保税区正面清单限制问题。笨土豆与多家全球知名国际物流公司深度合作,精选跨国物流运输路线,为客户解决了优质货源批发、海外大型仓储、全球商品运输、跨洋直邮、清关到港等一系列问题,打通了从品牌方到零售商(B2B)甚至到终端客户(B2B2C)的整个链条,提高了效率,节省了成本。

4. 亚马逊

亚马逊是美国最大的一家网络电子商务公司,位于华盛顿州的西雅图,是网络上最早开始经营电子商务的公司之一。亚马逊成立于 1995 年,开始时主要经营网络的书籍销售业务,现在已扩展至各个种类的商品,成为全球商品品种最多的网上零售商和全球第二大互联网企业。

5. 全球速卖通

全球速卖通(AliExpress),简称速卖通,正式上线于 2010 年 4 月,是阿里巴巴旗下唯一面向全球市场打造的在线交易平台,被广大卖家称为“淘宝国际版”。全球速卖通面向海外买家,通过支付宝国际账户进行担保交易,并使用国际快递发货,是全球第三大英文在线购物网站。

速卖通的业务进入门槛较低,能够充分满足中小微企业申请入驻,发展出口销售等业务。同时,平台上的商品性价比较高,具有很强的市场竞争力。

6. eBay

eBay 是一个可实现全球民众上网买卖物品的线上拍卖及购物网站。eBay 于 1995 年 9 月 4 日由 Pierre Omidyar 以 Auctionweb 的名称创立于加利福尼亚州。从其最初的名称不难看出,eBay 平台的初衷是开创线上拍卖交易模式,发展至今,已形成线上拍卖和购物双重运营模式,升级成为全球最大的 C2C 平台。

线上拍卖模式是 eBay 平台的最大特色,卖家可通过选择拍卖模式,设定成功对应的起拍价和竞拍时限等内容上架商品,竞拍时限结束后,出价高者获得此商品。

7. 兰亭集势

兰亭集势(Lightinthebox)是整合了供应链服务的在线 B2C 平台,成立于 2007 年,该公司拥有一系列的供应商,并拥有完善的数据服务系统和长期的物流合作伙伴。一直以来,兰亭集势是中国跨境电子商务平台的主要引领者之一。

兰亭集势涵盖了包括服装、电子产品、玩具、饰品、家居用品、体育用品等 14 大类,共 6 万多种商品。经过几年的发展,公司采购遍及中国各地,在广东、上海、浙江、江苏、福建、山东和北京等省市均有大量供货商,并积累了良好的声誉。许多品牌,包括纽曼、爱国者、方正科技、亚都、神舟电脑等也加入兰亭集势销售平台,成为公司的合作伙伴或者供货商。

(三)跨境电子商务平台分类

跨境电子商务平台按照交易对象和交互方式,主要分为 B2C、B2B。

1. B2C 跨境电子商务平台

B2C(Business to Consumer)跨境电子商务平台是指联系企业与消费者之间发生跨境交易的电子商务平台,它是利用计算机网络技术使消费者直接参与企业的经济交易活动中。随着互联网技术的普及和应用,跨境电子商务平台将大量的供应商产品信息整合分配到平台资源库,再通过商品详情的形式展现在平台上以供终端消费者选购。亚马逊海外购如图 9-1 所示。

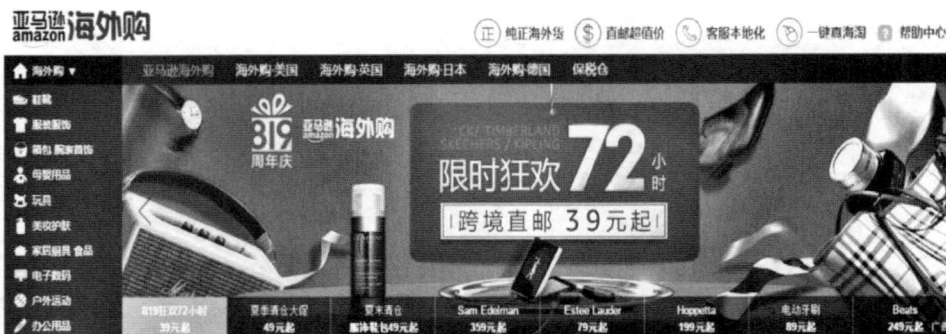

图 9-1 亚马逊海外购示意图

现如今,随着社交电子商务的快速发展,跨境电子商务在形式和内容上也发生着大的改变。平台模式和技术的发展,通过持续更新迭代,带来的结果是消费者的平台体验因交互而愈发真实,从而,在原本 B2C 模式的基础上,进化演变形成了 C2C、C2B 等新兴平台,如小红书、洋码头等。这类平台强调的是社交体验,通过用户本人直播代购、使用分享、经验交流等形式吸引相同兴趣爱好的群体关注,进而形成消费。

下面以全球速卖通为例,阐述 B2C 跨境电子商务平台的入驻流程。

（1）登录全球速卖通官方网站（seller.aliexpress.com）,点击"立即入驻",按照网站提示完成系列申请入驻的操作。

（2）在对话框输入常用的电子邮箱,用于注册登录用户名,按住滑块,拖动验证,并勾选遵守协议和接受来自网站的会员及服务邮件,如图 9-2 所示。

图 9-2　全球速卖通商家入驻——设置用户名

（3）点击"下一步"后,平台将发送一封注册信息邮件至申请的邮箱中,通过网站打开进入对应的邮箱,查找收到的注册信息邮件,点击"完成注册",邮箱验证如图 9-3、图 9-4 所示。

图 9-3　全球速卖通商家入驻——邮箱验证（1）

图 9‑4　全球速卖通商家入驻——邮箱验证(2)

（4）按照网页提示，依次设定登录密码并二次确定，正确填写申请人英文姓名和手机号、联系地址，并勾选"在线经验"的相应选项，点击"确认"转至下一步骤，如图 9‑5 所示。

图 9‑5　全球速卖通商家入驻——填写注册信息

（5）填写手机验证码，如图 9 - 6 所示。

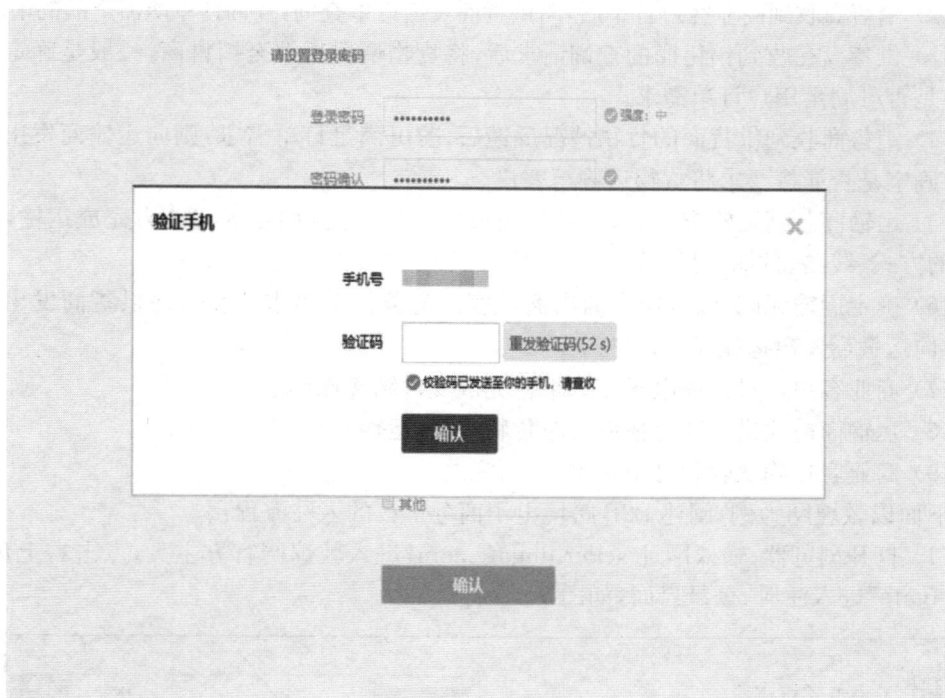

图 9 - 6　全球速卖通商家入驻——填写手机验证码

（6）完成注册。若需要在速卖通上销售商品，还需进行速卖通实名认证，如图 9 - 7 所示。

图 9 - 7　全球速卖通商家入驻——完成注册

2. B2B 跨境电子商务平台

　　B2B(Business to Business)跨境电子商务平台是指企业与企业之间发生交易的电子商务平台。在跨境电子商务交易过程中，供需双方都是企业，它们通过互联网完成商务交易。常见的 B2B 跨境电子商务平台有阿里巴巴国际站、敦煌网、TradeKey。B2B 跨境电子商务平台的常规操作流程如下：

（1）商业客户以"用户订单"的形式向销售商订货。

（2）销售商收到商业客户订单后，向供货商发出订单查询，查询订单所需产品的情况。

（3）供货商在收到销售商的查询请求后，将货物情况反馈至销售商，一般是确定是否有货，是否可满足用户订单需求。

（4）销售商收到供货商的货物情况反馈后，若可满足订单需求，则向运输商发出运输查询，确定是否能按要求将货物运输至客户。

（5）运输商收到运输查询后，向销售商反馈运输信息，如是否有能力完成运输，以及运输的方式、线路、日期、时限等。

（6）确定运输无问题后，销售商向商业客户答复订单需求，同时，向供货商发出发货通知，向运输商发出运输通知。

（7）商业客户通过跨境电子商务平台完成支付结算操作。

（8）运输商前往供货商处揽派订单货物，实施运输。

（9）商业客户确认收到订单货物，交易完结。

下面以敦煌网为例，阐述 B2B 跨境电子商务平台的入驻流程：

（1）打开浏览器，输入网址 seller.dhgate.com，进入敦煌网官方主页，点击右上角"我的 DHgate"进入注册、登录界面，如图 9－8 所示。

图 9－8　敦煌网官方网站

（2）进入注册、登录界面后，点击"马上注册"申请注册成为网站会员，如图 9－9 所示。

图 9－9　敦煌网会员注册、登录界面

（3）设置自定义登录用户名、密码、注册人手机号和常用电子邮箱，选择主营行业和用户类型，如实填写，便于以后出售品审核及结算等，如图 9‑10 所示。

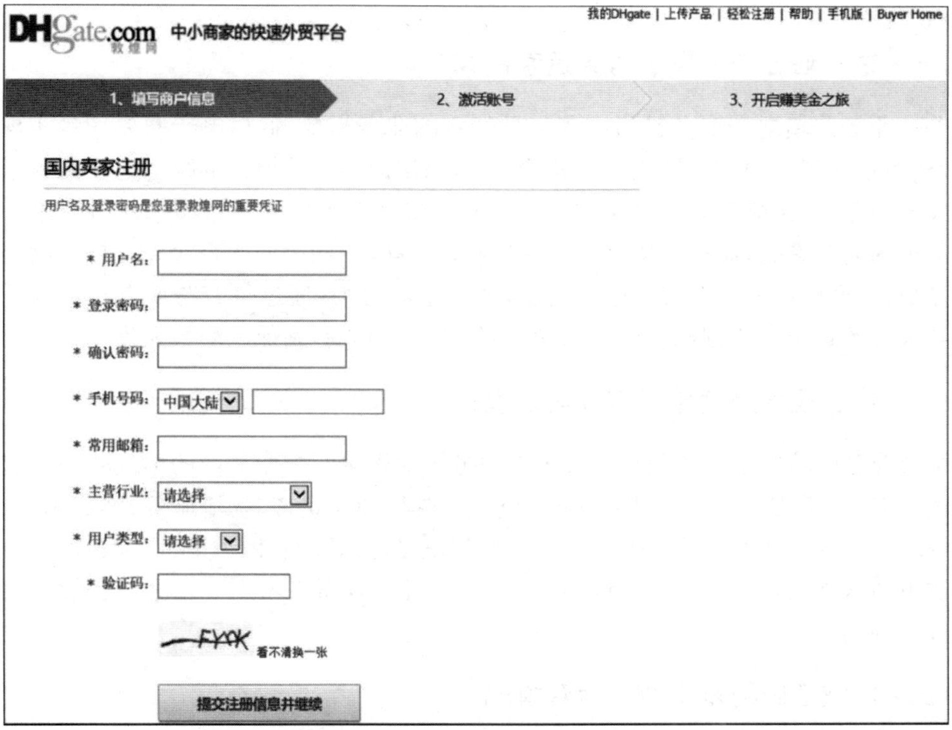

图 9‑10　敦煌网商家入驻——国内卖家注册信息填写

（4）注册信息填写完毕，平台将跳转至手机、邮箱验证界面，如图 9‑11 所示。两项验证通过后即完成注册。在信息填写时务必真实有效。

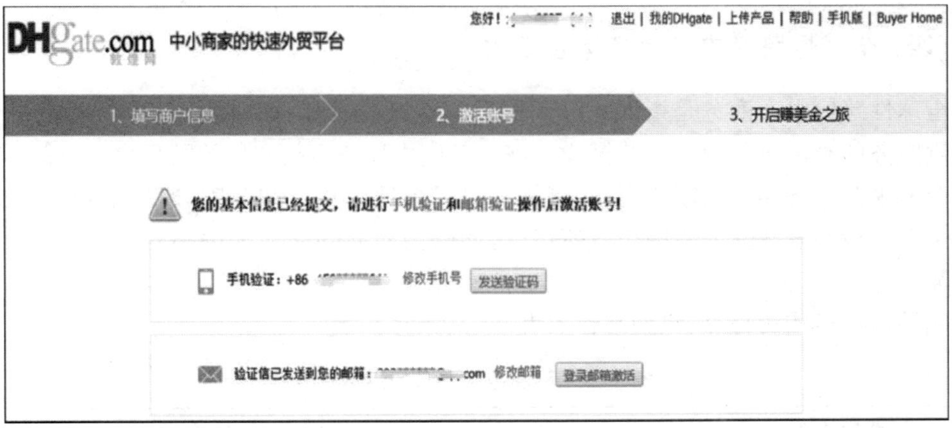

图 9‑11　敦煌网商家入驻——手机验证和邮箱验证

二、跨境电子商务的运营模式

(一) 单一业务跨境电子商务运营模式

单一业务跨境电子商务是指因为某种特定的业务需要,通过电子商务平台实现跨境交易,从而获取利润的运营模式。一般情况下,采用此类运营模式的跨境电子商务平台具备强大的企业实力,能够利用自建或收购成熟的跨境电子商务平台实现对自身单一业务交易需求的完全掌握,通过跨境贸易获得盈利。目前,一些大型的企业拥有自己的跨境电子商务平台,全面服务于自身的业务发展,如兰亭集势,其通过自有跨境电子商务平台实现与需求方的直接串联,避免了第三方的参与和分享利润,确保利润最大化。

(二) 综合业务跨境电子商务运营模式

综合业务跨境电子商务是指跨境电子商务平台以第三方服务商的形式联结跨境交易中的供需双方,为交易双方主体提供平台技术支撑、产品宣传、物流服务、客户服务、交易结算等综合服务的运营模式。例如,亚马逊、阿里巴巴国际站,该类平台一般较为开放,商家通过申请入驻的形式在平台开设网络店铺进行售卖,而买家则需在平台注册为会员后方可进行购物。

(三) 区域性跨境电子商务运营模式

区域性跨境电子商务是指针对某一特定区域范围内的跨境贸易需求而建设的跨境电子商务平台,实现跨境贸易的运营模式。例如,东南亚的某些国家为推动当地农作物,特别是水果的销售,他们会针对性地开发和利用跨境电子商务平台,方便产品在周边国家的推广销售。这种平台具有贸易对象针对性强、贸易范围区域化、交易产品形式多样等特点。

(四) 全球性跨境电子商务运营模式

全球性跨境电子商务是指依托电子信息技术,在全球范围内,为实现商品交易、流通而提供服务的跨境电子商务运营模式。该运营模式强调商品交易的国际化、全球化,跨境电子商务平台具备相当的影响力,吸引来自世界各地的买家和商家,通过平台开展交易。此类平台一般为全球性的跨国企业所运营,能够为商品的交易提供必要的流程保障和服务保障。

四种运营模式的特点、典型平台如表 9-1 所示。

表 9-1　跨境电子商务的运营模式

运营模式	特　点	典型平台
单一业务跨境电子商务	平台具备强大的企业实力 自建或收购成熟的跨境电子商务平台 单一业务交易需求	兰亭集势

续 表

运营模式	特 点	典型平台
综合业务跨境电子商务	第三方服务商平台 平台技术支撑、产品宣传等综合服务	eBay 阿里巴巴国际站
区域性跨境电子商务	某一特定区域范围内的跨境贸易 贸易对象针对性强 贸易范围区域化 交易产品形式多样	Jollychic
全球性跨境电子商务	全球范围 相当的影响力 一般为全球性的跨国企业所运营 流程保障和服务保障	亚马逊

三、跨境电子商务经典案例

网易考拉

网易考拉海购首页(www.kaola.com)如图 9-12 所示,主打自营直采,成立专业采购团队深入产品原产地,并对所有供应商的资质进行严格审核,设置了严密的复核机制,从源头上杜绝假货,进一步保证了商品的安全性。过去的一年里,网易考拉海购已与全球数百个优质供应商和一线品牌达成战略合作。

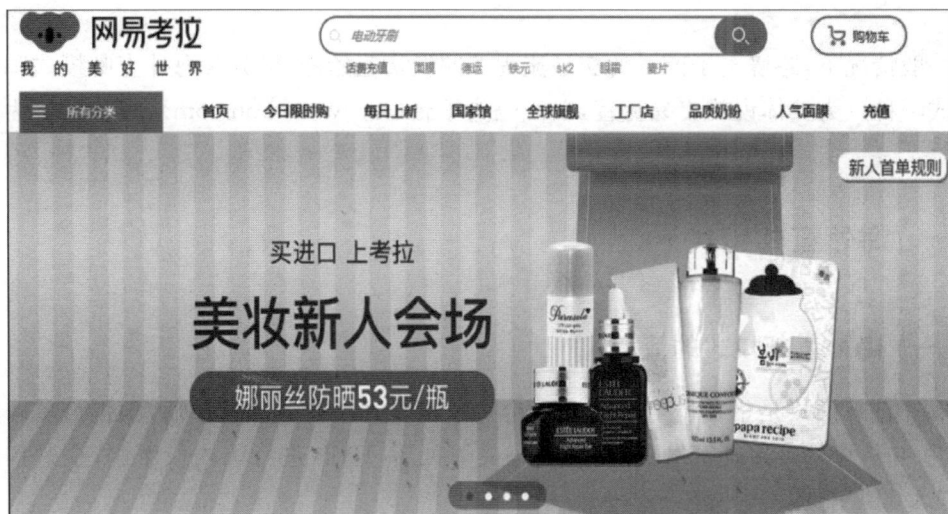

图 9-12 网易考拉海购首页

网易考拉海购主打的自营模式拥有自主定价权,可以通过整体协调供应链及仓储、物流、运营的各个环节,根据市场环境和竞争节点调整定价策略。网易考拉海购不仅通过降低采购成本控制定价,还通过控制利润率来控制定价的策略,做到了不仅尊重品牌方的价格策略,更重视中国消费者对价格的敏感和喜好。

网易考拉海购坚持自营直采和精品化运作的理念,在旧金山、东京、首尔、悉尼、中国香港等近 10 个国家和地区成立了分公司或办事处,深入商品原产地,精选全球优质尖货,规避了代理商、经销商等多层环节,直接对接品牌商和工厂,省去了中间环节及费用,还采用了大批量规模化集中采购的模式,实现更低的进价,甚至做到了"海外批发价"。

通过保税的模式,既可以实现合法合规,又能降低成本,实现快速发货。保税仓是稀缺资源,网易考拉海购在杭州、郑州、宁波、重庆四个保税区拥有超过 15 万平方米的保税仓储面积,为行业第一。同时,位于宁波的 25 万平方米现代化、智能化保税仓已经破土动工,不久后也将投入使用。目前,网易考拉海购已经成为跨境电子商务中拥有保税仓规模最大的企业。未来,网易考拉海购还将陆续开通华南、华北、西南保税物流中心。在海外,网易考拉海购初步在美国、中国香港地区建成两大国际物流仓储中心,并将开通韩国、日本、澳大利亚、欧洲等国家和地区的国际物流仓储中心。

虽说没有自建物流,但在物流的选择上,网易考拉海购把物流配送交给了中国外运、顺丰等合作伙伴,还采用了更好的定制包装箱,让用户享受到相对标准化的物流服务。网易考拉海购已建立起一套完善的标准,通过与中国外运合作整合海外货源、国际运输、海关国检、保税园区、国内派送等多个环节,打通整条产业链。

9.2　跨境电子商务交易流程

一般情况下,跨境电子商务的交易流程按照发货起始地,可分为海外直邮模式和保税仓模式两种。为具体说明交易流程,以洋码头平台(www.ymatou.com)、邮政运输为例详细介绍。

一、海外直邮模式

(一)海外直邮模式的流程

海外直邮模式是指跨境电子商务平台卖家在收到消费者的订单后,根据订单内容组织配货,并从海外直接邮寄发货,商品经海关清关后,EMS 进行国内段派送,全过程预计 7~20 天寄达买家。

1. 客户下单
用户在洋码头平台申请注册成为会员,完善用户基础信息,添加常用收货地址并绑定个人手机号码。用户搜索选购商品,在与卖家客服沟通联系后,确定下单。

2. 商家组织配货

洋码头卖家在收到用户的订单信息后,根据订单内容,查看商家库存或向供应商发出货品查询,确定可满足订单需求后,卖家与当地物流商联系,确定是否能按要求运输寄递。多方联络后,卖家通知供应商发货,物流商揽件运输。

3. 海外运输

卖家根据买家用户的需要,选择对应的运输方式,主要包括航空运输、海运、陆路运输。对时限要求较高的商品,一般采用航空运输。为节约成本,体积较大、质量较重的商品,一般采用海运或陆运。

4. 海关清关

运输的商品在收货地海关处被查验、审核,确定无误后,清关放行。

5. 国内段配送

海关放行后,邮政 EMS 继续揽收商品并按照收件人名址信息寄递,完成国内段的物流配送,寄达买家用户。

(二) 海外直邮模式的优缺点

1. 优点

(1) 商家在海外设有常驻机构,商品一般在海外生产并通过跨境电子商务平台销售,可供消费者选择的产品种类较为丰富。

(2) 库存压力较小。商家无须提前在买家收件地储备库存,根据跨境电子商务平台订单信息,从当地仓库拣货、发货。

(3) 买家通过平台实现海外直购、直采,针对原产国商品,其质量更能得到保障。

2. 缺点

(1) 商品单次运输费用较高。洋码头卖家收到的买家订单是随机的,具备个性化需求特点,卖家需根据买家提供的名址信息逐一发货运输,导致订单单次运输费用较高,无法形成规模效应。

(2) 消费者收单时间长。洋码头卖家身处海外,在国内未设置商品仓库,所有订单商品只能从海外仓库始发,通过航空、海运等运输方式寄至国内,运输过程耗时长,致使消费者收到商品所需时间较长,时效性低。

(3) 货物质损率较高。因卖家是根据买家单一订单信息组织配货、发货,单件商品在运输过程中可能出现的质损概率较大。

(4) 商品售后保障存在挑战。因地理距离影响,卖家所销售的商品在国内一般未设有售后服务点,若买家收到的商品存在质量瑕疵,也无法在国内进行投诉处理,存在一定的售后风险。

二、保税仓模式

保税仓模式是指洋码头商家提前备货,将商品存至国内保税仓,在收到买家订单信息后,商家安排从保税仓清关发货,国内段派送由邮政物流承接,使用 EMS 或邮政快递包裹进行寄递,预计1~4天寄达买家。

(一)保税仓模式的流程

1. 商家备货

针对国内需求旺盛、适销对路的商品,洋码头商家在海外提前组织生产、备货,以满足平台买家的订单需求。

2. 海外集中运输

洋码头商家在经过销售数据整理和分析后,对特定商品进行规模化、集中运输,降低运输成本。

3. 进入国内保税仓

批量商品经过集中运输至国内,存放在保税仓。

4. 客户下单

洋码头平台买家下单后,订单信息传送至卖家。卖家收到订单信息,将直接发通知至保税仓,拣货配发。

5. 保税仓海关清关

订单所需商品从保税仓拣货后,需要经过海关查验和审核,在手续齐全、未违反相关规定的情况下,海关对商品进行清关放行。

6. 国内段配送

订单商品经过清关放行后,由邮政以 EMS 或快递包裹的形式揽收配送,根据订单名址信息寄达买家。

(二)保税仓模式的优缺点

1. 优点

(1)订单处理效率高,消费者收单期较短。洋码头卖家提前将对应的商品运输存放至国内保税仓,在接收到平台买家的订单信息后,通过库存查询,确定保税仓中有对应商品库存,则通知保税仓按订单需求拣货、发货。订单处理时间短,免去了海外运输过程,直接在国内保税仓发货,买家能在较短时间内收到商品。

(2)物流配送成本较低。由于卖家是提前将商品统一装配、批量运输至保税仓,相比于单件商品运输,规模化、成批量的运输所产生的边际成本更低。

(3)售后保障,商品调配便利。因商品提前存放在国内保税仓,若平台买家需要调换商品,可将需求告知卖家,由卖家协调保税仓进行调换,更为便捷。

2. 缺点

(1)可供选择的商品较少。因提前存放至保税仓的商品种类较少,可供买家在线选购的商品不如海外直购选择面广,品种受到限制。

(2)容易形成库存积压,需要卖家做好充分的市场分析和预判,存在一定的库存风险。

9.3 跨境电子商务物流和通关

一、跨境电子商务物流

(一)国际物流

20世纪90年代末期,联合国物流委员会将物流定义为:为了满足消费者的需要而进行的从起点到终点的原材料、中间过程库存、最终产品和相关信息有效流动和存储计划、实现和控制管理的过程。

国际物流是指物流活动的国际化,即在全球范围内运作的、跨越国界的物流作业和活动。国际物流是为国际贸易和跨国经营服务的,它遵循国际分工原则,利用国际化的物流运输网络、物流设施,以先进的物流技术,优选运输方式与路径,对运输流程进行有效管控,最终以较低的物流费用和风险,实现货物在国际间的流动与交换。

从某种程度上来讲,国际贸易物流可以看作是狭义的国际物流,如跨国企业为组织产品生产而需要从全球范围内采购原材料、组件,涉及的原材料包装、运输、装卸、加工、报关等环节是国际物流流程的构成因素。更具体地说,狭义的国际物流是指当生产和消费分别在两个及以上国家或地区开展时,为克服两种行为在时间和空间上的间隔和距离,对货物进行物理位移以完成国际商品交易的一项国际性交流活动。

根据不同的标准,国际物流业务可以分成不同的类型,如表9-2所示。

表9-2 国际物流业务的类型

分类依据	业务类型	特 点
货物流向	进口物流	以进口业务为目的
	出口物流	以出口业务为目的
关税区域	国家间物流	不同国家及关税区域间
	经济区域间物流	经济联盟或合作体,同一关税区
货物贸易特性	贸易型	以国际贸易为目的
	非贸易型	国际会展物流、国际邮政物流等

(1)按照货物流向,可将国际物流分为进口物流和出口物流。进口物流是指以进口业务为目的的国际物流活动。出口物流是指以出口业务为目的的国际物流活动。进出口物流业务在流程上有交叉,同时,也有各自不同的作业环节。

(2)按照关税区域划分,可将国际物流分为国家间物流和经济区域间物流。经济区域可能是多个国家组成的经济联盟或合作体,比如欧盟。欧盟成员国属于同一关税区,成员国间的商品可自由流动,与国家间物流在物流运作方式和环节上有很大差异。

（3）按照货物贸易特性，可将国际物流分为贸易型和非贸易型两种。贸易型物流是国际物流的常见形式，具体指以国际贸易为目的，引起商品在国际间移动的物流模式。除此之外的，如国际会展物流、国际邮政物流等均属于非贸易型物流。

（二）跨境电子商务物流模式

跨境电子商务物流模式一般可分为自营物流、物流联盟、第三方物流。

1. 自营物流

自营物流是指跨境电子商务企业依凭自身的条件，通过自建物流系统、自设物流管理机构，从而自行开展物流活动的模式。对跨境电子商务企业而言，自营物流的优点在于能较好地管控物流业务流程，配送效率高，但是该模式对企业的管理能力、成本投入等要求较高。

2. 物流联盟

物流联盟是指跨境电子商务企业、电子商务平台、物流企业等以契约形式集合，形成优势互补、互相信任、共担风险、共享收益的物流合作伙伴关系。物流联盟的建立，能使相关物流伙伴相互取长补短，降低运营成本，共享物流设施与技术，从而提高竞争优势。

3. 第三方物流

第三方物流是指物流领域专业化的物流公司，以合同签订的形式，在协定的范围内，为客户提供物流服务。对于跨境电子商务企业，若不能满足自建物流体系的条件，通过与第三方物流企业达成合作，将物流业务外包给专业化的第三方物流企业，可使其节约运作成本，将更多的资金、精力投入核心业务中，实现更高的经济效益。

（三）跨境电子商务运输方式

跨境电子商务领域，按照运输工具的不同，可将电子商务物流运输方式主要分为国际陆上运输、国际水上运输、国际航空运输、国际多式联运。

1. 国际陆路运输

国际陆路运输又可分为国际公路运输和国际铁路运输。相比于国际公路运输，国际铁路运输承运量大，货运线路较为固定，运输费用相对低廉。国际公路运输既可以作为跨境电子商务物流的主要运输方式，也可以作为国际运输的辅助方式，其特点是适用范围广，灵活机动，可实现"门到门"服务，运输成本较水路运输高，可与其他运输方式组合串联，形成多式联运。

2. 国际水上运输

跨境电子商务国际水上运输主要指利用国际航线邮轮、货船实现商品货物的运输流动，其特点是运量大，适合国际大宗货物运输，运输成本低，但是运输速度慢，具有一定的运输风险。目前，国际贸易总量中六成以上使用的都是海洋运输。

3. 国际航空运输

国际航空运输是指由国际航空承运人办理跨国航空货物的全程运输，并承担运输责任的一种现代化运输模式。作为新兴的国际货运方式，航空运输对运输工具的技术及质量要求较高。据不完全统计，全世界范围内国际航空货运量每年以 10% 的速度递增。国际航空运输具有运输速度快、货品质损率低、安全系数高等特点,适合运输高附加值、时效性较强的商品货物,但是其运输费用偏高。

4. 国际多式联运

国际多式联运是指通过至少两种不同的运输方式、工具,将货物从一国境内运至另一国内货物交货点的运输模式。不同的运输方式(包括陆路运输、水上运输、航空运输)通过联运协议进行有效的组合,形成陆空、海空、海陆混合联运。

二、跨境电子商务通关

(一)进口舱单申报

进口舱单是指船公司罗列全船载运的货物的明细清单,其主要内容包括船名、托运人、提单号、收货人姓名、装卸港等货物详细情况,作为船运货物的证明由船公司录入申报并发送数据至海关,说明进口货物的配载情况。

(二)报关申报

1. 报关申报的含义

报关申报指出口货物发货人、进口货物收货人或货运代理人以书面或 EDI(电子数据交换)方式向海关报告其进出口货物情况,申请海关审查、放行,并对所报内容的真实准确性承担法律责任的行为。

2. 进口单证明细

货物进口报关时需要提供的单证有报关单、进口合同、发票及装箱单、进口舱单、提货单或运单、代理报关授权委托协议、进口货物许可证或其他批准证件(如有)、减免税及免验证明(如有)等单证。

3. 出口单证明细

货物出口报关时需要提供的单证有报关单、出口合同、发票及装箱单、载货明细清单、装运单、代理报关授权委托协议、许可证件或其他证明材料(如有)、商检证明、出口收汇核销单等单证。

4. 报关期限

进口货物的报关期限一般为自运输工具申报进境之日起 14 日内,若期限内最后一天为法定节假日或休息日的,将顺延至节假日或休息日后的第一个工作日。若超过该期限未申报的,海关将征收滞报金,按日计征,逾期每日征收进口货物到完税价格的千分之零点五。

针对某些特殊货物,如生鲜商品、冷冻商品,生产发运周期较短,对时限要求较高,可经海关批准,提前申报通关,节约时间,货物运抵后即可放行。

(三)海关审单

海关审单是指海关在接收到企业报送的相关数据后进行检查审核,并决定是否受理或现场查验放行的环节。

（1）接收到申报请求后,海关对提报的单据审核是否齐全有效。

（2）审核报关单,确定是否属实。

（3）对审核材料进行归类整理,申报价格。

（4）审核通过,若有发现走私行为,则采取措施。

（四）查验货并征收关税

海关货物查验是指海关为确定进出口货物的数量、属性、状态、价值等信息是否与货物申报单上填报的内容相符,对货物实行检查审核的行政执法行为。海关查验主要分为完全查验、抽查、外形查验三种方式。

为方便企业报检流程,提高工作效率,我国近年来大力推行电子报检制度。电子报检制度是指企业使用电子报检软件通过检验检疫电子业务服务平台,将数据传报至检验检疫机构,经系统和检务人员处理后,将受理信息反馈至企业,实现线上办理出入境检验流程。

税费征收是指海关对进出口货物,按照国家有关法律法规规定进行征收关税、代征进口环节税(含消费税和增值税),同时,对享有减免税、保税政策的货物征收海关监管手续费。

（1）关税是一种以进出口货物为征收对象的国家税收,主要分为出口关税和进口关税两种。

（2）进口环节税是指进口货物在办结关税后,在国内流通时应与国内相关产品同等对待,为简化程序,由海关在进口环节征收增值税、消费税。

（3）监管手续费是指海关对享有减免税、保税货物提供监管服务产生的手续费用。

（五）货物放行

货物放行是指海关在接收企业关于进出口货物申报后,经过报关单据核验、货物查验、税费征收后,对货物结束海关现场监督、管理并放行的行为。

（六）出口清洁舱单申报

出口清洁舱单由船公司根据实际舱单数据项向海关进行申报。

（七）结关

结关是指经口岸放行后,有的货物仍然需要后续管理,海关按照相关规定对货物信息进行核查,针对需要补充证件或补缴税费的货物做出处理,直至完全结束海关监管。

（八）结关后处理

结关后处理是指货物结关后,还需办理其他相关手续的过程,包括结关数据上报、打印证明材料等,并前往税务、外汇等管理部门办理相关手续。

9.4　移动电子商务概述

无线技术的发展带动了移动电子商务的发展,传统的 B2B、B2C 电子商务也开始由固定的 IP 网络拓展到移动通信网络。无线网络购物便捷快速,随处可用,为企业提供了新的商机。移动电子商务正是因为其移动性的特点,实现随时随地的交流,已经成为电子商务发展的主要方向。

一、移动电子商务的定义

移动电子商务就是利用手机、PDA 及掌上电脑等各种无线终端进行的 B2B、B2C、C2C 或 O2O 的商务活动。它将因特网、移动通信技术、短距离通信技术及其他信息处理技术完美结合,使人们可以在任何时间、任何地点进行各类商贸活动,实现随时随地、线上线下的购物与交易、在线电子支付以及各种交易活动、商务活动、金融活动和相关的综合服务活动等。

移动电子商务不仅能提供 Internet 的直接购物,还是一种全新的销售与促销渠道。对于企业用户,这一优势表现得尤为明显。一般来说,移动商务用户希望在两个方面得到技术投资回报:一方面是增加利润,来自提高生产力、减少错误、移动销售、对变化环境的快速反应能力;另一方面是降低成本,通过减少客户支持、减少呼叫中心、简化订购方式、节约管理时间和费用、供应链管理等途径。移动商务为企业用户提供了重要的竞争手段,并为企业用户带来了竞争优势。它能使企业用户根据业务需要,随时随地获取关键商业信息,以提高生产力,优化工作流程,节约成本,创造新的利润源,实现数据的真正经济价值。对于个人用户,移动商务提供了一种更为高效、简便、安全的手段来获取商业信息和进行商业交易。

二、移动电子商务的特点

与传统电子商务相比,移动电子商务具有许多优点。比如,移动交易不受时间和地点的限制,移动交易效率高,大大节省了客户交易的时间,而且移动终端的身份固定,能够向用户提供个性化移动交易服务,并可以提供与位置相关的交易服务。移动电子商务将用户和商家紧密联系起来,而且这种联系将不受计算机或连接线的限制,使电子商务走向了个人。移动电子商务与传统电子商务的区别对比,如表 9-3 所示。

通过移动电子商务,用户可以随时随地获取所需的服务、应用、信息和娱乐。他们可以在自己方便的时候,使用智能手机或 PAD 查找、选择及购买商品和服务。采购可以即时完成,商业决策也可以实施。服务付费也可以通过网络银行、支付宝、微信等多种移动支付方式完成。

表 9-3　移动电子商务与传统电子商务对比

对比角度	传统电子商务	移动电子商务
含义	依靠网络宣传,利用计算机网络技术进行商品贸易	移动信息服务和电子商务融合的产物
网络基础	网络相对固定,以家庭和办公网络为主	随时随地,不受时空限制
使用规模	用户规模大	手机等移动终端使用率超越个人计算机
信誉认证	主要依靠用户自主填写的资料认证,消费信誉成为最大的问题	移动电子商务中手机号码会提供更准确的身份识别,提高信誉
现实意义	虚拟网络,缺少现实基础,容易滋生网络泡沫	具有现实基础,依托原有移动运营商搭建的移动数据业务发展产业价值链

移动电子商务的特点具体如下:

(1) 广泛性。移动电子商务的用户与电子商务不同,我国网民数量超 7 亿,其中手机网民规模达 6.6 亿。传统电子商务用户大部分是那些教育水平和收入水平较高,较早拥有个人计算机的人,相比之下,移动电子商务的用户有许多未曾拥有过电脑,收入水平中低层次,经常处于移动工作状态的人群。

(2) 全天候。移动交易不受时间和地点限制,因而移动电子商务具有无所不在的特点,移动终端(如手机)便于人们携带,可以随时随地与人们相伴,这使得用户能够更加有效地使用碎片化时间从事商业活动,用户可以在上班途中或休息时利用移动终端设备从事商业交互活动,如商务洽谈、下订单等。这已经是电子商务发展的主导方向。

(3) 个性化。移动终端的身份固定,能够向用户提供个性化移动交易服务。移动电子商务的主要特点是灵活、简单、方便。跟传统媒介类似,开展个性化的短信息服务活动,要依赖于包含大量活跃客户和潜在客户信息的数据库。数据库通常包含了客户的个人信息、个人喜好、社会地位、收入状况、前期购买行为等。能完全根据消费者的个性化需求和喜好定制服务,设备的选择以及提供服务与信息的方式完全由用户自己控制。移动电子商务将用户和商家紧密联系起来,而且这种联系将不受计算机或连接线的限制,使电子商务走向了个人。

(4) 安全性。尊重消费者隐私是移动电子商务的优势,由于移动终端设备具有内置的 ID,在增加交易安全性的同时,也增加了消费者对隐私保护问题的关注。使用移动通信与 Internet 结合的技术,因此在移动用户的信息交互中能准确定位用户的信息,这并不需要用户输入用户名和密码。通过移动通信的数据传输,使流动信息更难被截取和破译。

(5) 精准性。由于移动电话具有比微型计算机更高的贯穿力,因此移动电子商务的生产者可以更好地发挥主动性,为不同顾客提供精准化的服务。利用无线服务提供商提供的入口统计信息和基于移动用户当前位置的信息,商家营销可以通过具有精准化的短信息服务活动进行更有针对性的广告宣传,从而满足客户的需求。要提供精准化服务,其内容传送模式的关键之处在于准确的个人信息,如用户的前期交易或偏好,与交互的时间及地点相关的当前选择。促进一位顾客进行在线预订餐厅的也可能是一个移动引导地图或吃饭前的一件事，所有这些都基于顾客的前期行为。然而精准化将意味着顾客暴露自己的偏好及行为。如果对他们自己有利，顾客是十分愿意向公司提供个人信息的。

（6）定位性。位置敏感的服务可以充分体现出移动电子商务的特有价值，移动电子商务可以提供与位置相关的交易服务。以定位为中心不仅使移动电话可到任一处，GPS也可以识别电话的所在地，从而为用户提供相应的个性化服务。知道互联网用户的地理位置，给移动电子商务带来传统电子商务无可比拟的优势。

（7）快速性。确保可靠的传送速度，一直以来都是一个关键因素。随着用户的增加，传送速度变得更为重要。在移动通信中，对于需额外交费的服务，传送速度必须是可靠的。假如用户通过固定线路可以定制的服务比通过移动网络更快捷、方便，那么移动应用的存在也无优势可言。

（8）便利性。人们在接入电子商务活动时，不再受时间及地点位置的限制。然而，移动电子商务的接入方式更具有便利性，使人们免受日常烦琐事务的困扰。例如，消费者在排队或陷入交通阻塞时，可以进行网上娱乐或通过移动电子商务来处理一些日常事务。消费者的舒适体验将带来生活质量的提高。移动服务的便利性使顾客更加忠诚。

三、移动电子商务应用

行业应用可以激发移动电子商务最大的潜在能力。移动电子商务服务和设备供应商只有充分挖掘特定行业对于移动信息处理和移动计算的潜在需求，并将这些需求体现在自己的服务和设备上，才能最大限度地发挥移动电子商务的增值功能，从而使移动电子商务产业链条向更深领域延伸。近年来，人们对移动商务需求的提出是基于传统的业务和应用，移动电子商务利用先进的信息技术，改变人们现有的生活方式，将传统应用进行了扩展与延伸或是进入传统应用无法实现的领域。移动商务的应用在移动办公、移动银行、移动娱乐、物流、无线医疗等领域凸显成效。

（一）移动办公

移动办公可称为"3A办公"，也叫移动OA，即办公人员可在任何时间（Anytime）、任何地点（Anywhere）处理与业务相关的任何事情（Anything）。这种全新的办公模式，可以让办公人员摆脱时间和空间的束缚。单位信息可以随时随地通畅地进行交互流动，工作将更加轻松有效，整体运作更加协调。利用手机的移动信息化软件，建立手机与电脑互联互通的企业软件应用系统，摆脱时间和场所局限，随时进行随身化的公司管理和沟通，有效提高管理效率，推动政府和企业效益增长。

移动办公的主要优点在于：第一，拓展办公空间。处理公务不再受到时间和地点限制，即使在机场候机也不例外。第二，提高办公效率。重要公文不再因为负责人出差而迟迟得不到处理。第三，减少办公成本。不用花费长途奔波的费用，工作照常进行。

（二）移动银行

简单来说就是以手机、笔记本计算机等移动终端为银行业务平台的客户端完成某些银行业务。移动银行是典型的移动商务应用，它的开通大大加强了移动通信公司及银行的竞争实力。

移动银行通过移动网络将客户的手机或笔记本计算机连接至银行，客户可以利用手机或笔记本计算机接口直接完成各种金融理财业务。移动银行的主要功能包括账务查询、自助缴费、银行转账等。另外，移动银行可以通过短消息平台向客户提供股市行情、外汇牌价等金融信息。移动银行丰富了银行服务内涵，使人们不仅可以在固定场所享受银行服务，更可以在旅游、出差中高效、便利地处理各种金融理财业务。

（三）零售行业

借助移动电子商务，用户能够通过其移动通信设备进行网上购物。即兴购物会是一大增长点，如订购鲜花、礼物、食品或快餐等。传统购物也可通过移动电子商务得到改进。例如，用户可以使用微信支付、支付宝支付等具有安全支付功能的移动设备，在商店里或自动售货机上进行购物。另外，POS 机、条码扫描仪、手提电脑这些移动设备融入了无线通信技术，配备了相应的操作系统，并以企业的中心数据库和移动设备中的小型数据库为基础构建零售业应用系统中的移动部分。零售网点工作人员利用配有 Pocket PC 操作系统的手提电脑和 POS 机方便地记录下零售网点的出货和入货数量，通过无线网络的连接，利用包含在移动设备中的移动数据库提供的同步机制，将结算和盘点信息传送到总公司的货物流通管理系统中，同时接收总公司发给不同零售网点的数据。

（四）无线医疗

医疗产业的显著特点是每一秒钟对病人都非常关键，在这一行业十分适合于移动电子商务的开展。在紧急情况下，救护车可以作为进行治疗的场所，而借助无线技术，救护车可以在移动的情况下同医疗中心和病人家属建立快速、动态、实时的数据交换，这对每一秒钟都很宝贵的紧急情况来说至关重要。在无线医疗（Wireless Medical）的商业模式中，病人、医生、保险公司都可以获益，也会愿意为这项服务付费。这种服务是在时间紧迫的情形下，向专业医疗人员提供关键的医疗信息。由于医疗市场的空间非常巨大，并且提供这种服务的公司为社会创造了价值，同时，这项服务又非常容易扩展到全国乃至世界，我们相信在这整个流程中，存在着巨大的商机。

（五）物流领域

在运输方面，利用移动电子商务系统与 GPS/GIS 车辆信息系统相连，使得整个运输车队的运行受到中央调度系统的控制。中央调度系统可以对车辆的位置、状况等进行实时监控。另外，将车辆载货情况以及到达目的地的时间预先通知下游单位配送中心或仓库等，有利于下游单位合理配置资源、安排作业，从而提高运营效率、节约物流成本。移动电子商务的发展使得物流与信息完美结合，使得物流信息的全过程控制真正实现实时高效，从而也就更好地满足了用户跟踪调查的需求，并且物流的高效运营将进一步促进电子商务发展。

（六）移动娱乐

移动电子商务将带来一系列娱乐服务，如移动游戏、移动视频、移动音乐、移动博彩、移动新闻等。移动娱乐有机会成为移动产业最大的收入来源，同时也是鼓励移动用户消耗剩余预付费通话时间的最佳手段。移动娱乐业务前景广阔，它将是运营商可提供的又一项有特色的移动增值业务，也是防止客户流失的有力武器之一。以移动游戏为代表的移动娱乐业务能够为运营商、服务提供商和内容提供商带来附加业务收入。

9.5　移动电子商务技术

随着信息技术和移动技术的发展，移动电子商务行业对信息服务和交易的要求也将越来越高。随着业务的发展，新的技术热点不断涌现，新的应用层出不穷。

移动电子商务主要实现技术

（一）无线应用协议（WAP）

WAP 是 Wireless Application Protocol 的缩写，它是由 Motorola、Nokia、Ericsson 和 Phone.corn 公司最早倡导和开发的，它的提出和发展是基于在移动中接入因特网的需要。WAP 是开展移动电子商务的核心技术之一，它提供了一套开放、统一的技术平台，使用户可以通过移动设备很容易地访问和获取以统一的内容格式表示的因特网或企业内部网信息和各种服务。通过 WAP，手机可以随时随地、方便快捷地接入互联网，真正实现不受时间和地域约束的移动电子商务。

（二）移动 IP

移动 IP（Mobile IP）是由互联网工程任务小组（IETF）在 1996 年制定的一项开放标准。它的设计目标是能够使移动用户在移动自己位置的同时无须中断正在进行的因特网通信。移动 IP 现在有两个版本，分别为 Mobile IPv4（RFC 3344）和 Mobile IPv6（RFC 3775）。目前广泛使用的仍然是 Mobile IPv4。目前移动 IP 主要使用三种隧道技术，即 IP 的 IP 封装、IP 的最小封装和通用路由封装来解决移动节点的移动性问题。

（三）蓝牙

蓝牙（Blue Tooth）是由 Ericsson、IBM、Intel、Nokia 和 Toshiba 等公司于 1998 年 5 月联合推出的一项短程无线连接标准。该标准旨在取代有线连接，实现数字设备间的无线互联，以便确保大多数常见的计算机和通信设备之间可方便地进行通信。"蓝牙"作为一种低成本、低功率、小范围的无线通信技术,可以使移动电话、个人电脑、个人数字助理、便携式电脑、打印机及其他计算机设备在短距离内无须线缆即可进行通信。"蓝牙"支持 64 kb/s 实时话音传输和数据传输,传输距离为 10～100 m,其组网原则采用主从网络。

(四) 无线局域网(WLAN)

WLAN 是 Wireless Local Area Networks 的缩写,它是一种借助无线技术取代以往有线布线方式构成局域网的新手段,可提供传统有线局域网的所有功能,它支持较高的传输速率。它通常利用射频无线电或红外线,借助直接序列扩频(DSSS)或跳频扩频(FHSS)、GMSK、OFDM 和 UWBT 等技术实现固定、半移动及移动的网络终端对因特网网络进行较远距离的高速连接访问。1997 年 6 月,IEEE 推出了 802.11 标准,开创了WLAN 先河;目前,WLAN 主要有 IEEE 802.11x 与 HiperLAN/x 两种系列标准。

(五) 通用分组无线业务(GPRS)

GPRS 的英文全称为 General Packet Radio Service,中文含义为通用分组无线业务,是欧洲电信标准化组织(ETSI)在 GSM 系统的基础上制定的一套移动数据通信技术标准。它是利用"包交换"(PacketSwitched)的概念所发展出的一套无线传输方式。GPRS是 2.5 代移动通信系统。GPRS 具有"数据传输率高""永远在线"和"仅按数据流量计费"的特点,目前得到较广泛的使用。

(六) 第四代通信技术(4G)

4G 英文全称为 the 4 Generation Mobile Communication Technology,中文含义为第四代通信技术。它是由卫星移动通信网和地面移动通信网所组成,支持高速移动环境,提供语音、数据和多媒体等多种业务的先进移动通信网。4G 系统能够以 100 Mbps 的速度下载,比目前的拨号上网快 2 000 倍,上传的速度也能达到 20 Mbps,并能够满足几乎所有用户对于无线服务的要求。2012 年 1 月 20 日 ITU 正式审议通过的 4G(IMTAdvanced)标准:LTEAdvanced:LTE(Long Term Evolution,长期演进)的后续研究标准;WirelessMANAdvanced(802.16m):WiMAX 的后续研究标准。而 TDLTE 作为LTEAdvanced 标准分支之一入选,这主要是由我国提出的。

二、移动定位技术

移动定位服务是指利用多种定位技术,结合电子地图和通信网络,整合各种信息数据,面向用户提供基于位置的信息服务能力及相关应用。

移动定位服务的基础是移动定位技术。GPS(全球定位系统)是最早的移动定位技术,GPS 目前可达到 10 m 左右的定位精度。现有的移动智能终端的硬件基本配置有GPS 芯片,支持 GPS 的定位功能。

LBS 定位服务又叫作基于位置服务(Location Based Service,LBS),它由移动通信网络和卫星定位系统结合在一起提供的一种增值业务,通过一组定位技术获得移动终端的位置信息(如经纬度坐标数据),提供给移动用户本人或他人以及通信系统,实现各种与位置相关的业务。实质上是一种概念较为宽泛的与空间位置有关的新型服务业务。

移动智能终端以及移动互联网应用的普及给移动通信运营商介入移动定位服务带来天然的优势。目前,基于移动通信网络的移动定位有两类:一是基于 CellID 的小区粗定位技术,其精度取决于移动基站的分布及覆盖范围的大小;二是基于 AGPS(无线网络辅助 GPS)的定位技术,由网络侧的定位服务器与终端相互配合完成快速定位。AGPS 在 CDMA 网络上主要是基于美国高通公司开发的 GPSONE 技术;在 GSM/WCDMA 上主要是基于 SUPL 的商业解决方案。GPSOne 是高通的独家专利,技术标准封闭,不利于整个产业链的整合与发展,需要考虑替代方案。SUPL 技术标准、设备已经成熟,可以考虑在 CDMA 网络上进行试验。

WiFi 定位技术也是目前移动定位的一个方向。GoogleMap 提供的混合定位技术含有 WiFi 定位,其原理是:首先利用基站和 WiFi 进行低精度快速定位,然后再利用 GPS 定位纠正偏差,最后将高精度的卫星定位数据连同基站标示、WiFi 标示一并发往谷歌数据库。

还有利用智能手机的超声感应技术解决 GPS 无法触及的室内问题。前面提到的 Shopkick 在室内的屋顶安装信号灯,信号灯以某一频率发射出超声波信号,智能手机的扩音器会接收和解析此信号,并通过服务端搜索实现定位。这也是移动定位技术的新探索。

移动定位服务仅仅是基础的能力,它必须结合到具体的应用才能为用户所接受,目前应用最广泛的是基于 GIS 的信息搜索服务、导航服务,然后才能进一步延伸至移动电子商务领域。

三、标识识别技术

对于消费者而言,移动电子商务的第一个环节就是识别。识别可基于图像、文字、移动用户位置信息,还可以基于商品的条形码、二维码、RFID 标识码等。目前,在移动电子商务中,应用最广泛的识别技术主要包括二维码技术、RFID 技术及图像识别技术。

(一)二维码技术

二维码是用某种特定的几何图形按一定规律在平面(二维方向)上分布黑白相间的图形来记录数据符号信息的;在码的编制上巧妙地利用构成计算机内部逻辑基础的"0""1"比特流的概念,使用若干个与二进制相对应的几何形体来表示文字数值信息,通过图像输入设备或光电扫描设备自动识读以实现信息自动处理。二维码常见的技术标准有 PDF417、QRCode、Code49、Code16K、CodeOne 等 20 余种,全球不同国家和地区的应用和推广程度各有差异,如美国以 PDF417 码为主流,日本以 QR 码为主流,而韩国采用的是 DM 码。我国的工业和信息化部也颁发了国产行业标准 GM 码和

CM 码。

移动二维码是二维码的一种,用户通过手机扫描或输入二维码下方的号码即可实现快速上网。在代码编制上巧妙利用"0""1"比特流的概念,使用若干个与二进制相对应的几何形体来表示图片、声音、文字、签字、指纹等信息,通过图像输入设备或光电扫描设备自动识读来实现信息的自动处理。

按照业务形态的不同,移动二维码分为被读类业务和主读类业务。被读类业务的移动二维码平台将二维码通过彩信发到用户手机上,用户持手机到现场,通过二维码机具扫描手机进行内容识别。主读类业务主要是指用户在手机上安装二维码客户端,使用手机扫描并识别媒体、报纸等上面印刷的二维码图片,获取二维码所存储内容并触发相关应用。

按照二维码内容是否可以更改分为静态码和活码。静态码是指传统的二维码,直接对字符串进行编码,展示固定内容,没有用到云端技术。活码是对一个已分配的短网址进行编码,扫描后跳转到这个网址。这样将内容存储在云端,可以随时更新,可跟踪扫描统计,可存放图片、视频、大量文字内容,同时图案简单易扫。

(二) RFID 技术

RFID 射频识别是一种非接触式的自动识别技术,它通过射频信号自动识别目标对象并获取相关数据,识别工作无须人工干预。RFID 按应用频率的不同分为低频、高频、超高频、微波,相对应的代表性频率分别为:低频 135 kHz 以下、高频 13.56 MHz、超高频 860 MHz~960 MHz、微波 2.4 GHz 等。RFID 技术在物联网和移动电子商务领域具有广泛的应用前景,也是各大运营商在移动支付业务中广泛采取的一种识读技术。

移动支付是移动电子商务的核心能力,对于移动运营商而言,将 RFID 非接触通信功能集成到手机 UIM 卡是目前普遍采用的现场支付的移动支付解决方案。当前国内主流 RFID UIM 卡主要以 13.56 MHz 双界面卡为主,以 2.4 GHz RF 技术为辅。

从当前 RFID UIM 卡的实际使用效果来看,双界面卡的刷卡灵敏度和成功率不够理想,大大制约了双界面卡的规模推广。为了移动电子商务的快速发展和整个移动现场支付业务的规模应用,需要对 RFID 产品的射频特性进行深入研究,找出影响 RFID 刷卡灵敏度和成功率的关键因素,对此进行研究和分析,从而拿出改进刷卡效果的技术方案,更好地助力支付业务规模推广。

(三) 图像识别技术

现有移动电子商务的商品搜索技术,基于文本关键字的搜索方式依然是主流。虽然目前在移动终端输入文字已有较大的进步,但大量关键字的输入依然是一个非常冗长、低效的环节,很多潜在的电子商务用户就在这一短板环节里流失了。摄像头业已成为移动终端的标配,完全可以考虑利用手机图像传感器,结合图像识别技术,采用"以图搜图"的方式引导用户进行商品搜索。

在用户拍摄及上传了商品图片后,可通过基于图像内容的图像识别技术,试图解析用户的心理,实现完整的电子商务流程。该模式目前主要有两大技术流派:一是基于精确匹配的电子商务模式,通过对图片的精确识别来引导用户进行移动电子商务活动,可广泛地应用于购票、购书等领域;二是基于相似度识别的电子商务模式,通过对图片的相似度匹配,挑选与用户图片最贴近的一批商品,可广泛地应用于服饰等相似度搜索场景里。

目前,基于图像识别技术搭建移动电子商务平台,已经成为移动领域的一大热点。谷歌、微软等各大IT公司都有相关产品问世,但是目前这一技术还受限于图像识别准确度、图像匹配速度等影响。如何能准确地从用户提交的图片里准确地分析出用户真正感兴趣的焦点对象,还有很大的提升空间。

四、行为分析技术

行为分析是根据用户的特征(如兴趣、爱好、消费习惯)推荐满足用户要求的资源。电子商务、微博、视频等主流互联网模式占据大量资源和市场,如何从大量的网络信息中挖掘出对人们最有用、人们最关注的资源,已经成为研究的热点问题。

行为分析在移动电子商务中显得更加重要。移动电子商务因其固有的普遍性、个性化、灵活性、及时性等特点,经过初级阶段的撒网式市场营销后,业务与盈利模式同质化,产生的客户忠诚度低、差异化服务不明显、用户发展渠道单一等问题会进一步突显。"任何无效的信息都是对用户信任的一种破坏",可见消费信任的建立要求系统向用户传递的信息要适时、适地、适人,在移动电子商务中,这个要求尤其显著。

数据挖掘技术是进行行为分析的关键技术。数据挖掘在客户保持与维系、业务套餐制定、关联销售、市场营销和宣传等多方面发挥着重要作用。在移动电子商务中,要考虑数据挖掘如何借助移动终端的固有特性,多渠道细分用户特征,用服务的差异化来支撑用户需求的个性化,培养用户的使用习惯,打造优质的用户体验,增加用户使用的黏性。

通过信息整合与跨行业信息的合作等多种方式收集用户个人资料、行为特征、消费特征、兴趣偏好、移动终端特点等多维的综合信息,采用数据分析挖掘技术,建立用户分类和用户聚类模型,在用户细分的基础上建立用户行为知识库。常用的模型有决策树模型、神经网络模型、回归模型、关联模型等,这些模型在潜在用户挖掘、流失预警、风险控制、用户维系、关联营销等方面都有成熟的应用。

9.6 移动电子商务发展趋势

移动电子商务的兴起并非偶然。移动通信技术的成熟和广泛商业化为移动电子商务提供了通信技术基础,而功能强大、价格便宜的移动通信终端的普及为移动电子商务提供了有利的发展条件。现代交通工具日益发达,市场竞争与经济全球化使得人员流动性不断增加,必然产生了移动通信的需求。移动电子商务的发展不但更加充分地发挥了互联网的潜力,它还提供了许多新的服务内容,这些因素都是移动电子商务兴起和迅猛发展的动因。

一、移动电子商务兴起原因

移动电子商务的基础是移动通信网络,最早的无线电通信网络于 20 世纪 80 年代出现在北欧的斯堪的纳维亚半岛上。虽然已经有很长的历史,但是移动网络的大规模普及则是近年来才发生的事情。全球移动通信市场在启动后发展非常迅速。移动电子商务的驱动因素如下。

(一)社会经济发展对移动电子商务需求的驱动

人类社会生活和经济生活对于移动通信有着强烈的需求,移动电子商务的迅速发展也就成了这种技术供给和社会需求相吻合情况下的必然结果。

一方面,经济的全球化使国家之间、地区之间商务活动的频率大大增加。以我国为例,已经有越来越多的外国企业在中国设立分部,成立研发中心或办事处。为了加强沟通,业务和商贸方面往来的机会大大增加,运营范围也变为全球运作,原材料、产成品的物流活动控制变得非常重要。又由于竞争的加剧,企业对于物流的要求不再是简单的抵达时间的要求,而是对于物流快速和准确的综合要求。在途货物跟踪、定位、管理的需求都逐渐被提出,而移动定位、移动通信技术为满足这种需求提供了技术手段。另一方面,由于社会政治、经济、文化生活的需要,我国近年来社会人员的流动性不断增加,企业经营范围的扩大也增加了工作人员的流动性。为满足人员流动性的要求,我国近年来在交通基础设施建设方面进行了大量的投资,人们现在可以选择多种更为经济的交通方式,给人们的差旅和出行提供了很大的方便。因此,当有更多的人在更多的时间处于移动状态时,移动通信的需求自然就产生了。

(二)移动通信技术进步的推动

在移动通信网络普及以前,人们之间的远程通信主要通过电报、电话、传真等手段来实现。计算机和互联网的出现是人们沟通方式的一次重要变革。通过电脑和网络,人们可以方便地访问丰富的互联网资源,而网络宽带的不断增加则提高了网络用户的访问感受,增加了网络浏览的乐趣。互联网的普及也随之产生了电子商务等新型的商务模式。但是,无论是电报、电话、传真还是互联网,由于通信工具不能随身携带,用户在通信时始终受到物理条件的限制。

移动通信技术的出现无疑是人类沟通手段的一次突破,它基本上取消了时间和空间的限制条件。只要拥有一个通信终端,无论现在何时、身处何地,都可以和任何人进行联系。因此,移动通信是人类通信发展史上一个巨大的进步。覆盖良好的网络和大量的用户群为移动电子商务的发展奠定了重要的技术基础和市场保证。

二、移动电子商务现状

移动电子商务的发展已经经历了三代,随着移动通信技术和计算机的发展,中国移动电子商务全产业链发展已经比较健全，如图9-13所示。

图9-13　中国移动电商全产业链图

第一代移动商务系统是以短讯为基础的访问技术，这种技术存在着许多严重的缺陷，其中最严重的问题是实时性较差，查询请求不会立即得到回答。此外，由于短讯信息长度有限制，使得一些查询无法得到一个完整的答案。这些令用户无法忍受的严重问题导致了一些早期使用基于短讯的移动商务系统的部门纷纷要求升级和改造现有的系统。

第二代移动商务系统采用基于WAP技术的方式，手机主要通过浏览器的方式来访问WAP网页，以实现信息的查询，部分地解决了第一代移动访问技术的问题。第二代的移动访问技术的缺陷主要表现在WAP网页访问的交互能力极差，因此极大地限制了移动电子商务系统的灵活性和方便性。此外，WAP网页访问的安全问题对于安全性要求极为严格的政务系统来说也是一个严重的问题。这些问题也使得第二代技术难以满足用户的要求。

第三代移动商务系统采用了基于SOA架构的Web Service、智能移动终端和移动VPN技术相结合的第三代移动访问和处理技术，使得系统的安全性和交互能力有了极大的提高。第三代移动商务系统同时融合了3G移动技术、智能移动终端、VPN、数据库同步、身份认证及Web Service等多种移动通信、信息处理和计算机网络的最新前沿技术，以专网和无线通信技术为依托，为电子商务人员提供了一种安全、快速的现代化移动商务办公机制。

三、移动电子商务的发展趋势

通过移动电子商务价值链相关方需求发展的分析发现，未来该行业各方对信息服务和交易的要求越来越高，随着信息技术和移动技术的发展，必将会涌现越来越多的新的移动电子商务应用以满足行业的发展需要。

（1）全渠道、线上线下融合发展是趋势。移动电商时代,消费者的需求和网购发展环境均有较大改变,用户希望随时随地精准购买到所需的商品和服务;另一方面由于商品供大于求,单一渠道发展的增量空间有限,线上和线下均在布局全渠道发展。线下消费体验和线上购物便利的双向需求将带来线上和线下购物期望值的融合,未来线上线下融合是新零售时代的重要发展趋势。

（2）社交化分享是移动电商时代新营销方式。移动社交和自媒体爆发,电商走向去中心化新模式。与传统电子商务企业通过一个平台聚集所有商家和流量的中心化模式不同,去中心化的电子商务模式是以微博、微信等移动社交平台为依托,通过自媒体的粉丝经济模式的分享传播来获取用户,消费者的购买需求会在人们碎片化的社交场景中被随时激发。例如,贝贝网开设红人节频道,融合了社交、内容及直播等新型营销方式,达人分享服饰搭配并通过与粉丝的互动引导用户消费。

（3）内容化、粉丝化和场景化为发展新方向。从搜索到推荐,用户对精准内容要求越来越高。移动电商时代,用户的消费路径和习惯发生了很大的变革,消费需求场景化,移动购物模式多样。内容化、粉丝化和场景化成为吸引流量的新方式。

（4）大数据将成为移动电商核心驱动引擎。美国互联网数据中心指出,互联网上的数据每年增长50%,且增速仍处于逐渐升高状态。随着互联网计算处理技术的逐渐成熟,大数据开始应用到各行各业。移动电商流量红利渐失,大数据将成为新的利益推动点,精准匹配供求信息、个性化推荐、用户偏好预测、优化页面、提升运营效率。

9.7　旅游电子商务

电商大咖探讨旅游电子商务新趋势

前几天,阿里巴巴集团高调宣布独立分拆淘宝旅游业,启用独立品牌"去啊",结果引发了一场在线旅游商之间的海报营销大战。携程、去哪儿、去啊、驴妈妈、同程等国内一线的旅游电商几乎全部卷入其中。

巧合的是,作为2014中国(杭州)国际电子商务博览会的重要内容之一——2014中国(杭州)旅游电子商务发展论坛上,这些旅游电商大咖们又坐在了一起,探讨旅游电商的现状和未来发展新模式、新趋势,观点间同样不乏针锋相对。

1. 移动在线旅游时代到来

对于许多旅游业者来说,近几年,从互联网的崛起到移动互联网发展,旅游圈内不断涌现新的商业模式,旅游生态秩序一次又一次被打乱改变,新生力量抓住爆发点,不断撼动着旅游市场旧格局。

去哪儿网副总裁谌振宇认为,移动互联网的发展让人们发现,"用无线出行是更便捷的,过去PC端需要提前全部安排好,但是无线却随时随地都可以改变自己的选择"。

山东省旅游局信息中心主任闫向军举例说，9 月 15 日，当地两个面向游客的目的地系统同时上线，一个是 PC 端，一个是移动端，上线第一天移动端的访问量就持续增长，半个月之后是 PC 端的两倍，到了"黄金周"，已经达到了 PC 端的 5 倍。"根据我们的数据分析，60％到 70％的旅游者是通过移动互联网来了解目的地信息的。"

"国庆期间，驴妈妈的业务量在 PC 端基本上是没有什么增长的，但是在无线端有 5 倍以上的增长。"驴妈妈无线事业部总监陈宏进带来的数据说明，移动互联网正在快速地改变 PC 互联网时代的在线旅游格局。

2. 用户体验比廉价门票更重要

在这个移动在线旅游的"新蓝海"中，各大在线旅游电商都已经开始了在移动端的布局，并且已经展开了竞争。同程旅游 CEO 吴剑介绍，在 10 月份刚刚结束的同程"一元门票"的活动中，同程大约积累了近千万的用户；"驴妈妈"也在尝试"199 自驾游"等产品；阿里巴巴"去啊旅行"总经理李少华也透露，"去啊"可能也很快会推出类似"一元门票""一元机票"的产品。

不过，去哪儿网副总裁谌振宇认为，还是应该更关注用户体验。"我们之前投资了东南亚移动打车应用公司 GrabTaxi，实际上也是为用户解决出境游坐车的问题。"谌振宇说，"体验好了，用户自然会帮我们进行口碑传播。"

携程目的地营销公司总经理蓝美玲透露，携程的预订业务方面，无线端的比重已经超过了 40％，其中机票预订已经超过 30％，火车票、汽车票在无线端的预订几乎已经接近 90％。因此，携程也提出了一个新的概念"指尖上的旅行社"，包括高端饮食、旅行金融，并且即将推出全球旅行购物平台，帮助游客买到价廉物美的东西。

3. 大数据时代旅游可以无缝对接

百度大客户高级行政总监陈明月在讲到大数据的旅游融合时介绍，在区域方面，境外游的搜索请求占 30％，国内游的搜索请求占 70％。在搜索中，用户更关注自然景观，这一部分占到 48％份额。在各省市旅游资产的排行榜上，第一位是北京，第二位是浙江；在城市方面，北京是第一位，杭州是第二位，三亚是第三位；而在经典的排行榜中，西湖是第一位，黄山是第二位。

陈明月认为，大数据首先可以精准地找到目标受众，而在移动生态下，消费者的行为也发生了变化，如需求的即时化、决策的碎片化、消费的场景化以及交互的多媒体化，因此在移动时代，应该做到品牌体验前置，加速消费者决策。例如，在选择酒店的时候，29％的游客关注房型的图片，所以应该提供 360 度的全景选房功能。基于无线端的技术创新，现在有很多的技术创新，包括语音、摄像头等都会来支撑旅游业。

"移动互联网连接的是人与服务，可以在信息、购买、决策以及体验服务上实现游客和景区的无缝连接。从游客的需求激发，到他的查询决策，到预订支付，一直到他的刷票进场，以及游客在景区内的导览，提供解决服务。"陈明月说。

不过，李少华认为，目前移动端的渗透率还太低，更多的应该是做好数据、系统，帮消费者与合作伙伴解决特定场景下的支付和信用等基础设施问题，"当这些基础的东西能让越来越多的消费者忘记自己在线上还是线下的时候，整个行业的效率、消费者得到服务的成本效率会更高"。

4. 把权力还给用户突破信息不对称

在论坛上,有观众提问说,旅游业内"宰客"的问题该如何解决,谌振宇认为,很大一个原因就是信息还不够透明。"这个情况不可能一下子就能解决,每个人如果愿意把信息放到网上,才有可能在以后的时间里避免这个问题。"谌振宇说。也正因此,信息不够透明这个"痛点",也成为许多创业的主攻点。"在路上"联席总裁李鑫说,未来给用户提供的信息和导购是很重要的,因为随着信息的爆炸,游客到一个地方旅游,还是存在信息的障碍。"我们会把内容商品结合起来推荐给用户,未来可以形成一个很好的价值。"

"信息透明意味着权力的下放,这个权力其实是逐渐给到了用户。"蚂蜂窝大客户经理阮娟认为,蚂蜂窝从最初游客的游记内容,到筛选出旅游攻略,再到翻译软件和旅行社交软件,这些都是以用户的需求来展开,通过高质量的用户生成内容,使其他用户可以快速地索取使用。

(资料来源:杭州日报,2014 年 11 月 3 日。)

❓思考题

1. 案例中提到的携程、去哪儿、去啊、驴妈妈、同程网分别是做什么的?
2. 综合案例,谈谈旅游电子商务的发展趋势。

旅游电子商务作为旅游企业的一种经营手段,成为旅游业最热门的词汇,近年来发展迅速。尤其是 1994 年互联网引入中国以来,电子商务发展迅速,并已涉及旅游各环节的产业领域,如机票预订、住宿预订、旅游线路预订、租车游船预订、导游预订以及用餐预订等,都与电子商务有关联,由此产生了一些新的概念和名词,如网络旅游、自由行、个性化旅游、旅游博客、云旅游等。那么,什么是旅游电子商务呢? 下面我们从电子商务开始,系统地介绍电子商务和旅游电子商务的一些基本概念和内容。

一、电子商务概述

20 世纪 90 年代以来,随着计算机网络、通信技术的迅速发展,特别是互联网的普及应用,电子商务以前所未有的速度向各个社会领域渗透,并迅速演变为一场全球性的发展浪潮,在世界经济生活中出现了广泛的技术应用革命。

电子商务源于英文 Electronic Commerce,简写为 EC。从广义方面讲,电子商务是指应用电子及信息技术而进行的经济贸易活动;狭义的电子商务是指利用电子信息网络设施来实现的商品和服务交易活动的总称,是一种以现代信息网络为载体的新的商务活动形式。

总的来看,电子商务发展经历了三个阶段。

第一阶段:使用电报、电话传递商务信息。这一代的电子商务是指由以前的手工填写文件和单据,改为用电子机械设备打印,由车船邮寄纸面文书改用电子通信设备传递。这些电子信息设备的应用缩短了信息处理时间,减轻了劳动强度,方便了交易过程。

第二阶段:电子数据交换 EDI(Electronic Data Interchange)的应用。这一代电子商务的特点是数据处理过程中大大减少了人工干预,原始数据不再重复输入。

第三阶段:互联网电子商务的普及。1993 年,WWW(World Wide Web)技术在因特网上出现,使因特网具备了支持电子邮件接收与发送、信息浏览查询及多媒体应用的功能,也使得网上的商业贸易活动异常活跃。

随着经济全球化和信息通信技术的迅速发展,各个行业的电子商务应用日趋成熟。中国电子商务虽然起步较晚,且面临着体制、管理等诸多问题,但以阿里巴巴为代表的中国电子商务行业已成为全球电子商务市场中的重要新生力量。

二、旅游电子商务概述

(一)旅游电子商务的定义

自从互联网(Internet)诞生以来,人们出门旅游前寻找和搜索旅游信息更加方便,减少了旅游中的信息搜寻成本和中介成本,也减少了人们在旅游中的许多不确定性,尤其对旅游中需要的旅行票务(如机票)、住宿预订、目的地交通等都可以通过互联网一并解决,由此形成了旅游电子商务的学科体系。因此,旅游电子商务是随着互联网的出现以及电子商务的浪潮而产生的,解决了旅游商务中电子化处理及管理与服务问题,实现了旅游商务的电子化流通,提高了旅游商务的处理效率。根据电子商务所处的环境及应用的技术,下面对旅游电子商务的概念进行阐述。

旅游电子商务(Tourism Electronic Commerce,TEC)是指通过信息通信技术手段实现旅游商务活动各环节管理的电子化,包括电子化信息发布、电子化市场营销、电子化销售、电子采购以及电子化的客户关怀服务。其运行平台是网络,商务形式是电子数据。

简单的理解:

旅游电子商务=信息通信技术+旅游商务

更直接的理解:互联网加旅游商务就是旅游电子商务。

定义中的电子化信息发布主要是指信息网站的信息展示,因此信息网站是旅游电子商务的重要组成部分;电子化市场营销就是网络营销,即通过互联网、专用网、移动网络开展各种形式的营销;电子化销售就是在线销售,或通过专用网络系统的销售或分销;电子采购就是网络采购或在线采购,如采购中的洽谈、订单、合同、支付都在网络环境下实现;电子化的客户关怀就是通过网络对关系客户提供信息服务以及差异化的关怀服务,如电子问候、电子报纸、生日电子祝福等,并形成电子化的客户关系管理,实现对客户的自动服务。

(二)旅游电子商务的作用

旅游服务是一种跨企业的协作服务,在没有出现电子商务的时候,这种服务的协调基本依靠人工。人工协调不但效率低,而且容易产生差错,由此影响对客户的服务质量。电子商务出现以后,无处不在的网络可以增进企业之间以及企业与上下游之间的沟通,如旅行社与饭店之间的沟通、旅行社与景区景点之间的沟通,网络化的电子通道增进了旅游企业相互之间的业务协作,实现了对客户敏捷的协同服务。

电子商务的另一个重要作用就是企业内部的高效率沟通,因为旅游服务并不是企业中任一部门能够独立完成的,需要企业内部各部门之间协作,电子商务可以改进内部业务处理流程,提高客户服务的敏捷度,增进企业内部的协调和配合。因此,电子商务提高了旅游企业内部的运作效率和效益,更重要的是可以降低旅游企业的经营成本,包括管理成本和服务成本,最终为旅游企业增加收益。

最后一个作用就是旅游电子商务给旅游消费者提供了便利,让旅游消费者得到了实惠。旅游消费者通过各种旅游网站可以获取旅游信息,使旅游消费者几乎不费成本、足不出户就可以获取信息,实现了旅游者在家里就可以了解旅游目的地的旅游信息以及风土人情和文化,也可以在家中预订出门机票、预订住宿,极大地节省了旅游者商务处理的时间,提高了商务处理的效率,节省了许多中介费用。

(三) 旅游电子商务对社会发展的影响

随着经济的发展,旅游已成为每个人生活中不可或缺的部分,人人都会利用闲暇的时间出门旅游,因此旅游已成为一种大众化的消费活动。旅游电子商务的出现不但推动了大众化的旅游活动,而且推动了社会信息化的发展。如人们随时随地可上网,到处可见的电子信息屏幕,随时可见的手机短信信息报,所有这些都是社会信息化的一种表现,方便了人们旅游出门的信息获取和沟通。

著名的未来学大师约翰·奈斯比特在其鸿篇巨制《大趋势》中曾预言:"电子通信、信息技术和旅游业将成为 21 世纪服务行业中经济发展的原动力。"从国外发达地区的情况来看,这个预言已经变成了现实。这三者的紧密结合促成了旅游电子商务的发展,形成一种巨大的经济发展驱动力,赋予了旅游业无限的生机和活力。我国近几年的旅游发展也足以说明,旅游电子商务不但促进了旅游业的健康发展,更对社会的发展做出了巨大贡献。目前旅游业的经济收入已保持 8% 的增长率多年,预计进入"十二五"期间旅游业将成为我国国民经济的支柱产业之一。据测算,旅游收入每增加 1 元,第三产业产值就增加 10.2 元;旅游业每增加 1 个直接就业人员,社会间接就业人数可增加 5 个以上。因此,旅游电子商务不但推动了旅游经济的发展,还对社会经济发展产生间接影响,主要表现在以下几个方面:旅游电子商务将促进旅游经济和社会经济增长;旅游电子商务可促进社会进步并使社会更加和谐;旅游电子商务将提升社会信息化和人类文明进步;旅游电子商务有利于人们沟通了解;旅游电子商务推动社会科技进步。

(四) 旅游电子商务研究的问题

旅游电子商务是旅游发展中的新鲜事物,许多理论体系还没完善。首先它属于旅游管理学科范畴,旅游电子商务的应用扩展了旅游管理理论,是结合信息通信技术对旅游管理学科的完善。它所研究的问题首先是商务问题,旅游商务大多数是预约型商务,然后提供需要的服务,探索的是商务的电子化管理问题。其次是技术的应用问题,研究旅游电子商务中哪些技术能提升服务、改善服务,并不断改进旅游电子商务系统。再次是交易问题,探索旅游业中各实体企业间以及实体企业与旅游消费者间的电子交易问题,当然包括交流和沟通问题。另外,还涉及旅游电子商务中的安全问题以及道德伦理等问题的研究。

三、旅游电子商务的系统组成

旅游电子商务的快速发展,有技术的原因,也有应用需求的原因。技术的原因主要是网络技术的进步,互联网的普及以及网络编程语言(如 XML)的变革,使得电子商务能在不同的应用系统之间交换数据。应用需求的原因主要是供给方企业有利用互联网开展营销和宣传的需求,进而发展为有利用互联网开展销售的需求;同时,旅游消费者有利用互联网获取信息的需求,进而发展为有利用互联网预订旅游产品的需求。除此以外,旅游电子商务的发展还需要社会环境,如政策法规、法律以及技术标准等内容的支持,这些内容虽然是旅游电子商务组成的非实体部分,但也是旅游电子商务开展不可或缺的组成内容。因此,旅游电子商务的系统组成应包括环境及相关业态,图 9 - 14 表示的是旅游电子商务的系统组成,它由三个层面所组成。

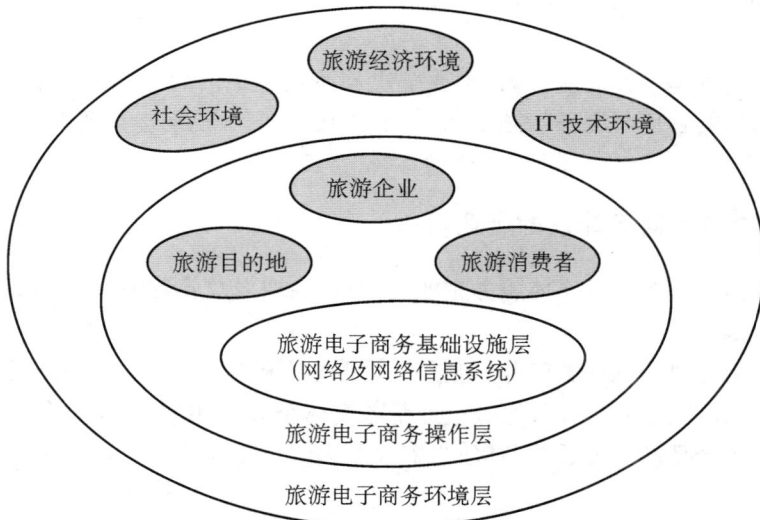

图 9 - 14　旅游电子商务的系统组成框架

(一) 环境层

环境层包括社会环境、旅游经济环境和 IT 技术环境。社会环境包含政策、法规、法律、标准等内容,还包括银行业务,如网上支付、交易安全等环境内容;旅游经济环境包含旅游服务的一些规范、网上交易的规程以及网上预订、网上支付、网上服务的一些安全规范;IT 技术环境主要包含提供系统技术服务的内容,如网络服务商、接口服务商,它们属于环境层中的技术服务,是电子商务环境中不可或缺的一种服务。

（二）操作层

操作层反映了旅游电子商务的业务范围，包括应用软件的可用性，如旅游消费者与旅游企业之间业务的商务操作，旅游目的地与旅游消费者之间的商务操作，以及旅游目的地机构与旅游企业之间的商务操作，还包括旅游企业之间的业务操作。作为旅游电子商务，要求旅游目的地机构、旅游企业、旅游消费者三者之间能实时地交换数据，开展业务交易，实现商务的在线处理、操作和管理。

（三）基础设施层

基础设施层主要指网络基础设施和信息技术基础设施，这是旅游电子商务系统运作的平台。网络基础设施包括通信网络、网际网络、无线网络等设施；信息技术基础设施包括计算机网络、服务器、网络设备、工作 PC 机、宽带等设施，这些设施反映了电子商务中的服务器接受访问的能力、系统软件的承载能力、交易中的安全防范能力等。基础设施层反映了电子商务系统硬件能力，是电子商务系统组成中最基本也是最核心的系统组成内容。

四、旅游电子商务解决的问题

旅游电子商务是一种商业行为，主要解决旅游企业中的商务管理与服务问题。在介绍旅游电子商务的管理与服务问题以前，我们需要先了解旅游电子商务涉及的企业实体范围。

（一）旅游电子商务涉及的企业实体

旅游电子商务主要涉及实体服务企业、旅游目的地以及旅游中介服务商和分销商等。

1. 实体企业

实体企业指有自己的服务产品，包括资源型产品和服务型产品。旅游业中包括旅游酒店、旅行社、景区、交通、餐饮等服务企业都是实体企业，其中旅行社为中介型实体企业，它们提供的服务产品都需要采购；其他为资源型实体企业，因为它们提供的服务产品都是自己生产的。

这些实体企业的电子商务系统一般通过企业内部网（Intranet）、外部网（Extranet）和互联网（Internet）构建，不但能够实现不同网络之间、不同企业之间的业务数据交换，而且能够实现旅游服务产品的电子化交易和处理。

2. 旅游目的地

大多数旅游目的地都有一定的管理机构，有些是开展经营管理的，还有些是负责资源管理，经营有专门的经营公司，因此这里把旅游目的地也划入企业实体介绍，因为它们和旅游电子商务相关。旅游目的地机构主要职能是市场营销，因此有专门的营销机构（Destination Marketing Organization, DMO）负责开展电子商务（DMO.com）。由于目的地机构多数不是具体的实体企业，因此其电子商务以营销和促销为主，辅以对旅游产品的代理预订，如预订门票、预订客房、预订行程机票等。

3. 旅游中介服务商和分销商

旅游中介服务商和分销商也是企业实体，但不是资源型实体企业，提供的是一种中介服务。中介服务商主要包括旅游代理商、批发商、订房中心等。这些服务商有些是传统中介的转型，利用网络开展电子商务，也有些是新型的电子中介商，如携程旅行网（ctrip.com）、艺龙旅行网（elong.com），它们没有传统业务，主要是电子商务业务。这些中介服务商主要以商务网站为窗口，并有完整的电子商务系统，开展旅游产品的预订和代理业务。

旅游分销商是连接旅游供应商（实体企业）和旅游中介商的分销网络，供应商和中介商加入该网络须得到专门许可，通过该网络可以实现预订、交易和支付，是国际旅游电子商务的主要形式。目前主要有计算机预订系统、中央预订系统、全球分销系统等网络型的分销商。这些分销商的电子商务系统都有标准接入接口，旅游企业申请许可后就可以通过这些分销系统开展电子商务或网络业务。

（二）旅游电子商务解决的问题

旅游电子商务的实质就是通过电子手段解决旅游商务的问题，商务是最终目的，电子仅是手段。旅游电子商务除了基本的业务交易外，还需要处理业务交易过程中的沟通问题以及信息的收集和发布问题，具体包括以下几个方面。

1. 解决产品信息的发布问题

信息发布问题其实属于营销问题。传统旅游产品信息的发布是通过产品促销会和媒体广告，以及通过宣传小册子来实现的。电子商务中主要通过信息网站以及电子分销系统的网络来发布旅游产品信息。电子商务的信息发布其特点就是速度快、受众面广、费用低廉、信息修改灵活。因此，电子商务中的网站代替了传统的宣传小册子，也节省了许多人力，成为电子商务的窗口。

2. 解决旅游需求的收集问题

电子商务的网络环境可以随时收集游客的旅游需求，也可以通过客户的访问行为分析其旅游需求，以及可以通过客户消费记录分析其消费需求。通过电子商务系统中的数据，联机分析客户需要怎样的旅游产品，在什么时候需要旅游产品，这样便于旅游企业的产品规划和产品设计，使企业提供的产品符合大多数旅游群体的需要。目前，客户的消费需求可以通过信息网站来收集，这要求网站设计时需要设计这方面的功能，如需求分析、需求挖掘等。

3. 解决旅游服务商与旅游消费者的沟通问题

旅游商务的沟通便利性会影响旅游业务的开展，良好的沟通环境可以开拓业务范围。传统的沟通主要是电话或面对面，而旅游电子商务可以通过网站实现互动沟通或在线沟通，如文本沟通、语音沟通、电子邮件沟通等，也可以通过移动网络（如 3G）实现即时沟通。这些电子沟通方式不但可以拉住老客户，也有利于培养忠诚客户，是了解客户需求、实施客户关怀、实现差异化服务的最佳方式。

4. 解决旅游供应商的销售问题

销售问题就是交易中的管理问题。旅游产品是一种服务产品，这种服务具有异地性，交易中很少有物流的产生，大多数交易其实就是产品的预订。因此，旅游产品销售主要是服务预订,如票务预订、客房预订等。旅游电子商务可以通过网络实现在线销售(预订),如:网络订房(饭店企业)及管理;网络订票(航空企业)及管理;网络预订线路(旅行社包价产品)及管理;网络组团(旅行社)的在线预订管理;网络预订景区门票(旅游景区)及管理。

5. 解决旅游企业之间的协作问题

旅游产品的销售完成需要企业之间协作,尤其是团队旅游或自助游等,因为旅游消费者的旅游行程涉及多家旅游企业的服务,电子商务能实现企业之间业务的无缝协作。下面所述为旅游企业之间存在的各种各样的业务协作:

旅行社的团队需要饭店安排住宿;

旅行社的团队需要旅游景区安排观光、游览;

饭店的住店游客需要通过航空公司或代理订票;

旅行社需要通过航空公司或代理为团队成员订票;

旅行社需要通过旅游交通企业安排往返行程车辆;

旅行社安排团队去旅游购物点购物;

饭店与饭店之间的业务协作;

旅行社与旅行社之间的业务协作(组团与接团等)。

以上企业之间的业务协作通过电子商务系统可以完满解决,其技术点就是企业间电子商务系统的数据交换。目前主要通过 Web 技术、Web 服务等实现系统间的连接,从而实现旅游服务的无缝连接,由此旅游消费者能获得无缝服务。

五、我国旅游电子商务的发展趋势

旅游电子商务的兴起是全球经济信息一体化的必然趋势,为旅游业带来一场真正的变革。从根本上改变了旅游业原有的运作模式,蕴含了无限机遇和挑战,提高了旅游服务产品的交易效率、降低交易过程中的成本和传递旅游信息资源,旅游电子商务的高度可进入性导致新的竞争者随时可能加入,使这一领域的竞争更加激烈。

(一)新的技术引入给整个市场格局带来变数

首先是直接服务于游客的技术。例如,自助语音导游服务、3G 无线网的应用,都给旅游业带来了新契机。3G 无线网络的出现成为旅游业发展的催化剂,这项将无线通信与国际互联网等多媒体相结合的移动通信系统在壮大信息产业的同时,也为旅游业发展带来新契机。

其次是服务于旅游企业和旅游目的地的技术。例如,基于 SOA 构架的旅游网站和旅游信息管理系统、基于 SAAS 的旅游企业信息系统,这些技术的运用为企业(目的地)优化业务流程、提高业务效率,进而更好地为游客服务,为旅游企业规模不断扩大奠定一定的基础,客观上加剧了旅游企业(旅游目的地)之间的竞争。

(二)新的应用将引领旅游电子商务的深度发展

首先是移动商务引领旅游电子商务发展的新趋向。随着各种移动终端的普及、移动通信网络的完善、移动服务提供商的增多，移动商务将成为一个新的切入点，结合智能网络技术，真正实现以人为中心的旅游电子商务应用。移动支付、短信息服务、全球定位系统等移动商务技术的全面应用将给旅游业乃至旅游电子商务带来一场新的旅游革命。顾客无论在何时何地，通过移动电话终端就能完成对企业或对个人的安全的资金支付，移动商务可以随时随地把顾客、旅游中间商和旅游服务企业联系在一起，预订的结果、航班的延迟等信息皆可随时通知旅游者。移动电子商务技术的应用将使旅游电子商务服务功能更加完善，应用更加普及。

其次是 Web 2.0 应用。我国旅游网络的建设在网络技术、配套设施、人员素质以及网站有效性和技术功能等方面存在很大差距，缺乏能满足不同需求层次的动态信息整合；难以完成个性化的定制服务；旅游产品重复、单一、缺乏创新和无针对性等弱点成为制约我国旅游网站发展的瓶颈。Web 2.0 网站以其独特的优势迅速崛起，成为未来旅游网站发展的方向，网站信息提供方式不再采用由网站编辑提供，而是让用户变成网站信息的提供者和使用者；直接获取用户的需求和习惯，征求用户的意见，加强用户的互动，用户在网站上的时间越久，参与的程度越高，就会有越多的朋友。这样，网站的用户就不易流失。

（三）新的整合将推进旅游电子商务体系的演进

国内的旅游电子商务还处于发展初期，具有"中国特色"的旅游电子商务体系和业务模式逐步在一些企业获得成功。从国外发展的经验看，随着企业的发展壮大，规模扩张与效益最大化的矛盾也会逐渐显现，这时就会出现行业内部的并购与整合，产生若干个拥有资金和资源优势的大型企业。

未来几年内，由于信息技术的支撑，为旅游企业更好地整合奠定了良好的基础。旅游电子商务行业内将形成覆盖范围广、成本低廉的旅游业通讯交流平台，使旅游企业之间增进交流与合作，为游客创造一体化的旅游服务感受；来自众多旅游企业的动态旅游产品信息将更多地通过大型旅游电子商务平台、GDS、CRS 等系统汇聚、共享、传播，企业建网形成"信息孤岛"的不成熟模式将得到改观；旅游分销渠道将更加多样化，会有众多的非旅游机构成为旅游产品的分销渠道。

（四）新的形势将推广旅游电子商务的规范化和标准化

旅游电子商务是一个新兴领域，我国在旅游电子商务规范与标准的制定和推进方面都非常薄弱，这应该是下一阶段发展的重点。

首先是规范化。建立健全的旅游电子商务规范体系，为旅游电子商务的实施和监管、企业和消费者的市场行为、信息内容和流程、技术产品和服务等提供指导与约束，预先防范那些对旅游电子商务活动可能产生不利影响的潜在因素，是推动旅游电子商务持续、稳定、健康、高效发展的关键。

其次是标准化。旅游电子商务的本质在于互联。食、住、行、游、购、娱等各类旅游企业之间，旅游企业内部信息系统与旅游电子商务平台之间，旅游业与银行、海关、公安的信息系统之间应能实现互联互通，以自动处理频繁的信息数据交换。在国外，通常由专门的组织制订出一套统一的数据格式和接口标准，旅游电子商务网站、管理信息系统在开发时都遵照这套标准,这样在一开始就保证了与其他单位的信息系统间做无缝链接的可能性。我国旅游电子商务的数据交换也应该尽快实现标准化,并与国际接轨。

(五) 新的发展将需求旅游电子商务复合型人才

目前人才的短缺成为中国旅游电子商务发展的瓶颈。旅游电子商务是旅游和电子商务的整合,只有具有电子商务和旅游知识的复合型人才,才能将电子商务的技术手段、应用功能和模式密切联系旅游行业组织、管理、业务方式及其特点,优化其价值链。

旅游部门与旅游院校应该顺应时代要求,着力培养三个层次的旅游电子商务人才:善于提出满足商务需求的电子商务应用方式的商务型人才;精通电子商务技术,又具备足够的旅游业知识,能以最有效的电子商务技术手段予以实施和满足的技术型人才;通晓全局,具有前瞻性思维,熟知旅游业电子商务理论与应用,能够从战略上分析和把握其发展特点和趋势的战略型人才,使旅游电子商务从业人员完整的旅游电子商务观适应整个行业运作体系的变革。

9.8　社交电子商务概述

拼多多的成功之道

1. 有趣味,有温度:一样的社交电子商务,不一样的味道

社交电子商务较传统电子商务而言,最大的区别是把社交媒介渗入消费生活中,通过社交的方式,激发碎片化的移动互联网流量,自发地形成网状商业流,从而达到聚合移动流量的目的。平时我们在京东、天猫上购物,是以商品为中心,搜索型购物,需要什么产品就搜索什么,而社交电子商务是围绕人和社群做文章,通过内容和社交等方式去引导消费者购买。

不止于此,传统电子商务平台,我们在购物时相当于信息孤岛,只是在一个封闭的App上进行,并不与自己的社交圈子产生交集,很难让购物影响到周围的人,社交电子商务基于社交链条,更具产生爆款的可能性。

社交电子商务的这些独特模式为其诞生行业独角兽企业提供了土壤,可社交电子商务平台那么多,为何最终成长最快的是拼多多? 因为,拼多多领跑行业有两个必杀技——有温度,有趣味。虽然同为社交电子商务平台,但拼多多却有着不同的味道。

在拼多多上购物,类似游戏里的组团打怪兽,人越多,战斗力越强,价格就能被打得越低。为什么游戏黏性强? 离不开游戏思维的三个核心点:有意义的选择、激励、反馈。在拼多多,用户购买商品种类,是自己需要的,是有意义的选择;拼的人多了,价格低,是激励;降价后,App及时呈现出来,能反馈给用户,将游戏思维融入购物中,形成良性闭环,用户复购率也高。

这一套游戏化运作思维,离不开团队基因。拼多多的初创团队是做游戏起家,较市面上其他社交电子商务平台更深谙游戏心理学。就购物本身来讲,就是一种放松方式,娱乐方式,如今再融入游戏基因,自然是根本停不下来。

拼多多另一大核心优势是有温度。"购物不全都是目的型的。很多时候,你就是想约上三两好友,去大悦城、去沃尔玛逛逛。购物是社交,是娱乐,是生活的一部分。"拼多多CEO黄峥将这样的购物行为称为"有温度的购物",而拼多多的运营理念即是如此,通过"社交+电子商务"的模式让更多的用户享受到购物的乐趣,将线下生活中的购物场景移植到线上。体验到更多"有温度的购物",拼多多的出现让整个行业看到了电子商务"高效冰冷"外的另一种可能。

2. 品质硬通货:领跑行业的"终极必杀技"

社交电子商务,顾名思义,社交属于定语,电子商务才是主语,社交电子商务的本质依然是电子商务,既然是电子商务,其本质并没有变,用户在意的不是购买媒介,而是产品品质,用户消费需求倒逼电子商务品质升级是必然选择。

这一点上,拼多多做得尤为可圈可点。首先从货源上,强生集团、德运旗舰店、好奇官方旗舰店、BLACKMORES 官方旗舰店、Nestle 雀巢官方海外旗舰店、妮维雅旗舰店、惠氏官方旗舰店、百事食品官方旗舰店、高洁丝官方旗舰店等品牌方相继入驻国内领先社交电子商务拼多多。

其次,拼多多拥有严格且谨慎的商家监管机制和专门品控团队,确保商品质量,力求让用户买得放心。电子商务作为开放式平台,天猫、京东这样的平台也难免出现假货,为了避免出现类似情况,成立之初,信奉"不打假无未来"的拼多多,将打假上升到战略层面,拼多多CEO黄峥本人拿出三分之一的精力在打假上。此外,截至 2017 年 4 月,拼多多 700 人的团队中也有三分之一的人在打假。截至目前,拼多多的多个部门涉及打假业务,如商家管理、风控、平台治理等,并且这些部门仍在不断地招兵买马,原有的一层楼已经没有工位,如今准备再开一层。拼多多内部认为,在假货治理上,拼多多投入了比别的平台高数倍的精力。

在商家和用户利益之间进行选择时,拼多多毫无疑问地站在用户利益的立场上,当部分商家出现伪劣商品的情况时,拼多多不会手软。

3. 消费升级软着陆:熟稔价格趋于价值的平衡术

近年来,消费市场最大的浪潮莫过于消费升级,不可否认,消费升级之后,价格也变得贵了,但是价格便宜的东西就不代表消费升级吗?很多人可能会把消费升级和买更贵的东西联系在一起,其实消费升级并不是单纯的价格的升级,如今的用户购买产品,真正的核心需求不是省多少钱,而是产品品质,用户要买的不是便宜品,而是占便宜。

比如,如今代购风靡,为什么要代购?那么贵买个国外的化妆品,应该是不差钱的主才对,还选择代购省钱?其实这个例子很生动地表明了用户需要的是高品质的打折品。电子商务购物节兴起这么多年,为何大家都集中在这一天,因为便宜,价格战永远都是最简单粗暴的营销手段。

拼多多很好地将此做到平衡,让价格趋于价值,让消费升级做到软着陆,既便宜又有品质保障。那么拼多多是如何平衡好价格与价值这一关系的呢?

首先,成本低,价格自然就低了。拼多多上的大部分产品价格低于市面正常价格的秘密在于,拼多多上的卖家获得新用户的成本较低,不用花钱购买流量,成本低了,终端价格自然不高。

其次,拼团其实是 C2B 模式的预付费制,意味着没有库存压力,库存带来的成本损耗大大降低,这种无库存带来的低成本,也体现到了终端的价格优势上。这种反向支持最大的价值在于弥补了供给与市场需求之间的信息时滞。C2B 供应链的创新控制了商品的品质和口碑。拼多多要做的是电子商务版本的 Facebook,让每个人成为一个传播点,创造新信息,也在社交网络加速信息的传播。

消费升级与经济下行,成了当下人们面临的一个矛盾点,像一把"达摩克利斯之剑"悬在我们的上空。不过话又说回来,这一新痛点代表着新的用户需求点。凭一己或者一个公司、组织的力量让经济高速发展俨然是痴人说梦,但在一个小的商业范畴里进行结构升级,让用户花低价享受高品质服务却并非不可能,拼多多正好填补这一市场空缺,从而备受用户青睐。

思考题

你用过拼多多吗?你如何评价拼多多获得的成功?

一、社交电子商务的概念

社交电子商务是电子商务的一种新的衍生模式,它是基于社交网络,以互联网社交工具为平台,通过引导、关注、分享、交流、讨论、互动等社交化形式,从事商品销售的经营性电子商务行为。

小知识

社交的"黄金原则"

① 努力发散自己的光芒,但请不要吹熄他人的,因为别人也需要照耀。② 学会以退为进,谦逊为人。③ 不刻意引以为豪,不故意贬低自我。④ 学会容忍,克服任性,理解他人。

社交电子商务特点如表 9-4 所示。

表 9-4 社交电子商务的特点

社交电子商务特点	特点属性
关系联结性	鲜明社交属性 社交网络拓扑结构 价值增值
流量裂变性	流量裂变曝光 传播效益扩大化
客群细分性	用户簇相互联结、相对独立 标签人群形成群组 针对性电子商务营销

（一）关系联结性

在社交媒体大行其道的环境下，消费者的购买行为已经不单单依靠商家提供的产品和销售介绍，他们更倾向于听取身边好友及其他网友的消费意见。相对单纯性电子商务，社交电子商务具有鲜明的社交性质，好友、亲戚、网友等作为社交网络的主要关系元素，与消费者之间形成拓扑结构，在结构之上，通过社交网络平台进行相互讨论、分享及互动，实现价值增值，提升买卖双方信任感，引导消费者购买。

（二）流量裂变性

通过社交网络，流量可实现二次、三次、多次的曝光分发。比如，一篇好的文章，通过社交网络平台被多次转载、分享，实现多次流量曝光。通过流量裂变，以点带面，商家以更低的流量成本扩大受众人群，使更多的用户收获到分享的信息，实现传播效益扩大化。

（三）客群细分性

社交网络是一个较为宏观的概念，它是由无数组用户簇相互联结而成，互相影响却又相对独立。每一位社交网络用户都有其突出的兴趣、习惯标签，相同或相似的标签人群聚集靠拢，从而形成群组。通过社交网络的群组划分，商家可获得大量的、差别化的用户信息，并可依据人群属性、爱好，针对性地制定电子商务营销方案。

二、社交电子商务的运营模式

（一）口碑营销模式

口碑营销是以口碑传播为途径，让消费者通过其亲朋好友之间的交流将企业的产品信息、品牌传播开来。这种营销方式的特点是成功率高、可信度强。互联网技术的普遍应用，使各个电子商务平台所承载的信息、产品服务越来越多，在选择产品或服务的时候，消费者会因为信息不对称而产生诸多困惑，如产品质量的高低、同质产品的优选等。在此背景下，为提供更好的服务，企业更应该迎合消费者本身的需求，构建平等双向的互动关系，开展口碑营销。

社交电子商务的有效开展，离不开产品或服务口碑的建立和宣传，口碑营销模式的构建主要包括以下方面的内容。

1. 初始谈论者

一个话题的产生，需要一位初始谈论者，有人开始谈论某个产品或服务，才会形成口碑。以谈论者特定兴趣偏好的口碑一旦形成，它将以点扩散辐射，通过互联网广泛传播。形成口碑效应的谈论者，通常具备较强的影响力，能够在同一兴趣群体中表现得具有引导性。

2. 话题内容

电子商务的产品或服务需要通过细心的组织以体现其新颖、创意、诱人的属性，从而吸引谈论者关注并参与其话题的讨论。具体的话题内容应具备以下几点特性：

（1）新颖属性。产品或服务具有新奇的特点，能够引发谈论者的探索欲望，从而将其扩散传播。

（2）幸福属性。能够让谈论者感受到谈论的喜悦和幸福，主动自发地发表评论，进而引导其他消费者购买。

（3）故事属性。某特定的产品，从最初的构思创想，到后来的发展创造，环节上的连续性和发展历程的情节化，使得谈论者愿意如讲故事般去评论。

（4）共鸣属性。通过与初始谈论者在内心情感上产生共鸣，拉近与初始谈论者的距离，从而影响更多更广泛的人群。

3. 宣传载体

谈论者愿意谈论的产品或服务，需要通过有效的宣传载体进行传播才能达到理想的口碑效果。例如，一家汽车生产商意欲推广其新式量产的车型，通过在预约试驾活动页面添加"分享至朋友圈""分享至 QQ 空间"等形式，引导谈论者通过微信、QQ 等平台宣传，达到引流的目的。

4. 融入参与

口碑效应的传播链形成后，电子商务企业应对传播链进行必要的维护管理。例如，通过参与评论区讨论、发帖支持等方式融入谈论者氛围，设法延伸传播，扩大受众群体。

口碑营销模式框架如图 9 - 15 所示。

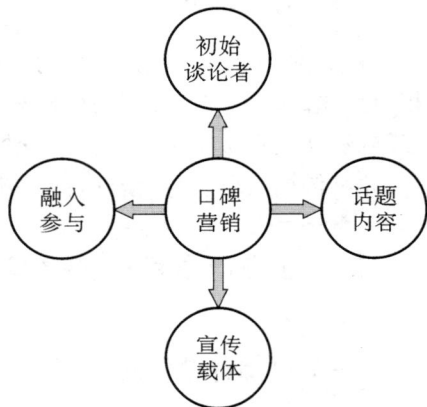

图 9 - 15　口碑营销模式框架图

（二）社交分享模式

社交分享是当下热议的话题，它改变了以往灌输式的宣传推广，更注重客户群体主观意愿和感受，通过交流沟通、经验分享的形式达到宣传的目的，更具有自发性和主动性。

在互联网新形势下，诞生了"网红"群体，他们利用自身特长优势，迅速在社交平台获得较多粉丝数，在特定的圈组里具有较强的影响力。社交分享模式，首先需要电子商务企业拥有一批种子客户，这些种子客户是产品信息的主要扩散者，而名气"网红"的影响力使其在社交平台上的转发、分享、评论等具有引导性和号召力，形成爆炸式分享传播。

通过社交途径进行分享传播，相比于传统的广告，更具有互动性和参与性。同时，使电子商务企业能以更低的成本获取更高的流量曝光，充分享受社交带来的流量红利。网红经济的核心价值是将社交资产变现。

小知识 ——

网　红

网红是网络红人的简称，是指在现实或者网络生活中因为某个事件或者某个行为而被网民关注从而走红的人。

社交平台是网红产生的主要根据地,是网红利用庞大的社交资源进行传播、引导和增值变现的场所。国内常见的网红聚集平台有微博、小红书、微信、抖音等,通过社交平台的聚集效应,信息的传播得到加速和扩大,使网红的影响力也在爆发式增强。

(三) O2O 营销模式

O2O营销是指线上与线下双渠道联合营销。对于社交电子商务,线上部分是其主要的营销阵地,然而线上营销活动的落地点在线下,缺乏线下的宣传推广,客户很难亲身感受到产品或服务的品质,进而对渠道营销产生负面影响。二维码作为信息的载体,通过线下门店、渠道让客户直接扫描获取准确信息,是线上线下渠道融合的典型代表。

二维码的外形为黑白矩形图案,通过图像表达信息数据。使用手机等智能设备扫描后,可获得其中链接、图片、文章等信息。二维码的营销方式主要有以下几种。

1. 传播产品信息

二维码能承载诸如手机 App、微信公众号、小程序、电子商务商品详情等产品信息,客户扫描后提示下载程序、关注使用、消费购买等信息,主要用于传播产品及宣传。

2. 营销活动展示

对于电子商务企业而言,线上的营销活动展示是对自身产品和服务的有力宣传,搭配二维码的线下渠道提供客户扫描,能将营销活动迅速曝光在客户面前,达到良好的宣传目的。

3. 互动

互动手段的运用,能使客户亲身参与到电子商务营销活动中,加深对产品的理解,同时,企业也可依据与客户的沟通交流,了解真实想法和意愿,从而在产品研发和服务提供方面改善提升。

(四) 体验营销模式

伴随着互联网技术及电子商务的发展,人们通过媒体对产品的了解已不仅仅是传统营销模式下的被动认知,而是通过在视觉、听觉以及线下触觉等方面,全方位交互体验以获得更强烈的情感触动。

小知识

体验的价值

当咖啡被当成"货物"贩卖时,一磅卖 300 元;当咖啡被包装为商品时,一杯就可以卖25 元;当其加入了服务,在咖啡店中贩卖,一杯最少要 35～100 元;但如能让顾客体验咖啡的香醇与生活方式,一杯就可以卖到 150 元甚至好几百元。星巴克(Starbucks)真正的利润所在就是"体验"。

体验营销模式主要分为终端体验和产品体验两种。

1. 终端体验

对于客户而言,无论是通过 QQ、微信还是其他应用平台,客户始终是需通过互联网中的某个渠道与电子商务发生连接。对于企业而言,这些渠道一般就是其实施营销策略的终端。终端体验的质量直接关系到企业的切身利益,其主要特点有:

(1)功能性。为客户提供终端体验的产品,其功能突出且实用。例如,电子商务企业通过建立产品兴趣爱好群组(微信的基本功能),将论坛、网站上的粉丝引流入群,通过群主公告等形式定向扩散产品信息,及时收到粉丝反馈,具有突出的双向交流功能。

(2)操作性。对于终端应用程序 App,它是客户直接操作体验的窗口,一款成功的App,能很轻松地被用户熟悉和使用。注重社交模式的电子商务企业,对其 App 的优化、完善也比较到位,结合客户群体特点,在操作上尽量简化易懂,使对话交流更为方便快捷,并通过这类体验帮助客户熟悉产品信息。

(3)体验性。线下体验是客户触摸、了解产品的重要途径。任何线上社交电子商务终端都离不开线下渠道服务,如实物配送、仓储管理、售后服务等,强化供应链流程管理,提升员工素质,优化组织管理,对整体的体验感会有显著的提升。

2. 产品体验

产品是社交电子商务领域客户群体体验的核心,产品体验主要分为产品使用体验和产品提升两个方面。

(1)产品使用体验。产品使用体验的第一步,就是购买体验。对于普通客户,产品的价格直接影响到购买体验,客户一般趋于偏好性价比高的产品,针对此类现象,电子商务企业应充分发挥规模效应和竞争优势,控制成本,在产品定价上具有一定优势,让客户在选择产品的时候,真正感受到价格的实惠,提升体验感。

(2)产品提升。产品提升是指通过客户的使用反馈,逆向催化电子商务企业服务转型和提升,结合客户需求,提供针对性、高质量的服务或产品。一方面,企业通过社交与客户形成沟通机制,按需逐步提升产品质量;另一方面,基于社交媒体平台,电子商务企业与客户共同成长,共同发展,由客户需求派生出的荣誉共鸣与归属感,使得客户在与企业紧密相连关系中得到宝贵的体验感。

(五)内容营销模式

随着互联网技术的发展,传统媒体的劣势日渐明显,如传播介质单一和固定、传播成本高昂等。然而,这种发展趋势对于社交电子商务是有显著利好的——线上媒体的传输成本大大低于传统媒体,社交电子商务的内容营销随之具备巨大的市场潜力。

社交电子商务的内容营销主要载体有微信公众号、微博、直播 App 等,不同的载体所呈现的内容属性不完全一致,各有特点,然而,目的都是为了吸引客户。在实施内容营销时,主要注意以下几点。

1. 内容的原创性

原创的内容更能体现企业的真实形象。通过抄袭、复制的内容缺乏与真实状况的有效结合,难以对指定社交环境中的客户群体形成情感上的共鸣和冲击,以至于无法达到理想的传播效果。

电子商务企业应在原创内容组织、一手资料管理方面充分下功夫，包括软文、图片、链接、视频等元素，通过有机融合，加强运营管理，时刻保持内容新鲜且具有实用性，以吸引更多有相同兴趣的客户。

2. 内容的专业性

内容营销吸引客户的关键在于，利用专业的内容构建和传播方式，满足客户更为精确的需求。专业化的内容编辑，体现的不仅仅是营销水准的专业化，更能表达丰富的产品品牌、价格、规格等信息。

3. 品牌的植入

品牌的植入是商业化运作模式中的典型形式。例如，"六神磊磊读金庸"微信公众号自媒体拥有稳定粉丝数百万人，作者六神磊磊通过自身对金庸作品的独到见解，以"推文＋广告"的形式传播给相同兴趣爱好的群体，将广告内容分解成各个有联系的单元，再把各单元与金庸小说中的人物、情景相结合、捆绑，使得粉丝在阅读欣赏软文的同时，也无形中承认了广告元素的合理性。

内容营销模式框架如图 9-16 所示。

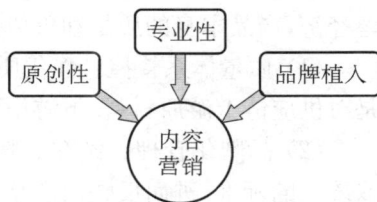

图 9-16　内容营销模式框架图

三、社交电子商务的运营法则

（一）文案策划带动产品营销

传统的营销模式需要企业在推广运营方面投入大量的资金和精力，从而达到吸引消费者购买的目的。然而客户实际购买转化率偏低，对于企业而言投入产出率较低，一旦停止推广，营销效果将直线下降。

社交电子商务运营的重要法则之一是文案策划带动产品营销。文案策划是内容营销的主要表现形式，重在通过对文案内容的细致组织、编写，以获得消费者的情感认同，刺激产生购买行为。反过来，消费者的信息反馈促使文案策划更贴近客户群体实际，调整优化以完善策划内容。

文案策划内容的丰富性、创意性等属性直接影响到终端消费者的初次认知。通过社交媒体的放大及裂变扩散，文案信息得以广泛传播，内容推广与产品销售同步进行，不再是简单的先后顺序。这对企业而言，可以较低的运营成本带动产品的销售，形成高收益。

◆ 小知识 ┄┄┄

广告策划案例

中国的矿泉水有几百种。说穿了，矿泉水从根本上没多大差别。但是农夫山泉凭广告语："农夫山泉有点甜"把自己和其他几百种同类矿泉水区别开来，让每位顾客都知道：喝农夫山泉不仅仅是为了解渴，还因为产品独特的口感：甜！而且，农夫山泉借广告语，引导消费者创建绿色、环保、野趣等联想，让精神产生融入自然的愉悦，和味觉一块消费了"甜"。农夫山泉终于从众多毫无特色的竞争者中脱颖而出，在矿泉水市场确立了自己的品牌地位。

最初的矿泉水，大家都是争相标榜自己水的微量元素多少，夸耀采用先进生产线等。这些卖点大家既看不见，又感受不到。况且，大家都这么广告就不叫特色。说大家都没说，却又值得说的，才叫特色。

（二）产品实质决定客户体验

产品的质量是社交电子商务运营营销的关键核心。社交电子商务强调社群经济和粉丝经济，产品本身的质量和价值才是企业追求的本质，产品实质决定客户体验。

（1）质量体系管控。强化质量体系管控，不仅仅是指对自身制造流程的质量管控，更是对供应链上游原材料、下游渠道的把关把控，杜绝偷工减料、假冒伪劣等。

（2）品牌化管理。站在品牌的高度，对产品的设计、研发、制作、装配、包装、销售等采取统一的标准，进而反映出产品品牌的一致性和内涵。

（3）产品形象。企业在实施营销策略的过程中，不应把产品和使用者分开对待，他们是一个整体，因为供需关系的存在而具备关联性，通过文字、图片、场景展示等对产品的形象进行传播，让使用者感受到产品的具体使用环境而产生具体印象，从而获得更好的体验。

小知识

产品质量

质量是维护顾客忠诚的最好保证。

——杰克·韦尔奇

产品质量是生产出来的，不是检验出来的。

——威廉·戴明

20世纪是生产率的世纪，21世纪是质量的世纪。

——约瑟夫·朱兰

（三）交流之间传播产品理念

口碑和互动是新形势下企业构建营销渠道的重要形式和方法。口碑是人们对产品品牌的综合表述和评论，是对产品本身及其产生的背景等交流的总和。口碑的形成和传播主要发生在亲戚、朋友、同事等较为亲密的人际关系群体中，这些群体的普遍特点就是个体间的相互信任度高，且更加稳定，相比于传统的广告、企业公关、产品推介等，对客户更具吸引力和感召力。在互联网环境下，口碑交流超越了时间和空间的束缚，人们随时随地都能参与到口碑的组织和建造中，受其影响并对产品理念进行交流传播。

传播是社交链构建、延续的基础，也是基于互联网的电子商务得以生存和发展的重要因素。在如今激烈的市场竞争中,同质化产品的行业压力日渐明显,通过创新、富有黏性的传播方式更能为企业带来营销效益,互动交流便是法则之一。

📚 **小知识** ┼┼┼┼┼┼┼┼┼┼┼┼┼┼┼┼┼┼┼┼┼┼┼┼┼┼┼┼┼┼┼┼┼┼┼┼┼

传　播

传播是指两个相互独立的系统之间,利用一定的媒介和途径所进行的、有目的的信息传递活动。从企业来看,信息传播就是企业正确地使用各种传播媒介及时地向公众传递有关企业的各种信息,及时有效地收集企业公众对企业的各种意见和了解他们的态度。信息传播过程是一种信息分享过程,双方都能在传递、交流、反馈等一系列过程中分享信息,在双方信息沟通的基础上取得理解,达成共识。

利用互动的方式,促使用户产生转发、评论等传播的动力,有利于电子商务企业以较低的成本形成超高的社会效益和经济效益。通过互动,用户以交流者的身份参与到环境中,并与企业、其他用户沟通交流,达到传播的目的。在具体的互动模式运营中,需要考虑如下几个环节:

(1) 互动前,组织方需对互动活动面向的群体进行基础调研,了解群体属性和特点,并依此开展策划和前期组织协调。

(2) 活动期间,组织方应对活动开展的情况进行实时跟踪和管控,及时处理、回复互动时的问题和建议,解决用户的困惑。

(3) 通过设置奖励等形式吸引用户持续参与到互动中来,保障活动的有序开展和营销的有效实施。

┼┼┼

(四) 企业不可忽视社群数据

社群是指一群有共同或相似的兴趣爱好,具有较为统一的群体意识的人聚集形成的稳定结构的群体。在互联网背景下,社交功能日益发展完善,天涯、猫扑等社区为广大的社群个体提供了寻找同类伙伴的平台和机会,所有人通过互联网得以联结并相互影响。在这种情况下,企业对于社群的开发、介入愈发重视,在同一社群中可以了解到相同兴趣爱好者的共性和特点,并据此针对性地开展社交营销工作;在不同的社群中,企业根据产品、业务发展需要,从不同的社群中获取多样化、差异化的信息及产品反馈,逆向作用于产品的适应性。

在信息爆炸的时代背景下,数据是企业赖以生存的营销资产。大数据技术的充分运用,通过全方位分析处理,将用户定位并标签化,从而塑造立体的客户形象,并为电子商务企业的决策者提供数据支撑和决策辅助。

📚 **小知识** ┼┼┼┼┼┼┼┼┼┼┼┼┼┼┼┼┼┼┼┼┼┼┼┼┼┼┼┼┼┼┼┼┼┼┼┼┼

财经作家吴晓波谈社群

关于社群,我有三个体会,我觉得一个好的社群大概应该有以下特征:① 有态度的内容。好内容和坏内容很不容易区分,但是我们的内容必须有价值,这样才能把人聚合在一起。人不是因为认识在一起,而是因为兴趣、因为认同感才在一起的。在这个情况下,我们写作的人会有一个清晰的认识,我喜欢什么,反对什么,愿意跟什么人在一起。② 圈层化互动。如果这个社群还是在空中,很容易变成泡沫就消失了,如果这个社群在地面,那就是很真实的,社群可以产生大规模的互动。③ 共享中互利。每个人在社群中是一个获利者,也是一个贡献者。通过共享和互利,让这个社群变得更加长久。

四、主要的社交电子商务平台

(一) 拼多多

拼多多(www.pinduoduo.com)是隶属于上海寻梦信息技术有限公司的一家商家入驻模式的第三方移动电商平台,也是以人为先的新电商开创者。在以人为先的理念下,拼多多将娱乐与分享的理念融入电商运营中:用户发起邀请,在与朋友、家人、邻居等拼单成功后,能以更低的价格买到优质商品;同时拼多多也通过拼单了解消费者,通过机器算法进行精准推荐和匹配。

拼多多的核心竞争力在于创新的模式(拼团)和优质低价的商品:拼单意味着用户和订单大量且迅速地涌入,而丰厚的订单使拼多多可以直接与供货厂商(或国外厂商的国内总代理)合作对话,省掉诸多中间环节,实现 C2B 模式,价格优势由此体现。

进入拼多多官网后,点击"商家入驻"进行入驻申请,如图 9-17 所示。商家可零门槛申请成为拼多多的入驻商家,无须入驻费,交易过程不涉及佣金和扣点。开放式的入驻形式吸引了众多商家在平台开设自己的店铺。

图 9-17 拼多多入驻申请页面(一)

申请入驻拼多多时,可选择个人或企业两种形式,灵活方便,个人入驻只需提供个人身份证照片即可申请,企业入驻需要提供营业执照等资料方可申请入驻,如图 9-18 所示。

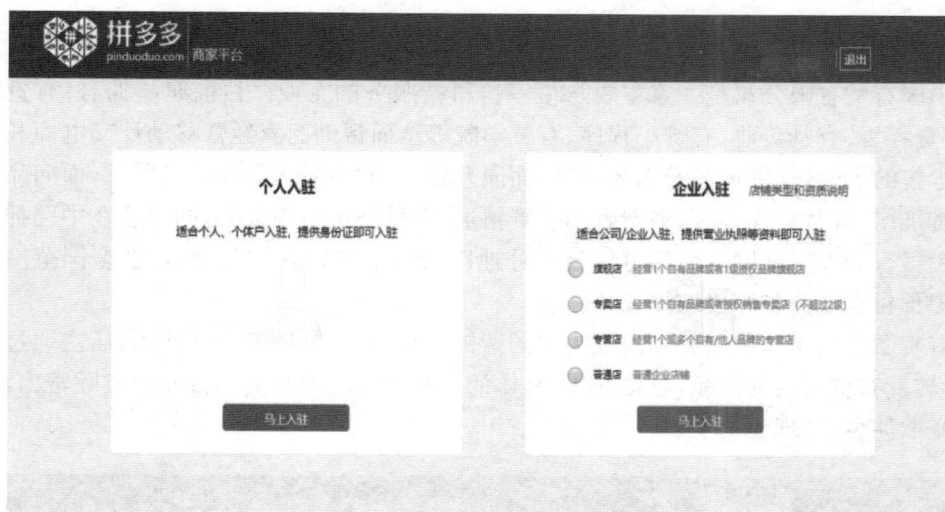

图 9‑18　拼多多入驻申请页面(二)

(二) 云集微店

云集——全球领先的社交零售平台,隶属于云集共享科技有限公司,于 2015 年 5 月正式上线运营。作为一款手机开店的 App,云集通过云端资源的共享,提供商品、物流、IT、培训、售后等服务,让普通人能够轻松开展网上零售。云集的六大供应链系统如图 9‑19 所示。

图 9‑19　云集的六大供应链系统

（三）有赞

中国有赞有限公司是一家主要从事零售科技服务的企业。目前旗下拥有：有赞微商城、有赞零售、有赞美业、有赞小程序、有赞学院等全面帮助商家经营移动社交电商和全渠道新零售的 SaaS 软件产品及人才服务，面向开发者的"有赞云"PaaS 云服务，面向品牌商的有赞推广、有赞分销，面向消费者的有赞精选、有赞微小店等服务，同时还在中国拥有中国人民银行颁发互联网支付许可证及部分地区预付卡的发行与受理，可在全国范围内开展虚拟预付卡业务和跨境结算业务。

有赞微小店是一款以分销模式为主的营销工具 App，如图 9-20 所示，店主通过一键上架、转发有赞平台的商品，直接开售，具体的商品由对应的有赞平台商家实际寄出，店主以此赚取佣金，实现无货交易。

图 9-20　有赞微小店的下载界面

（四）小红书

小红书创办于 2013 年，通过深耕 UGC（用户创造内容）购物分享社区，发展至今已成为全球最大的消费类口碑库和社区电商平台。在小红书 App 上，如图 9-21 所示，用户通过文字、图片、视频直播的形式，记录并分享生活点滴。和其他电商平台不同，小红书是从社区起家。一开始，用户注重于在社区里分享海外购物经验，到后来，除了美妆、个护，小红书上出现了关于运动、旅游、家居、旅行、酒店、餐馆的信息分享，涉及消费经验和生活方式的方方面面。

目前，小红书在 29 个国家建立了专业的海外仓库，在郑州和深圳的保税仓面积超过5 万平方米，并在仓库设立了产品检测实验室。2017 年，小红书建成 REDelivery 国际物流系统，确保国际物流的每一步都可以被追溯，如用户可以在物流信息里查找到商品是坐哪一列航班来到中国的。

在小红书上,来自用户的数千万条真实消费体验,汇成全球最大的消费类口碑库,也让小红书成了品牌方看重的"智库"。欧莱雅首席用户官 Stephan Wilmet 说:"在小红书上,我们能够直接聆听消费者真实的声音。真实的口碑,是连接品牌和消费者最坚实的纽带。"

图 9 - 21 小红书 App 的界面展示

9.9 社交电子商务引流

一、百度引流

百度,全球最大的中文搜索引擎公司,拥有数万名技术研发人员,在互联网领域有着举足轻重的地位。围绕百度的一系列功能开展社交电子商务粉丝引流,可产生良好的收益效果。

(一)百度网盘

百度网盘(pan.baidu.com)是百度推出的云存储服务,百度用户可通过网盘下载其他用户分享的资料,同时,也可通过自身账号上传自己想分享和扩散传播的内容、材料,从而达到引流的目的,如图 9 - 22 所示。

图 9 - 22　百度网盘官方主页

（二）百度知道

百度知道（zhidao.baidu.com）是一款知识问答平台，与用户的日常学习、生活、工作联系较为紧密，通过在平台上提问或者回答，可以起到良好的引流作用。

（1）账号注册。若要使用百度的平台功能，第一步先要注册账号，企业可安排专门的工作人员操作并维护。

（2）选择浏览器。尽量选用带有清除 cookies 功能的浏览器，如 360 极速浏览器、搜狗浏览器等，并选择宽带拨号或者 IP 工具，避免账号出现异常。

（3）围绕营销目的，选择和营销内容相关的关键词和语句，参考通过百度搜索得出的排序结果，根据市场热度来判断营销内容的偏好。

（4）制造提问。用于提问的百度账号应选择培养时间较长的，让用户看到感觉较为信赖，同时，对所提的问题应进行适当的补充提问，使提问具有延续性和呼应性，问题内容应充实丰富，体现出具体的、真实的需求。

下文将以实际的操作流程进行阐述。

登录百度知道官方主页，点击右上角"注册"，开始注册流程，如图 9 - 23 所示。如果之前已注册过百度账号，可直接使用百度账号登录。

图 9 - 23　百度知道官方主页

　　进入注册页面后,按照要求设置自定义账号和密码,并通过手机号进行验证,或按照提示,用手机号快速注册,如图 9 – 24 所示。注册完成后,即可登录使用。

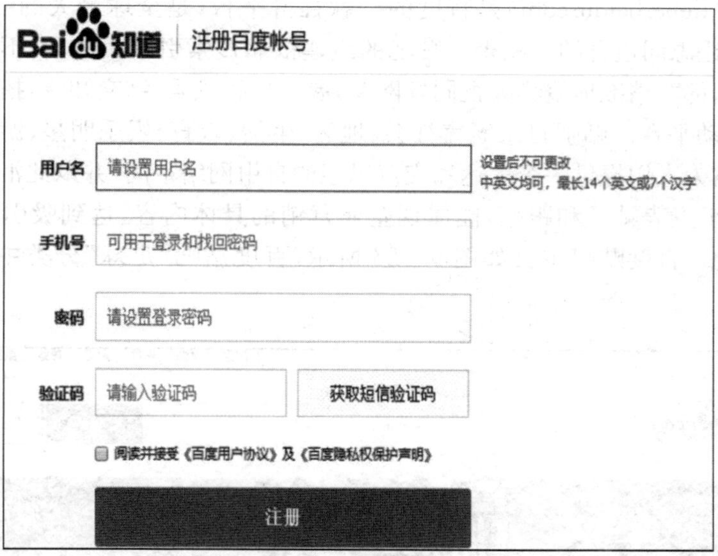

图 9 – 24　百度知道账号注册页面

　　登录后,点击搜索栏后部的"我要提问",填写提问的标题和内容,选择"添加标签",方便答题者快速找到你的提问,如图 9 – 25 所示。

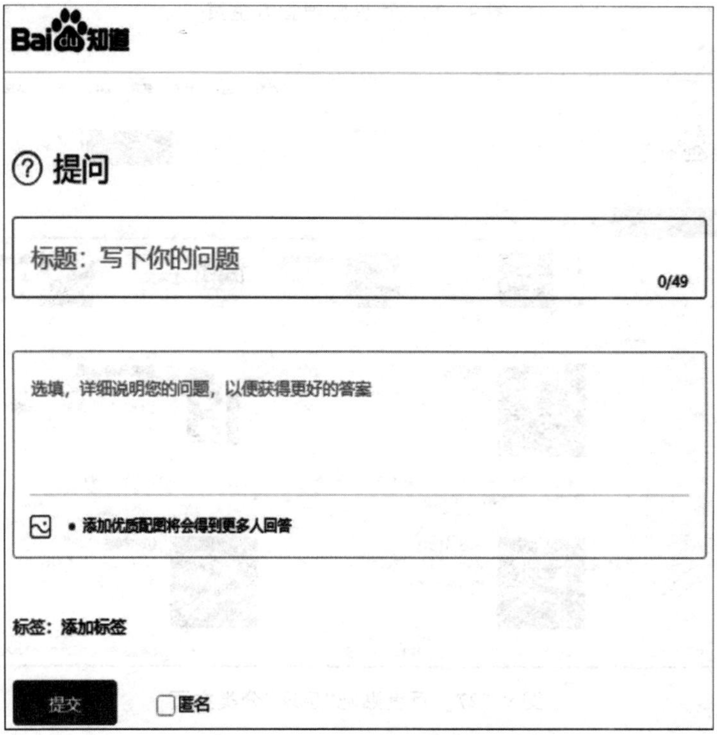

图 9 – 25　提问内容的填写

（三）百度贴吧

百度贴吧（tieba.baidu.com）是百度的一款社群平台，是全球最大的线上中文社区。贴吧的使命是让志同道合的人相聚。贴吧的组建依靠搜索引擎关键词，不论是大众话题还是小众话题，都能精准地聚集大批同好网友，展示自我风采，结交知音，搭建别具特色的"兴趣主题"互动平台。贴吧目录涵盖社会、地区、生活、教育、娱乐明星、游戏、体育、企业等方方面面，它为人们提供一个表达和交流思想的自由网络空间，并以此汇集志同道合的网友。在贴吧上发表帖子和跟帖，能体现企业营销的具体内容，达到吸引趣味相投的用户、粉丝的目的。百度贴吧主页如图 9 - 26 所示，百度贴吧"足球"分类主页如图 9 - 27 所示。

图 9 - 26   百度贴吧官方主页

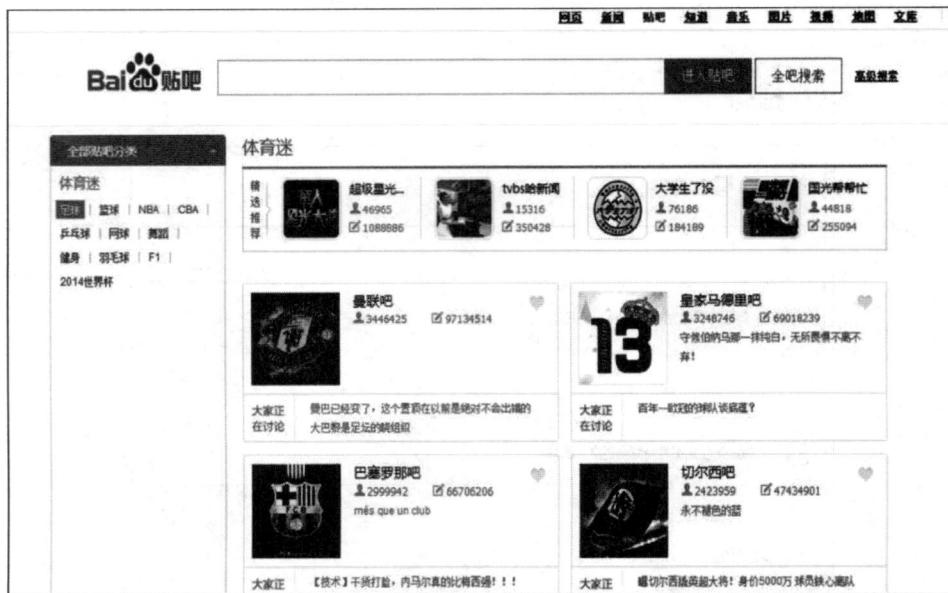

图 9 - 27   百度贴吧"足球"分类主页

二、微信、QQ引流

微信和 QQ 是腾讯公司推出的两款社交软件,通过对微信、QQ 的营销运营,可有效拉动、吸引粉丝关注,微信、QQ 主页如图 9 - 28、图 9 - 29 所示。

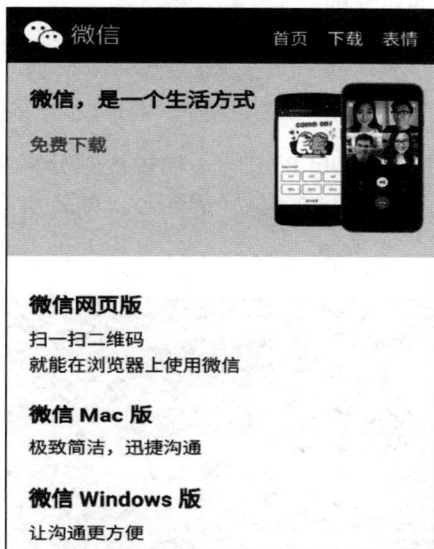

图 9 - 28　微信主页

图 9 - 29　QQ 手机主页

微信引流的方式主要有朋友圈、微信好友和朋友圈广告。微信朋友圈引流是微信引流的重要方式和手段,通过在朋友圈发表产品图片、功能性文案来传播营销内容,短时间内达到吸引好友、用户关注的目的。用于传播产品的微信号中应拥有分属不同社群组、多样兴趣爱好的微信好友,这样,当朋友圈状态更新后,分享的产品图片、物流发货、包装等内容将会适应不同的社会用户,从而形成有效的引流。朋友圈广告是腾讯推出的专门针对有投放意向的公众号申请广告投放的创新功能,具有曝光流量成本低、指向性曝光、实时监控投放效果等特点和优势,无须用户关注公众号即可获取相关广告资讯,使得营销内容得以广泛传播。

QQ 引流是指通过 QQ 的各项功能,如 QQ 动态、QQ 相册等,通过对营销内容进行细致策划,以图片、文案、视频等形式表达出来,具有较强的吸粉效果。

三、App 引流

电子商务企业在开发和利用 App(见图 9 - 30)时,会考虑嫁接很多功能,比如消息推送、UI 设计、会员管理等。在进行消息推送时,很多电子商务企业缺乏系统的规划和安排,对消息进行无针对性的推送,导致不对"胃口"的粉丝群体取消关注或直接卸载。UI设计是指 App 界面的按钮、通道入口等的形象设计,好的 UI 设计可以给用户留下好的视

图 9-30 手机 App 示意图

觉印象和使用体验。会员管理功能是电子商务企业与用户发生关系互联、互黏的重要途径,通过会员中心,企业将收集到用户的第一手数据,并通过数据分析得知其属于哪些社群范畴,从而针对性地开展营销活动。

四、微视频引流

(一) QQ 微视

QQ 微视是腾讯 QQ 推出的一项短视频分享功能,用户可利用自己的手机记录美好瞬间和奇闻轶事,吸引网友点击关注并查看。腾讯微视的主页面如图 9-31 所示。

图 9-31 腾讯微视的主页面

(二) 直播平台

直播平台是互联网社交经济发展的产物,通过直播平台,让用户感觉更贴近现实,具有时间和空间的同步感和真实感,搭配产品宣传,达到广泛传播的目的,具有良好引流效果。抖音短视频直播平台主页如图 9-32 所示。

五、软文引流

软文是传统的营销工具,在互联网发展的背景下,其含义和作用得以无限延伸和扩大。软文"软"的特点,使得其能在任何社交平台、任何渠道都有着充

图 9-32 抖音短视频直播平台主页

分发挥其价值的空间和柔性。在软文策划方面,应注意以下几点:

(1) 软文与营销内容的契合。

所有的营销工具,比如软文、图片、视频等,都是围绕企业的营销计划而使用和发挥作用的。软文在组织上应与营销内容默契相关,不能文不对题,让读者感觉无所适从,缺乏主题。

(2) 软文的故事性。

软文有多种灵活的体裁形式,而近阶段表现较为突出的引流形式是故事性软文,越是故事性的软文,越能引人入胜,产生强大的吸引力。

(3) 软文的引导性。

软文是为营销服务的,无论软文的内容如何组织、搭建,其核心意义在于引导消费者购买产品或服务。

参考文献

[1] 李彦.电子商务网站建设与维护[M].天津:天津大学出版社,2018.

[2] 李文立.跨境电子商务平台服务创新与风险管控[M].北京:科学出版社,2018.

[3] 丁莎.电子商务网站建设[M].北京:电子工业出版社,2018.

[4] 范兴昌.电子商务网站建设企业案例[M].北京:清华大学出版社,2018.

[5] 邢颖.电子商务网站实训[M].北京:北京大学出版社,2017.

[6] 李天侠.电子商务网站建设与维护[M].北京:中国铁道出版社,2007.